〝経済〟を審問する

人間社会は〝経済的〟なのか？

西谷 修＝編

Nishitani Osamu, Kaneko Masaru, Alain Caillé

西谷 修／金子 勝／アラン・カイエ

せりか書房

〝経済〟を審問する　目次

III 〝経済〟を審問する

〝経済〟を審問する——人間社会は〝経済的〟なのか？

はじめに――本書の成り立ち

　二〇〇八年秋の世界金融恐慌は、たんに金融工学によるアメリカ式金融システムの破綻、あるいは一九八〇年代以降世界に広まった新自由主義的な全面市場化ヴィジョンの破綻というにとどまらず、さらに長い射程で、産業システムを軸とした経済主義的社会形成全般の危機を露呈させたものと見ることができます（一般には資本主義という言葉が使われますが、この用語をあえて避けるのは、資本主義／社会主義、あるいは右派／左派といった歴史的負荷の大きい硬直した理論的図式のなかに、事態を落とし込んでしまわないためであり、別の理解のしかたが必要だと考えるからです）。

　この経済的危機の淵源とみなされる七〇年代初頭のドルの変動相場制への移行は、経済活動全般の金融シフトを決定づけるとともに、いわゆる新自由主義の流れを台頭させ、それが英米（サッチャー・レーガン政権下）で主導権をとって以来、情報革命と「壁の崩壊」による市場一元化をとおしてグローバル化そのもののイデオロギーとなり、規制緩和（自由化）を唯一の規制とする市場原理主義を世界に広めることになりました。その結果、アメリカ以外ではそれぞれの国家の主権が制約され、いわゆる「政治の後退」がとりざたされて、経済主義的なグローバル統治が語られるようにもなりました。けれども、この統治システムは、「テロとの戦争」という超国家的「安全」保障体制を要請してもいたのです。この軍事態勢は「不安定ゾーン」の「自由化」「民主化」を目的としていました。そして、二〇〇八年秋にわれわれが目の当たりにしたのは、この新たな戦争レジームと新自由主義的統治との二重の破綻だったのです。付言するなら、経済と軍事のカップリングによって政治を視野からはじき出そうとしたこのグローバル世界統治システムとは、植民地支配として展開された産業化以後の西洋主導の世界化プロセスを、アメリカ的「自由」のイデオロギーによって更新し、永続化するための装置だったということです（これについては『〈テロル〉との戦争』（以文社、二〇〇六年）の巻頭を参照いただけると幸いです）。

振り返ってみればこの危機の淵源となった七〇年代初頭には、世界はすでにそれまでの産業経済システムの行き詰まりに直面していたのです。有名なローマ・クラブの『成長の限界』に代表されるように、資源の有限性や環境汚染、人口問題が初めて本格的に取り上げられたのはそのころでした。経済の金融化と市場の自由化の徹底という方策は、経済そのもののヴァーチャル化によってこの「限界」を突破してゆこうとする試みだったと言うことができますが、「前に逃げる」ことで急場を切り抜けるこのやり方は、結局は、現実的な限界の前にいつかは破綻を約束された、一時的な延命策に過ぎなかったのです。

けれども、そのころ一方では、産業・経済主義的社会組成に対する根本的な問い直しや、行き詰まりに直面して別の長期的な展望を切り開こうとする新たな試みが生まれていました。その道ではすでにK・ポラニーの市場経済主義批判が先鞭をつけていましたが、経済学ではN・ジョージェスク゠レーゲンなどが、さらに広範な生存様式の問い直しに関してはイヴァン・イリッチらが登場し、正統的経済学（新古典派）や経済主義的ヴィジョンを支えていた「成長神話」に根本的な批判がなされるようになっていました。

そんな流れに呼応するかたちで、日本でもそのころから、私人や私企業による利潤追求を唯一の駆動力とする経済発展のヴィジョンとは根本的に違う発想で、人間の生産や社会組成を考え直そうとする動きが登場しました。一方では玉野井芳郎や室田武らの試みが生まれ、他方ではより現実的な経済社会改編を目指して、宇沢弘文による「社会的共通資本」の考え方が呈示されるようになります。

編者は、二〇〇一年秋以来「テロとの戦争」の批判を行ってきましたが、戦争論の視野からではその批判が十分に届かないことを痛感し、ここ数年、科研費補助研究（基盤B「戦争・経済・メディアからみるグローバル世界秩序の複合的研究」）の共同研究者とともに、その背後にある経済主義的統治のレジームについて批判的検討を行ってきました。その際わたしたちは、共同研究の作業と成果をつねに公開シンポジウムを開いて練成し、それを社会の同時代的な議論の場に開くと同時に成果を社会的に還元してゆくことを心がけてきました。

その課題は、二〇〇八年秋の世界金融危機によっていっきょに凝縮され浮上することになりましたが、本書はそれを契機として企画された研究集会の記録と、それに関連する諸論考をまとめたものです。

まず、二〇〇九年二月に東京外国語大学で、以前から新自由主義政策を厳しく批判し、金融システム破綻を予告していた金子勝氏を招いて講演をお願いし、さまざまな角度から討論を行いました。

次いで、翌二〇一〇年二月には日仏会館の場を借り、フランスからアラン・カイエ氏を招聘して講演と討論を行いました。カイエ氏はすでに四半世紀にわたって、社会科学に浸透する経済学モデルと、それを支える功利主義的観点を批判し、社会科学に新しいモデルを練成しようとする知的運動体MAUSS《モース》を率いてきました。「脱成長」の運動を主唱するセルジュ・ラトゥーシュとは、MAUSS発足以来の盟友でもあります。

本書はこの二回のシンポジウム、ラウンド・テーブルの記録と関連論文に、〝経済〟とは何か、それはどんな考え方の枠組みなのか、それが現代世界の組織化と認識にどのような役割を果たしてきたのか、その「〝経済〟を審問する」ということに含まれる課題は何なのか、といったことを包括的に述べた編者の論を、趣旨展開をかねて冒頭におくというかたちでまとめました。

この本の最後のまとめに入っている時期に、東日本を大震災と大津波が襲い、おびただしい数の犠牲者と甚大な被害を引き起こしました。それだけではなく、この大災害は起こるはずがないとされていた原発事故の引き金を引き、急がれる復興のうえに暗雲を投げかけ続けています。考えてみれば原子力発電とは、七〇年以降に「前に逃げる」構えをとった産業技術システムをエネルギーの面で支える役割を果たしてきたものです。

今度の災害で、またしても大地や海は人間の作り上げたものを易々と凌駕して見せました。けれどもまた多くの人びとが感動とともに確認したのは、それにもかかわらず、もっとも過酷な剥奪状態のなかで生き延びた人びとは助け合い、生きるということが「共に生きる」こと以外ではありえないということを示しながら、生活を再建する意志を奮い起こしているということでした。そこには昨日までの世界を席巻したような、「孤立した個人の私的利益の追求」を唯一のモチーフとする「経済人（ホモ・エコノミクス)」の世界はありません。

この自然と人工の大災害の後に、日本は同じ日本ではありえないと実感せざるを得なかったのは、編者ひとりではなかったと思いますが、再生すべき社会がどのようなものであるべきか、そのヴィジョンに本書のモチーフも深く関わっており、破綻した産業技術社会システムの瓦礫の整理にいささかでも貢献できることを期待しております。

二〇一一年四月一日

西谷　修

I　経済学は何をしてきたのか——経済・産業技術システムの興隆と破綻

西谷　修

「テロとの戦争」とグローバル経済

何年か前から「経済主義の病」とか「思想としての経済学」というテーマで「経済」を論じてきました。[1] なぜこんなことをやりだしたかというと、直接のきっかけはいわゆる「テロとの戦争」の帰趨です。これは、「テロリスト」なるものを世界秩序に対する普遍的脅威として設定し、それによって軍事行動自体を法の埒外におく（無制約的な戦争を遂行する）という、グローバル権力の基本戦略があからさまになりました。世界の主要国はそれに同調し、「不可視の敵」に対する「テロとの戦争」という例外状態恒常化の論理が公然と罷り通るようになったのです。このことは機会あるごとに指摘してきたのですが、政治やメディアだけでなくアカデミズムの主流も、すっかりこの概念枠を受け入れてしまい、もはや戦争の論理を暴くだけでは埒があかないという思いを抱かされました。そこで、もう一歩踏み込んだところから現代の世界を掘り返していかないと批判が届かないと思うようになったのです。

「テロとの戦争」というのは、９・11の直後から言ってきたようにグローバル世界秩序とその安全保障の問題です。[2] 軍事力の洗練やグローバル化の相互依存のために、今ではもはや対等の国家同士の戦争というのは問題になりません。むしろ、グローバル資本の利益追求がなされる市場一元化秩序を維持するために、この一元化が生み出す「異物」の排除、あるいは「汚染」の除去のための諸国家横断的な安保体制、もっとはっきりいえば鎮圧体制が必要になる。それが「テロとの戦争」という新たな世界規模の戦争のレジームです。そこでは「安全」が至上命題として掲げられ、もはや「平和」は問題にもされず、そのために「テロリスト」や「ならず者」相手の不断の監視体制が敷かれ、「予防戦争」さえ正当化どころか必要だとされて、「異物」が徹底的に潰されてゆく。つまりあらゆる障害は秩序の病理であるかのように、「検疫体制」と「予防接種」で潰してゆくということです。例えば、豚インフルエンザが発生したと言って徹底的にワクチンで鎮圧しようとするように。

唐突な比較のようにみえますが、まったく同じ思考パターンなんですね。ウィルスに負けないよう栄養をつけるとか、健康を保つとかすればいいわけですが、何はさておき全国民にワクチンを打つという。そして、一方で病気の「脅威」を煽っておいて、「安全」のための措置なるものがいっさいの他の配慮を押しのけて採られてゆく。とりわけ異議提起の回路を排除しながらです。そこで問われないのは、「異物」はどうして生じるのか、新しいウィルスはどこから、なぜ発生したのかということです。鶏や豚起源の新ウィルスは、グローバル化のもとでの食品産業と無縁ではないでしょう。

さて、ではこの「軍事的検疫体制」が守ろうとするそのグローバル秩序とは何なのか。その内実をなすものは何なのかと言えば、それが〈経済〉と呼ばれる次元なのです。こう言うと単純に響くかもしれませんが、グローバル化と呼ばれる現象は、輸送通信手段の発達とか、人・もの・カネの流れだとか、現象面だけを見ていても肝心なところは分からない。要するに、何がそうさせるのか、何がグローバル化を要請するのかを問わなければなりません。その推進力なしに世界は動かないからです。そう考えると、グローバル化を求めるのは、政治でもなく、文化でもなく、技術だけでもなく、〈経済〉、つまり市場を場として利潤の産出を求めて展開されるさまざまな活動です。グローバル化についてはいろいろな考え方や定義の仕方がありますが、ウォルデン・ベローなどが言っているように、[3] 結局のところそれは〈経済〉的な性格をもっています。あらゆる単位や障壁や差異を解消して自己展開してゆくのはいわゆる〈経済〉活動です。その他の局面は、〈経済〉のグローバル化に伴うさまざまな付随効果だと言っていいでしょう。そのことは、グローバル化に伴って科学技術も文化も、そして政治さえ、あらゆる活動領域が〈経済化〉する、つまり経済原理で計られ、経済原理でコントロールされるようになるということに表れています。グローバル化はあらゆる活動を〈経済〉的なものにするわけです。

　いわゆるネオ・リベラリズム（新自由主義）がグローバル化のイデオロギーであることは今では誰もが承知していることですが、そのネオ・リベラリズムとともによく語られるのは、国家主権の相対化や政治の後退とか縮減についてです。その三つの標語は「小さな政府」と「規制緩和」「民営化」ということでした。もはや何でも面倒を見るような政府はいらない、無駄な政治議論もいらない、規制をなくして競争環境を作り、市場の決定に任せればよい。そこでの自由な競争が、無駄なものを淘汰して効率的にする。政府は、そのシステムの機能が円滑に働く保障だけをすればいいというので、政治権力による上からのガヴァーンメントではなく、市場を通して働くガヴァナンスだという話になる。

そうなると「闘争としての政治」などというものも時代遅れで――ここらあたりは「歴史の終焉」論議の延長ですね――、すべてはマネージメントでスマートにやれる。これが「ポストモダン」だ、問題はもはや政治ではなく〈経営〉だというわけです。

グローバル化の三つのステージ

グローバル化によって前面化した〈経済〉という領域は、とはいえ昔から人間社会の機軸だったというわけではありません。では、それはどのようにして浮上してきたのか。〈経済〉とはいったい何なのか。それを歴史化するために、グローバル化ということの捉え方について補足しておきましょう。

歴史的かつ理論的にみるならば、現在のグローバル化、あるいは世界の一元化は、明らかに西洋の〈世界化〉運動によって始まります。それまで世界を一元化するような運動というのはありませんでした。例えば、人類が北アフリカの一角から地球全体へ拡がっていったというのは単なる自然生態学的なプロセスですが、〈西洋〉の世界化とは、西洋的制度性――これには世界をどう把握するかという知的側面と、それに基づいてどう組織化するかという実践的側面が両方含まれます――の拡張でもって世界を共通の制度圏として組織化していくものです。その意味では、グローバル化は昔からあったというのではなく、〈西洋〉が初めて展開した世界化運動の結果としてあるのです。

〈西洋〉の世界化はどのようにして始まったのか。最初はコロンブスに始まる新大陸の発見やマゼランの世界一周が画期になりますが、そのとき西洋人にとって初めて、世界が一つの全体であるということが、抽象的な理念としてだけでなく、経験を通して現実性をもつようになる。世界の全体性を理念的に提起したのは言うまでもなくキリスト教です。唯一神が世界を創造したというのですから。それにこの一神教は、イエスを通して人間と神とを結びつけ、彼岸と此岸とを統合する論理的契機をもっています。アウグスティヌス以来の神の国と地上の国はいつか統合されうる。そしてその要として君臨していたのが「神の代理人」を自称するローマ教皇です。その教皇は、権利上全世界を統治する者であって、理念的に世界全体を把握するヴィジョンをもっていたのですね。教皇庁は地上に理念的秩序を体現していたわけです。そのために、世界の全体性というものが具体性をもつようになったときにも、教皇は統治の権威を発揮します。実際には、冒険家が出かけていき、その情報をもとに地理学者が地図を作ったりして世界像が描かれますが、その出発点にあった世界ヴィジョンはまずは神学的な枠組みをもっていたのです。

ともかく、新大陸が発見される。この「発見」はどんな解釈をしても聖書の記述の延長上に理解することはできず、ヨーロッパの空間意識は一気に拡大することになります。このとき――これはカール・シュミットが言っていることですが――その世界空間を「線」によって分割するという考え方が生まれる。その最初がスペインとポルトガルで勢力圏を区切るというものですが、そのとき地図上に引かれた線はスペイン・ポルトガル両国王がむやみに争い合って決めるというのではなく、自分たちの勢力圏を定める分割線の正統性をローマ教皇に求めました。だからそれは「教皇子午線」（一四九三年）と呼ばれますが、やがてそれがトリデシラス条約（一四九四年）、サラゴス条約（一五二九年）へと改定され引き継がれてゆく。つまり地上の領邦的な権力の上に立ち、世界の全体性に権限をもつのは教皇だとみなされていたということです。実際、その頃の文書に教皇はときとして「世界の所有者」と署名している（このことはピエール・ルジャンドルが強調して、それをモチーフにした映画も作っています）。[4]要するに、世界の全体性が現実性を帯びたとき、そのグローバル性はまず教皇のもとに神学的なものとして表明されたということです。

ところが、それからヨーロッパ、というより〈オクシデント〉つまり〈西洋〉世界では、[5]宗教改革につづいて宗教戦争が起こり、しだいに教皇の権威が棚上げにされて、一七世紀半ばには世俗領邦国家が主体の、いわゆるウェストファリア体制が作り出されてゆく。そしてそれ以後、主権国家が唯一の正当な権力行使のアクターであるという国際（国家間）秩序が生まれます。シュミットはそれを「ヨーロッパ公法秩序」と呼んだわけですが、[6]これが近代の主権国家を単位とした国際法秩序の起源で、逆に言えば、それ以前には「国際関係」などというものはなかったということです。ともかくそういうかたちで、ヨーロッパ諸国間では国際法というインターナショナルな規範秩序が作られ、神学的レヴェルは棚上げにされて、グローバル性は主権領邦国家間の勢力争いが展開される「戦争と平和」のアリーナ[7]としての性格を帯びてきます。そのもとで、一方では西洋諸国によるアフリカ・アジアの植民地争奪、他方ではアメリカ大陸での合衆国以下諸国の独立などいろいろなことが起こって、諸国家の割拠と制覇の時代になります。「テオロジー」に言葉を合わせてみれば、グローバル性は地上の国家理念による「イデオロジー」が前面に出る段階、つまり神の権威によらず地上の理念的構成によって統治が行われるといった段階です。

その後で今度は、国家の枠組みやその権力と葛藤を演じながら成長してきた〈経済〉の局面がしだいに浮上してきます。もうすでに一八世紀末には国家維持や運営の内実も国富とか国民経済として語られるように、〈経済〉の台頭は進んでいるのですが、それでも国際的な場面ではまだ国家と二人三脚でした。重商主義というのは国策経済のことだったし、課題は基本的に「政治経済学」として立てられていました。そしてやっと、〈経済〉の国家政治からの自立を主張するアダム・スミスが登場します。それ以後、国家が〈家政〉として〈経済〉を仕切るという状態から、経済活動の主体の方が国家を活用して市場を確保拡大するという傾向が出てきて、政治とは自立した経済学というものが成立します。やがてウェストファリア体制の展開で主権国家による世界分割が進み、それが世界戦争に行き着いて国家主権の変質が起こるようになると、ついに〈経済〉は国家を呑み込むうねりのように浮上して、それ自体が世界化推進の磁場であったことを明らかにするわけです。それがいま「グローバル化」として語られている状況だと言っていいでしょう。

このように、グローバル化には三つの歴史的局面があったと考えることができます。最初の神学的な局面は、政治国家の世俗権力によって後景に退き、その後で経済が前面化することで国家単位の政治が棚上げされていく。もちろん、だからといって国家の政治が失効するわけではありません。それは、世俗国家の台頭によってもローマ教皇庁が消滅しないのと同じようなことです。たとえばグローバル化のアクターの多国籍企業は、政府とはあまり関係しないように見えますが、むしろ政府がいわば「民営化」されて、市場の整備に活用されているのですね。そういう形で古典的な政治が棚上げされていく。そして、「経済を統治する」という政治意思ではなく、「経済で全面統治できるじゃないか」という意思排除がグローバル・ガヴァナンスを支えてゆくことになるわけです。

ついでに、ここで〈経済〉という領域の特質を確認しておきましょう。たとえば、政治と経済はどのように異なっているのか。政治はポリティクスですが、これは基本的に「ポリス」つまり都市国家とも言い換えられる共同体に関わる事柄であって、この共同体は領域的で、かつひとつのユニットを構成しています。簡単に言えば、政治は国家の政治です。だから政治は必ずユニットとそれを構成する境界を伴います。そしてそれをめぐって戦争が起こったりするわけですが、〈経済〉はむしろ境界を越えて展開する。市場がその展開の場だとすれば、それは拡がれば拡がるほどメリットを生み出す。国家の境界だけでなく、文化や宗教や習俗や人種といった、ともかく差異を作り出すあらゆる要素を貨幣や資本で均しながら超えてゆくのが〈経済〉です。そして、規模のメリットはグローバル化によって最大に生かされる。逆に言えば、グローバル化は〈経済〉の優位を決定づける状況だということです。

それをまた別の観点からみると、〈経済〉とは、さまざまな差異を伴うような活動、人間社会を組織する多様な形態を生み出す局面を、すっかり剥ぎ取っていくとそこへ辿り着くような次元だと考えられます。つまり、みんな均して数値化し計量化しうるような次元、いわば無差異化される次元ですね。だから、経済的グローバル化は、ある種の「ポストモダン」的傾向とは馬が合うんですよ。というより、それはグローバル化の生み出した文化的文様だったと言ってもいいでしょう。

〈経済〉の来歴

さて、〈経済〉というものはいつ頃どのようにして登場してきたのか。こういう問いを立てるとき、多くの人は〈経済〉というカテゴリー自体は問題にしません。それをすでにある自明のものとみなしたうえで、いわゆる「経済活動」なるものがどのように登場してきたのかと考える。そうすると、経済なんて昔からあったんだ、という話になってしまいます。そうではなく、〈経済〉という観念がいつ頃どのようにして形成され、それでもって人間の活動の重要な一次元が切り取られるようになったのか、そしてそれが〈知〉になったのかというところが重要なのです。〈経済〉が自明の活動領域と受けとめられ、それを枠組みに人びとが物事を語るようになるのは、それ以後のことです。それを「知のレジーム」と言うなら、問わなければならないのはそのことです。

ついでに言うなら、M・フーコーのインパクトは、それが重要であるとはっきり指摘した点にあるのだと思います。たとえば、「経済の誕生」と言うとき、経済的現象をあらかじめカテゴライズされたものとみなして、その枠組みをあてはめて「経済なるもの」の発端を歴史的に探すというのではなく、〈経済〉という観念の登場と、それによって何が切り取られ、何が知的に制御されるようになったのかを考える、ということです。〈経済〉という言葉（用語）なしにその実体はない。言葉が生まれて実体が想定されるようになる。あるいはアモルフな事態がある言葉を必要とし、その要請に対応する用語が作り出されたとき、今度は現実がその言葉（観念）によって枠取られていく、そういうプロセスがあるわけです。「経済の誕生」というより、だからむしろ「経済の発明」といった方がいいかもしれない[8]。それは経済と呼ばれる事象の誕生ではなく、〈経済〉という用語とその観念的枠組みの形成が問題なのだということですね。それによって初めて、人びとは〈経済〉を語りうるようになり、やがて〈経済〉で何でも語られるようになるわけです。自明性を疑うということがよく言われますが、それよりも、いつ誰がそういうことを考え出し、それがものを語るうえで実質的な効力と拘束力を持つようになったか、というのが重要です。

〈経済〉に関しては実はもう先達がいます。それがカール・ポラニーです。マイケルではなくて兄の方ですね。ポラニーははっきりと、〈経済〉が誕生したのは近代だと言っています。たとえば、「エコノミー」を専門領域とする「エコノミスト」という用語についてですが、これは一八世紀末にフランスの重農主義者たちが自称として使った言葉です。[9] たぶんそれは「出納係」や「管財人」を指した「エコノーム」という言葉との関連で作られたものだと思われますが、この人たちの理論的対象として「エコノミー」という領域が浮上してきて、近代的な意味での〈経済〉が輪郭をもつようになる。フランス語の場合にはそれがそのまま残りますが、その理論的対象が市場経済の機能として分離・純化されてゆき、英語で言うところの「エコノミクス」が一九世紀後半には社会科学として成立してくるということです（フランス語では「シアンス・エコノミック」が使われる）。

　実は「エコノミー」という言葉自体はそれ以前から使われていたのですが、使い方はだいぶ違って、一般には節約とか倹約といった意味でした。「エコノミークなやり方」と言えば、無駄遣いをせず、節約して切り詰めながら支出する、ということです。先走って言えば、実はこの意味は現代にも生きていて、というより妙な復活の仕方をして、国家予算の合理化とか、いわゆる「業務仕分け」をするときの考え方なども、この意味での「経済」原則だと言うことができます。けれども、もとはと言えば、それはいわゆる「家政」の原則で、まだ国家という抽象的観念より王家という具体的存在の方が実質的であった時代には、「エコノミー」と言えばその王家の「家政」の切り盛りに関する事柄を指していたということです。

　しかしその後、それぞれの王家の盛衰とは相対的に別個に国家という抽象的組織がかたちを成してくる。つまり国家と法体系が作られ、それを運営する官僚体制や常備軍が整備されるようになると、王家よりも国家が原理的な制度となり、それを枠にものごとが動くようになります。そのとき、王家の切り盛りだったものが何になるか。王家の君臨は国家による統治となり、その統治の対象として社会というものが析出されてくる。そしてその社会の活動が国家にとって重要な管理のターゲットになってきます。そうなるとエコノミーは、もはや王家の切り盛りではなく、国家の運営の重要な要素になります。もはや王家が自分たちの資産を管理していればよいという話ではなく、例えば商人を大勢呼び込んできて活動させると、そこにお金が落ちて都市が豊かになり、税金がたくさん取れるといった話になる。そこで、どうすれば国家の富が増えるかといった関心が生まれ、それを論じる学者が生まれ、富が生まれたり集まったりする仕組みはどうなっているかに関心が集まり、市場というものが見出されてゆく。そんな事情から〈経済〉が家政とはまったく違った形で取り出され、知の対象になるわけです。とはいえそれも、先ほど言ったように、初めは政治経済学として、国家の統治意識と不可分の学として登場してきました。

　初めは国家の経済財政政策と結びついた重商主義とか重農主義とかいわれる考え方があったわけですが、それをアダム・スミスの『国富論』が一変させます。『道徳感情論』を書いていて、経済活動の要因を個人のレヴェルから考え、個人の利己的な利潤追求の活動が結果として国を富ませるという斬新な考えを展開して、経済の自由放任を主張したのです。それは、市場の自己調整機能に信を置いてその自律性を想定し、〈経済〉の領域を国家の政治から切り離すという自由主義経済の方向を決定づけました。いわば〈経済〉の政治からの解放ですが、だから〈自由〉というのは〈経済〉つまり市場経済の自己主張的な性格でもあるのですね。そしてそれ以後、〈経済〉は独自の自律的な領域とみなされるようになり、その独自の場である市場のメカニズムの解明が「経済学」として自立してゆくわけです。それが一般に近代経済学といわれるものです。

そう考えてみると、〈経済〉にはそれが析出されてきた歴史的プロセスがあって、しかもそれはかなり新しいものだということです。そこからいろいろなことが考えられます。ひとつは、この〈経済〉、つまり市場を場として独自のメカニズムで動くとされて抽象的に語られるようになった――すべてが数値化され計測され、やがて計量経済学化する――経済というのは、たとえば人間の生き方をかたち作っている文化だとか、社会を構想する政治的意思とかに関わりなく、ある抽象化されたレヴェルに還元された、ある意味では痩せ細ってしまった経済だということです。われわれはその〈経済〉の理念的枠組みに照らして「古代社会の経済事情」などというものを論じたりするわけですけれども、そういうものを抽出することにどれだけの意味があるのかどうかはわからない。

というのも、そもそも近代の「エコノミー」という語の由来はギリシア語の「オイコノミア」ですが、この語が言い表していたものは何だったかと振り返ってみると、最初にこれを論じたアリストテレスにとっては、「オイコスのノモス」、つまりは先ほどふれた「家の切り盛り」というのが基本でした。オイコスというのは「家」で、それはたんに家族というより一族で、人が生まれて成長して何かを営んでやがて死んでいく、そういう人びとの生存を支える基本的な場のことです。そこには自由民もいれば、使われる奴隷も子供たちもいる。それをどうやって食べさせ、どうやって切り盛りしてゆくかというのが課題でした。それがもともとの「オイコノミア」なのですが、人間の生存の基本的条件を含むその膨らみをすべて削ぎ落として、利潤追求による富の生産や蓄積、あるいはそれが展開される市場という抽象的なメカニズム、というところに落とし込んでいったのが近代の経済学であり、その対象としての〈経済〉現象だということです。近代の〈経済〉の観念は、その意味できわめて限定されたものなのですね。

このズレについてもポラニーがアリストテレスの経済論ではっきり指摘していますが[10]、ポラニーのこの観点は、ある意味ではマルクスよりも重要だと思われます。マルクスはあくまでも市場経済の原理をなぞって、産業社会を前提に経済を考えています。しかしポラニーの観点はそこからはみ出してしまう。そして近代の〈経済〉という観念そのものを問い直そうとしているわけです。

〈経済〉のような観点は、一旦できあがってしまうとそれをまず前提として誰もがものを考えるようになりますから、問題が出てきても対応策をその枠の中でしか考えない。そういう認識論的閉域ができてしまって、そこから抜け出すのはたいへん難しくなります。ポラニーはその枠を壊そうとしたわけです。〈経済〉というものを絶対的な枠組みとして前提して、〈経済〉をどう立て直すかと問うだけではなく、どうして〈経済〉などという捉え方がほとんど人間社会の自然であるかのように受け止められ、誰もがその上に立ってしかものを考えられなくなってしまったのか、そのことのほうを考えなければなりません。

〈危機〉の射程

そこでやっと現代の「経済危機」の話に戻ります。

二〇〇七年、アメリカのサブプライム・ローンの破綻から、二〇〇八年秋のメリルリンチの破綻やリーマン・ブラザーズの破綻で決定的になった金融危機ですが、それこそウォール街の「壁」を崩して世界中に波及し、その結果、世界的不況を招来しました。現在は一九二九年に始まった大恐慌のときよりもグローバル経済の連繫が深まっていますから――アメリカの専門家などは、アメリカが破綻すれば世界が放っておかないから大丈夫、いまの世界は一蓮托生、だから大丈夫、いま投資をやめてはいけない、などとテレビで言っていましたが――、表面的には二九年の大恐慌のときほどひどいことにはなっていないように見えます。しかし実は、現在のシステム延命の一時的な糊塗策をやっているだけにすぎないでしょう。それではかえって「病気」をいっそう進行させ、やがて取り返しのつかない発作がやって来るのをただ先送りしているだけかもしれません。

この危機がどれくらいの射程をもつものなのか、歴史的に見たらどのぐらいの幅で考えればよいものなのか、人によって受け止め方に相当ズレがあるようです。短期にはこれは、サブプライム・ローンやデリバティヴ商品をやたらと売り出した米英式の金融システムの破綻というように受け止められているようですが、わたしはそれに留まらない性格をもつものだと考えています。

米英式の金融で儲けるシステムというのはグローバル化とともに促進されたわけですが、これはイデオロギーとメカニズムの両輪で動いてきたものです。もとをたどればすべては一九七〇年代前半に始まる。そのとき、ドルが変動相場制へ移行しました。このときまでドルは世界の基軸通貨で、ドルの発行高は連邦銀行の金準備高で決められていて、他の通貨はドルとの交換レートが決まっていました。ところがベトナム戦争などでアメリカの経常収支と貿易収支の赤字が拡大し、ドルの金本位体制が維持できなくなって、通貨市場の取引で価値が決まるという変動相場制に移行した。つまり、基軸通貨のドルが市場に出されて売り買いされる商品になり、それまでドルとの関係で規制されていた世界の通貨全体も商品になって、世界の金融取引は胴元の保証のないアナーキーな賭場になってしまったということです。

その一方で、利潤率低減傾向というのがありますが、産業が拡大するにつれて利潤率は低下する。そして産業が一定の飽和状態になると、もはやいくら作ってもそれほど儲けは上がらないという状態になる。そこにきて通貨自体が流動性に富む商品だということになると、苦労して産業を組織して動かすより、できている会社を買ったり投資したりの金融取引、つまりは投機で儲けるのが利潤を生むもっとも効率的なやり方だということになります。巨額の資金を動かせれば、ひとつの産業を興すよりずっと簡単に規模の大きい利潤をあげることができる。そのためには、資金の流動性を妨げる規制や、産業を保護する規制があってはまずいわけです。だから規制緩和が言われるのですが、そこにコンピューターが普及し、インターネットが解放されて、グローバルな情報インフラが提供されると、グローバル規模での世界同時的な金融取引が可能になる。それだけでなく、それ自体が情報産業を中心としたいわゆるイノヴェーションを引き起こし、巨大な投資先をも生み出したわけです。

イデオロギーの面から言うと、近代経済学は私的利益の追求が全体的な富を生む（そして全体の豊かさが儲からない人たちにも零れ落ちて全体を底上げする）、だから「自由」な私的利益の追求を擁護し奨励する、といった傾向がありました。それがいわゆる「経済的自由主義」の考えですね。ところが、大恐慌以来、このような「自由放任」では経済復興はできないというので、国家が公共投資によって介入するというわゆるケインズ主義が主流になりました。すると今度は国家の役割が大きくなりすぎて非効率的になり、だからというので「小さな政府」が主張され、国家が抱えていた公共的事業も市場に任せる（「民営化」）という主張が出てきました。これに「規制緩和」もくっついているわけです。日本だと、後に「構造改革」として打ち出される路線で、たしかにそれ自体には合理的な主張が含まれています。国家の収入の税金には限りがあるし、寄生虫に税金を垂れ流すようなことでは困るわけです。けれども、公共性をよりよく再組織するといった発想ではなく、私的利益追求の「自由」に任せるべきだという主張になると、かならず問題が生じます。

実はこの時期、つまり七〇年代初頭ですが、先ほどの利潤率低減傾向に関係する産業社会のある臨界というものが見えていたのですが、この時期に集中した多面的「危機」のなかで、そのメイン・ステージのアメリカから過激な「自由主義」経済思想が台頭してきます。それがミルトン・フリードマンを旗頭とするネオ・リベラリズム（新自由主義）の主張です。宇沢弘文さんの回想によるとフリードマンは、ベトナム戦争が激化した六〇年代後半には、シカゴ大学でもほとんど極右ゴロツキのように見られていたようですが、それがどういうわけかアメリカで最も有力な経済学者になり、八〇年代になるとレーガン政権のブレーンになるわけです。七〇年代に訪れた全般的危機のなかで、結局アメリカは建国以来の「私的所有権にもとづく自由」という原理に固執し、その原理にしがみついて前に抜け出ようとしたのでしょう。だから「民営化（プライヴァタイゼーション）」は「私物化」と同じになり、私的利益の追求が不可侵の原理として掲げられ、どんな無責任な投機家も巨利を得さえすれば「才覚ある人材」として称揚され、金融ゲーム化した市場では、軍事産業から転進したコンピューター技師たちが個人的才能をとことん発揮してあらゆるたぐいの金融商品とやらを開発し、破綻が予見できるのにもかかわらず世界に売りまくって倒産し、あげくに投資家・資産家たちが「大きすぎて潰せない」破綻金融機関の尻拭いを税金でやらせて恥じない、といった世界にたどりついたわけです。

米英式の会社売買（株式買い付け）や株主保護のやり方は、産業の育成や企業活動よりも、金融投資そのものを優先するやり方でした。それが世界の金融支配あるいは投機ゲームによる混乱を生み出したわけです。そしてその本家本元が今度自滅したということです。

モラル・ハザードということがよく言われますが、ナスダック会長のメドフがネズミ講ほどの手間もかけずに、集めた資金をそのまま横領していたことが発覚しました。あいた口が塞がらないとはこのことですが、虚構に虚構を重ねて金融商品を次々に作り出して世界に売りさばいていたアメリカの巨大金融機関には、結局「公的資金」が投入されることになり、それまでに巨額の給与や賞与を得ていた役員たちは儲け得で、損害だけは国家が補償するという実例が示されたわけです。その金融機関が一年余りで立ち直ったといわれますが、それでまたぞろ同じことをやりだすわけです。

要するに、七〇年代初頭が今日破綻したシステムの端緒ということになりますが、ではこのような経済の金融転換はなぜ起きたのか、いったいそのときの「危機」はどのようなものだったのかを、あらためて問うてみる必要があります。

アメリカ的経済主義の破綻

それに関して象徴的なのは、今回の危機のさなかに、アメリカ自動車産業のＧＭとクライスラーが崩壊したということです。二〇世紀の経済発展はアメリカの自動車産業を発端にして大展開を始めるわけですから、百年後にそれが壊滅的に崩壊したのです。

　このとき崩れたものとは一体何なのか。産業革命以来、右肩上がりどころか二乗曲線のように続いてきた資源開発とその利用、それをベースに推し進められた技術革新や新製品の開発と商品化、その大量生産と大量消費、それは人びとの生活様式や生活環境の全面的な革新を引き起こすことになり、経済規模は圧倒的に拡大し、その数量的な拡大が世界の「成長」とみなされて、あらゆる社会はその「成長」に向けて組織されるようになってゆきました。そのような文字どおり革命的な「イノヴェーション」を象徴したのが自動車産業です。このシステムはやがて「成長」がないと経済が立ち行かないといった仕組みのなかに世界全体を組み込んでゆきます。そして特定の指標によって数値化される「成長」を口実として人びとに欲望が植えつけられ、競争が煽られ、それによって引き起こされる富の偏在やあらゆる貧困が正当化される。いま世界的に破綻を来しているのはそういう偏奇なシステムの全体なのです。

　今回の危機と世界不況に関連して、いわゆるネオ・リベラリズムの批判は広範に行われて、ほとんど出尽くしている感もありますが、七〇年代末から八〇年代に米欧で始まったとされるこのネオ・リベラリズム[11]が問題だというだけでもありません。ネオ・リベラリズムは単なる経済イデオロギーというよりも、アメリカという国のもつ特異な制度性が世界的ヘゲモニーを握ったことと切り離せないとわたしは考えています。だから、アメリカとは何かということを考えなくてはなりません。

　その意味でウォール街が崩壊したというのはまさに象徴的です。というのは、ウォール街の「壁」

は、オランダ人が最初に北米に入植してニュー・アムステルダムを築いたとき、「ここは自分たちの土地だ」と主張して先住民を締め出すために建てた「分離壁」であって、最初の「所有権防衛」を印すものです。この入植地をやがてイギリス人が奪い、改名してニューヨークとなりますが、「壁」は今も「ウォール街」という通り（地区）の名に跡をとどめているということです。

いわゆる「新大陸」に人工の世界たる「自由の領土」を作るときの、「自然」に対する防壁が「ウォール」だったということです。その「ウォール」はやがて自分たちの国家を作りながらフロンティアとしてどんどん西へと展開していくのですが、そのときこの地で何が行われたのか。もちろん先住民インディアンの駆逐ということもあるのですが、それと同時に見えない圧倒的効果をもったのは、ヨーロッパ人によって「発見」された大地の全体が、誰かの私的な所有物に、要するに「不動産」になったということです。つまり、この広大な土地は市場で流通する商品になったわけです。こういうことを土地の「流動化」と言うようですが、もともと不動の大地で、そこに住んでいた人たちがその恵みの下に生きていた自然環境としての大地が、登記簿上で売り買いされる不動産になってしまう。すると、実際にその地に生きているということよりも、登記簿に記載された法的な権利にもとづく所有の方がはるかにものを言う。そして土地は、帳簿上で取引される名目的な不動産として自由に取引される。それをひとことで言えば、私的所有権に基づく「自由」ということですが、そういう制度性を守る障壁が「ウォール」だったのですが、まさにそのような名目資産やさらにはそれをもとにした名目資本の取引で潤う場所が「ウォール街」として成長した。そして去年、その「ウォール街」システムが決定的な破綻をさらしたということです。

社会主義体制の「壁」の崩壊は、ソ連成立以来七〇年の射程のものでした。けれども、このもうひとつの「壁」の崩壊は、アメリカという制度性そのものの破綻の兆候でもあり、だからこそアメリカが改めて問われる。あるいは〈アメリカ〉と呼ばれて作り出された制度空間、ヨーロッパから始まる世界化のプロセスの中でまったく人工的に作られた一世界とは一体何だったのか、という問いが改めて浮かび上がってくるのです[12]。あの制度空間がみずからの合法性を備えるにいたる、つまり国家として自己設定するのは、まさにアダム・スミスが『国富論』を出版したのと同じ年です。

ヨーロッパは当時、無差別戦争観と勢力均衡の主権国家システムのもとにありました。そして主権国家間の秩序として国際関係があった。けれども、アメリカ合衆国はそこから離脱する形で独立します。そしてそこに「自由の制度空間」の合法性を確立してゆく。例えば「解放」というのは、抑圧に対する抵抗とか、自由がない人が自由を求める運動であり、自主性を与えられない人たちが決定権を求める運動です。これを「民主的要求」とも言うわけですが、アメリカの「自由」の主張はもともとヨーロッパに対するものでした。ところが、イギリスから独立しても、もはや抑圧するものがないにもかかわらず「自由」を主張し、他に対してみずからの「自由」を要求し続けます。

ではアメリカの「デモクラシー」とは何なのか。それは結局のところ、入植者の苦労も考えず、むしろ押さえつけるためにむやみに税金を取るイギリスの王国支配はいやだ、ということです。自分たちが儲けたものは自分たちで自由に取ると。古い権力を体現する王国の支配を脱して、入植者が自分たちの「自由」のための権力を作る。それが民主主義の要求だったわけです。だから、そのときの主要な賭金は経済的利害であり、経済的自由です。だとすると、アメリカのデモクラシーは、初めからいわば「統治の民営化」という性格をもっていることになります。「統治の民営化」がアメリカの政治権力には組み込まれています。それがあるからこそ――その後のアメリカの歴史的展開に関してはここでは省きますが――、今でもアメリカでは湾岸戦争をやったときの国防長官（D・チェイニー）が政権交代の後に大軍需産業（ハリバートン）の社長に収まって、しばらくすると今度はブッシュ・ジュニアの副大統領になってイラクで戦争を始め、その会社が巨大兵站事業を政府から長期で受注するといったことが平気で起こるのです。「回転ドア（revolving door）」とか言うようですが、財界から政権に平気で行き来できるのですね。先日、ベトナム戦争に関して恨みがましい証言を残して亡くなったマクナマラもそうでした。彼はビジネススクール出身で、第二次大戦中は都市爆撃の効率分析などで業績をあげ、戦後はフォード社に入って生産効率を上げたその業績でケネディの国防長官に抜擢され、ベトナム戦争の責任者になって軍事に「費用対効果」の経営的手法を徹底的に導入する。生産効率を上げることと戦争をやるということが同じなんですね。「キル・レーション」と言いますが、殺人効率を上げるということです。その後、ベトナム戦争の責任を取るどころか、論功行賞で世界銀行の総裁になって発展途上国をいじめるわけです。他にも酷いことをした連中が世界銀行に天下りしていますね。最近のネオコンのウォルフォヴィッツ[13]がそうですが。

そのようにして、アメリカでは財界や金融界と政権とが行き来できるようになっている。上がりは国際機関のようです。しかもそれが汚職とはみなされない。途上国に構造調整を押し付けるときには、汚職の排除を要求するのに、彼らが自分でやることは汚職にはならないのです。それは、アメリカでは政府自体が「民営化」されているから、「優秀な」個人の自由な活動は制限されないわけです。

ついでに言えば、日本では「民営化」などとていのよい訳語をつけて波風が立たないようにしていますが、この"privatization"というのは、文字どおりに訳せば「私物化」ということです。だからアメリカのデモクラシーというのは、政府権力を力のある連中がみんなで私物化することだといえばはっきりするでしょう。政治がプライヴァタイズされているわけです。そのうえ今では軍事もプライヴァタイズされている。プランヴァタイズされると、もはや軍事に関する国内法・国際法の規制外におかれ、すべては市場の法則に委ねられます。だから民間軍事企業（戦争請負業）というのもはびこるわけですが、このようにアメリカのシステムがあらゆるものの経済化を加速しているのです。

経済主義の倒錯

ところで、ポラニーの『大転換』で扱われているテーマのひとつは、一七、八世紀にイギリスでどのようにして土地の流動化が進められたかということですが、ヨーロッパでは土地の私的所有はなかなか成立しませんでした。なぜなら、領主が土地を支配しているのは私的所有ではなく占領に基づくものですし、封建制下ではその土地支配にもいろいろな階層がある。また、教会も土地を多く持っていましたが、それも私的所有とは違います。そのように土地との関係が一律ではなく、さまざまな権威や権力との関係に結びついているという状態のなかに、土地は基本的に私有財産とみなすべきものであって個人が自由に売買できる、という仕組みを浸透させるには、そうとうの抵抗もあるし、時間がかかります。実際、イギリスでも二〇〇年近くかかったわけです。

ところが、アメリカではそれが最初からできたのです。インディアンを追い出せば、その土地は「自由な更地」とみなされましたから、そのまま私的所有権を設定できます。だからアメリカではそれを「普遍的」に適用可能な制度とみなすことができた。実際には、はじめは政府——つまりイギリスが、次いでアメリカ政府が——が領有を決定し公有地として、その土地を資格のある者に払い下げて私的所有に委ねるということになります。もちろん「資格がある」のは白人だけです。アメリカ政府も、私的所有権がデモクラシーの基盤だと考えていましたから、これを強力に推進し援助しました。その極めつけがホームステッド法というもので、土地持ちの自営農を作るのが基本方針だったのですね。こうして、土地から始めて生存空間を所有権制度で組み立てるというのがアメリカの「自由」の土台をなし、そのように保証されたあらゆる「財」の流動性が「自由」な経済活動を促進するということです。

最初は土地ですが、そのうち産業領域で競って「発明」がなされます。これが特許権保護の対象になって、いわゆる知的所有権というものが生まれます。権利が設定されると、その権利はそれ自体も商品化される、つまり売買されるようになる。そしてあらゆるものが権利設定の対象になり、商品化されるようになります。逆に、この権利の網目にひっかからず、商品化されないものは、意味がないとされ、社会的流通の枠組みから無視され排除されるということになります。それがこの「自由」な社会の特質だと言えるでしょう。

だから「財」とみなしうるものはすべて所有権設定の対象になり、あらゆる自然資源がその対象となりますが、土地ばかりか、水も、空気も生き物も、商品化されて当たり前といった状況です。そして最近では、「最後の自然資源」として人体が「開発」の対象となり、そのすべての部分が商品化されようとしています。その先陣を、いわゆる生命科学が担っています。生命領域は、無限の可能性を秘めた「開発」の沃野だとかいうのですね。そこに国家的にこぞって投資が行われ、競って研究が進められている。それに対して歯止めがかからない。むしろ、市場の期待に応えてそれを推進することが、人類の幸福のためであって、すばらしい未来が予見できる、とそんなことを誰もが信じるよう仕向けられている。そのためにPR産業という強力な「幻想誘発装置」も巨大部門として発達しました。科学自体には罪はない、とも言われますが、科学に対する信仰が作られ、進歩によってどんな病気も治せるはずだといった思い込みがある一方で、科学者はそれにのっとって自分の仕事を進めるのですが、その結果が人間をどういう場所に追い込むことになるのかということを、科学者は考えようとしない。核兵器や原発の場合とまったく同じです。

そういう事態を動かしているものは何なのか。ひとことで言えば経済至上主義、あるいは市場原理主義です。何でも経済の尺度に照らして判断する、そして経済効果が高ければよいという考えです。せんじつめれば、すべて市場に任せればよい、市場の決定こそ、人びとの求めに応じて社会がみずから行う選択だ、ということになります。アダム・スミスが言った、市場に働く「見えざる手」というのは、神を隠居させてしまった時代なら「社会の総意」といったことになりますから、市場の要請や決定は、無記名投票の採決と同じで、いちばん民主的だというわけですね。誰の命令でも強制でもなく、みんなが求めるのだからいいじゃないか、と。

科学技術の研究も、潜在的に市場が求める、あるいは市場ができそうなところが注目され、そこに投資が集中する。すると、激しい研究開発競争が展開されて、その部門の研究は一気に進展する。つまり、お金になりそうな領域の研究はどんどん進むわけです。今では、自分で資金が獲得できない研究はダメだということになっていて、研究の方向も市場まかせです。科学が発達して、自然や人間の謎がつぎつぎに解明されている云々といわれますが、実は将来お金になることに向かってだけ、研究開発がどんどん進んでいく。お金になりそうだと企業が援助してくれるだけでなく、国家もてこ入れに乗り出します。その研究は将来性があるということになるから、そこで業績をあげる研究者はよい研究をしているのだから、たくさん報酬を支払えという話にもなります。そんなふうに、利益のための競争をするわけですが、その競争の最終目的はといえば、結局何ができるかということ以上に、どれだけ儲かるかという話であって、要するに儲かれば何でもよいのです。それにノーベル賞までくっついてくる。すべてがこのように経済原理に従って動いているから、今では科学などというより、底を割ってみれば経済開発の一手段に成り下がっているのですね。いま話題のiPS細胞の研究なども、人間という資源の経済開発として着目されているわけです。その証拠に、それで人間や人間社会がどうなるかということについて、あちこちで不安が語られているにもかかわらず、そういう問題は置き去りです。難病の治療が可能になるというのはほとんど口実で、要は生命組織複製技術でしょう。

例えば石油を加工してナイロンができ、絹よりも破れにくいストッキングが作れるようになったということなら、まだ楽しい話で済む。しかしiPS細胞で何でもできてしまい、再生技術が商品化されてしまうことが、本当によいことなのかということです。そういう問いを封殺して研究への邁進を正当化するだけでなく強要さえしているのは、所有権と経済成長の論理です。ローマ・クラブが「成長の限界」という報告を発表したのは一九七二年でしたが、あれから三〇年以上経って、世界の産業システムのいく末に展望がないことはますます明らかになっている。それはわかっているけれども、これで行くしかない、あと一〇年くらいは大丈夫、あるいは自分たちが生きている間ぐらいは大丈夫だ、ということでみんなが目をつぶっている。私的所有の擬制の上に、経済成長の論理を組み立てて、それを軸に社会を動かしてゆく近代の経済システム、経済的な考え方、すべてを経済に落とし込んでいく考え方に捉えられて、もうにっちもさっちも行かなくなっているわけです。

社会面でみても、数年前に日本でも、自治体の長の経営責任を問うという法案が検討されました。自治体の長というのは、地方公共団体で、本来なら行政責任を負うわけです。それが経営責任を負うということは、行政の役割は企業経営と何ら変わらないとみなされているということです。もちろん、税金でやっている以上、無駄をなくすというのは当たり前——これができないという話もありますが——ですが、営利企業ではありません。採算の取れない事業も自治体だからやらなければいけないという場合もあるでしょう。それが公共団体というもので、公共性が削ぎ落とされるのなら、これがまさに自治体のプライヴァタイゼーションです。営利事業にならないことも公共団体だからこそ公的な負担でやる。政策的領域はパブリックなものとされ、営利で動く経済的な領域はプライベートなものとされていました。だからプライヴァタイゼーションと言った途端に、それまで政治が担っていたことがすべて「民間」の「企業努力」に委ねられる。プライヴァタイゼーションとは、公共的配慮をなくしていわば政府を企業化することだと言ってもいいかもしれない。グローバル化の流れの中でボーダーがなくなるということがよく言われますが、この場合、消されるボーダーは国境だけではなく、公共と私的営利とのボーダーもこうして抹消され、この流れの中ではすべてが経済領域に落とし込まれてゆくことになる。日本の自治体もそうだし、自治体のような小さい国、例えばシンガポールなどは典型的に、進んでそうなるというわけです[14]。国家と企業との区別はなく、もう市場の活発なアクターというしかないですね。

始まっている〈未来〉

ところで、フランスにMAUSS《モース》(Mouvement Anti-utilitariste en Sciences Socials、社会科学における反功利主義運動)という研究者のグループがあります。これは八〇年代初頭に社会科学を経済学モデルが席捲する事態に危機感を抱いた研究者たちが、その根本に功利主義のドグマがあることを見定め、それとは違うアプローチによって別の展望を切り開くことを目指して組織した知的運動体です。とくに、経済学が政治哲学や人類学との関連で鋳直されるべきだという主張を含み、諸学科横断的な議論を展開して、同題の雑誌をずっと刊行しています。この中心にいるのがアラン・カイエという人で、もうひとりの軸はセルジュ・ラトゥーシュです。グループの名前は人類学者マルセル・モースの名にかけてありますが、それはモースの代表作『贈与論』が、市場での交換ではなく贈与と反対贈与の義務が社会原理となっている例を考察して、西洋近代の経済観念とはまったく違った社会のあり方を呈示しているからです。功利主義的社会原理をいかに脱却するかというのが彼らの共通関心だとしたら、モースの名はそのエンブレムでもあるわけです。

このうち、セルジュ・ラトゥーシュは「脱成長」というタームを表に掲げて、もう何年も前から経済成長主義批判の論陣を張っています。つまり「成長(グロース)」という考えが麻薬のように社会を毒していて、これなしに経済が立ち行かないような思い込みに社会はがんじがらめになっているけれど、誰の目にも明らかな資源・環境問題や人口問題に対処して人間社会の持続を考えるなら、現在の生産活動をそれとは違う原理で再編してゆかないといけないといった主張です。そのために「脱成長」というタームでさまざまな具体的提言もしています。「成長」という方向を否定するのは、世界の破局でもこないかぎりなかなか難しいわけですが、その主張を支えている現状に対する危機感には原理的な説得力があり、エコロジー運動とも共鳴して、これを政策的に掲げるグループも小規模ながらヨーロッパ・レヴェルでできているようです。

ラトゥーシュの先輩格に、もう亡くなったフランソワ・パルタン（一九二六―一九八七年）という人がいて、この人のインパクトが大きかったようですが、ひじょうに興味深いことに彼もアフリカ体験がきっかけで、西洋システムの世界化に規定された現在の世界の閉域をどうやって抜け出るかということを考えていたようです。「彼も」と言ったのは、ヨーロッパで今こういうことを考える人の多くがアフリカ経験を持っているからです。わたしの身近なところではピエール・ルジャンドルがそうですが、イマニュエル・ウォーラーステインとか、最近主著が翻訳されて話題になっているジョヴァンニ・アリギとかもそうですね。フランソワ・パルタンは構造調整以前のアフリカ、つまり六〇年代の各国独立の前後に、国連等の国際機関による開発援助や、旧宗主国からの援助の一環でアフリカに行って、そこで行われる「開発」が、その社会の自生の活力を壊しつくして、取り出せるものだけを世界市場に組み込んでゆくような惨状を見て、これではまずいということから考え始めた。つまり功利主義経済の国際連携が作り出すアフリカ諸地域の永続的隷従の奈落ですね。彼はフランス政府の高官だったようですが、隷従構造の恩恵を受ける特権階層の統治に対する反政府運動を支援したりもして、そのため偽名で書いていました。彼がこのような運動の草分けになったわけです。

この運動を遡っていくと、七〇年前後に注目されたカール・ポラニーやイヴァン・イリッチや、それに触発された人びとの仕事にたどり着きます。とくに、産業主義と産業社会を生み出す人材養成のための社会的諸制度、つまり学校とか病院とかに対する異議申し立て運動があります。七〇年代初めにイリッチが病院や学校制度を批判して大きな反響を呼び起こしましたが、その流れを汲んでいるといってよいでしょう。当時は公害問題がクローズ・アップされてきたこともあって、それを背景にしてフランスで独自に産業主義批判を展開した人にアンドレ・ゴルツがいます。彼は、それ以前にはサルトル的自由に共鳴する「自由主義者」だったのですが、七〇年代にサルトルと袂を分かち、リバタリアン的自由ではなく、個人の「オートノミー」を重視しました。それを基盤として、あらゆる産業主義とそれに伴う生産至上主義を、つまり成長することが金科玉条とされるようなシステムが人間社会を隘路に陥れているということを徹底的に批判しています。そのかなり熟した思想は、たとえば『労働の変容』（一九八八年）に展開されていますが、この本などは今読んでもアクチュアルです。もっとも、ヨーロッパのエコロジー運動ではバイブルになったようですが。

しかしここでは自然保護的なエコロジーというよりも、「経済」という考え方の枠組みをどうやって壊し、「成長」に対する信仰とそれによる視野狭窄をどうやって解いていくかということが重要です。ゴルツの本の眼目もそこにあって、「経済的理性批判」という副題を掲げています。

そう思って振り返ってみると、現在の課題を扱った仕事が過去にもいろいろあるということに思い至ります。私的な関心から言えば、ジョルジュ・バタイユが近しいのですが、彼の「経済学」の仕事は、単に変人の奇抜な着想とか、素人の強引な引きつけといったものではなく、彼のいわゆる「内的体験」、つまり誰も宗教を趣味程度にしか思わなくなった時代に、かつては神秘体験として生きられたエクスターズの瞬間を、いっさいの教義に頼らず、人間の言説的思考との関係でどう位置づけたらよいのかという、彼にとっては真剣な課題への対応だったわけです。ここでは詳しくは展開しませんが、『内的体験』の増補部分に、なぜ「経済学」なのか、それが「エクスターズ」とどういう関係にあるのかということが示されています。エクスターズは「知」ではありませんが、それをネガとして「知」のスクリーンに映し出すとポジ映像のように経済学的ヴィジョンが浮かび上がるわけです。彼はその視野を開くことによって、自分の「エクスターズ」を意味の世界との反転した関係に位置づけることができると考えたのです。少なくともそういう思いを託していた。けれども、誰も『呪われた部分』(二見書房、一九七三年、原著一九四九年)をまともに読もうとはしなかったようです。当時は、マーシャル・プランと符合するといったことだけは言われましたが。

基本になっているのは、マルクス的な商品経済の理論です。商品経済の理論では労働力が重要なファクターになりますが、逆に言えば、人間を労働力に還元して考えるということです。その労働力が賃金に換算されるというところから古典経済学が始まる。しかし労働力は生きた人間に担われているわけで、その実質をもう少し抽象的に生命エネルギーの消費というふうに考えて、そこにフロイトのリビドー経済のヴィジョンを接ぎ木する。そこから、地球上の生命の出現から今日のわれわれの社会生活までを見通そうとした。すると宇宙のエネルギー代謝まで見通しは一気に拡がってゆきますが、そのようにしてエコノミーという概念を「人間」の外部まで徹底的に開いていったのがバタイユの「一般経済学」のヴィジョンです。それは、生産と功利の観念枠に方向付けられた現代の政治経済社会におけるわれわれの生存をいかにして徹底的に相対化するか、という意味合いをもって、経済学を近代主義的方向から無限拡張する試みだったと言っていいでしょう。

バタイユはほとんど誰も相手にしない神秘体験からそれを試みて、好事家扱いしかされなかったのですが、十数年ほど後にそれを経済理論のなかからやった人がいたのですね。それがルーマニア出身のニコラス・ジョージェスク゠レーゲンです。彼は、戦後はアメリカに渡って数理経済学の大家になりましたが、六〇年代末になるとラジカルな経済学批判を始めます。それによると、経済学は市場を中心にしたプロセスしか考えず、生産活動に投入される資源が外部からもたらされ、また廃棄物が放出されるということを考慮していない、と経済学の内閉性を批判します。その外的ファクターを閉め出して、人工的な内部だけを想定して理論を組み立てていても、総合的に意味のある理論にはならないというわけです。だから、人間の生産活動をそれを取り巻く外部とのプロセスも考慮して経済過程を考えるためには、それを貫通するエントロピーの観念を導入する必要があるというわけです。そして、いわゆる〈経済〉の自律性を成り立たせている「神話」を批判し、最終的には「脱成長」を主張するようになります。その概要は日本では『経済学の神話』（東洋経済新報社、一九八一年）という本にまとめられていますが、「脱成長（décroissance）」というのが、フランス語版の著作集のタイトルにもなっています。これもその後のエコロジー運動の理論的支柱になりました。バタイユとの関連で言えば、それでは経済活動の目的とは何なのかという問いに、この異端の経済学者は「生の歓び」だと答えています。

実は、この流れは日本でも同時代的な共鳴を生んでいて、ポラニー、ジョージェスク゠レーゲン、イリッチに共鳴したのが玉野井芳郎とそのグループでした。ジョージェスク゠レーゲンの仕事に関しては、日本でもほとんど同時代的に物理学者の槌田敦と経済学の室田武の仕事があって、それはいまでもエントロピー経済学として続いているようです。ただし、一般的には発展的に継承されたとは言いがたく、その後日本はバブル期に入り、そのまた後はグローバル経済の波が押し寄せてきて、彼らの仕事の意義が霞んでしまったからでしょう。本当はそのあたりから経済学の新展開の可能性があったはずなのです。しかも古典派とか新自由主義とかいった現在の経済学を圧倒的に超えていくような経済学です。

日本に関して振り返っておけば、やはり六〇年代のアメリカで計量経済学で業績をあげた宇沢弘文が帰ってきて、水俣病や三里塚闘争などにコミットしながら「社会的共通資本」という考えを打ち出して、現在に続くオルタナティヴ経済学の先鞭をつけています。最近出た宇沢・内橋対談の本のタイトル『始まっている未来』(岩波書店、二〇〇九年)を借りて言えば、「未来」の道はこのころから始まっていたわけです[15]。

＊

先ほどアメリカの独立と〈経済〉の成立は同時代だということを指摘しました。それはグローバル化した〈経済〉の性格を考える上で留意しておくべきことだと思います。そしてもう一つ加えて考えなければいけないのが、経済学と生物学の同時代性です。これは進化論の問題にもつながりますが、進化論を無防備に受け止めるかぎり、今の経済原理主導の流れからは抜けられないでしょう。進化論になって人間は変わっていって当たり前という話が罷り通ってしまうと、現在の経済原理と生命科学に先導された先に、もはや人間の条件を克服した、あるいはその条件から解放された「ポスト・ヒューマン」の時代に入るということになりますが、そうなのかということです。進化論は科学ではない、というより、それが科学だとしたら科学とはひとつの形を変えた神学的ヴィジョンだということをしっかりと確認した方がいいでしょう。

エコノミーという言葉がオイコノミアだった昔に持っていた包括的な意味合いから、近代のエコノミーという切り詰められた抽象的フィクションが現実的原理として受け止められるという大転換、大転倒に対応して生物学が成立し、生理学から生命科学になっていく同時代性があります。そこで何が問題になるかといえば、生命現象と言われるものですが、生きているということは個の枠がないと成立しません。生き物というのは必ず個だということです。個でなければ生き死にも関係ないわけですから。生きて死ぬのは具体的な個なのです。そうでなければ生きも死にもせず、ただグニャグニャとしたものがボコボコと沸いているだけです。そして現代の生命科学に連なる生物学や生理学が対象にしたのは、こちらのグニャグニャとしてゴボゴボと沸いているほうです。近代生理学の父といわれたクロード・ベルナールがはっきりと言っています。生理学が対象にするのは、生命体の組織とその機能であって、命が何であるかなどには拘泥しない、と。つまり、グニャグニャとしてボコボコと沸いているものの物理化学的分析こそが生命科学だとされているわけです。

そして〈経済〉もこれと同様です。一人ひとりがどのように生き、どのように満足をうるのか、といったことは関係ありません。全体としての効率、生産性、あるいは熱がどのように維持発展されるかといったことだけが問題とされる。〈経済〉はオイコノミアから市場へと切り詰められ、これが普遍的であるとされたのですが、しかし切り詰めれば切り詰めるほど余分な要素がなくなり、普遍的になるに決まっています。そのようにして経済学が成立し、それでもって人間社会が運営されるという体制と、個々の生命を捨象して生命現象を物理化学的に捉えられるようにした生理学から生命科学に至る科学の進展は、パラレルなものです。ですから、いわゆる経済学原理で社会が動いていくときに、その社会の中での人間を扱う際、いちばん整合的な観点が今の生命科学なのです。しかしそれは、一人ひとりの、具体的に生き死にする人間とは直結しないことです。むしろそれに対する「碾き臼」としてしか機能しない。これが驚くべき倒錯だというのがわからないという事態を、経済学と生命科学の認識論的閉域がもたらしているということです。

ではどこに立ち戻らなければいけないのか。とりあえずは、生き物は具体的に個だということでしょうね。それと、「経済」は人間社会を包摂する、広範で最も分け隔てのないニュートラルな領域などではなく、むしろ徹底的に切り詰められ、薄っぺらにされたからこそ普遍的になった、きわめて還元主義的な領域として制度的に作られたということです。だからむしろ、「経済」を言うならアリストテレスに戻れということです。そんなことを言えば、原理主義だと反論されるかもしれませんが。しかしとにかく、現在において経済学を問うならば、今の社会や世界の捉え方が、徹底的に経済学という学知によって規定されており、出てくる問題もすべてが経済的に記述されるわけですから、それへの対応もすべて経済学的なものになってしまうという循環から、とにかく抜け出さなくてはならない。それは一朝一夕にはできないことです。しかし少なくとも経済学がもたらしている認識論的閉域、袋小路は本当に視野狭窄の出口のないものだということを、そろそろ自覚しなくてはいけません。ごまんといる経済学者が今までそれをやってこなかったのはおかしなことで、彼らはあまりに尊大に自分たちのことを過小評価しています。技術的知だという過小評価に居直って、大きな顔をしているという奇妙な倒錯状況です。

経済学がもしオイコノミアたらんとすれば、そこにはひじょうに大きな仕事がある。経済学は単なる社会科学ではなく、近代以降のヨーロッパ社会、それからヨーロッパが展開した全世界を造形してきたのです。いわば世界の人間の生き方を決めている。そういう強烈な造形装置だということを経済学者は自覚しなければいけない。経済学は単なる知識ではなくて、かつてのキリスト教のドグマに代わるぐらいの強烈な枠組みと土台を作っているのです。そうであれば、経済学をやるということは、世界の造形に関わるようなことをやっているのだということ、だから自分が果たしているのがどのような役割なのかということを考えるべきでしょう。そういう意味で、経済学というのは「思想」なのです。

注

1 『理性の探求』(岩波書店、二〇〇九年)に同題のエッセー収録。「エコノミーという病」に関する最初の講演は二〇〇六年九月、筑波大学、比較市民社会・国家・文化特別プロジェクトCSCセミナー。

2 「これは戦争ではない!——世界新秩序とその果実」(『世界』二〇〇一年一一月号)、「恐怖との戦争——グローバリゼーション下の安全保障体制」(同、二〇〇二年五月)。共に『〈テロル〉との戦争』(以文社、二〇〇六年)所収。

3　ウォルデン・ベロー『脱グローバル化』（明石書店、二〇〇四年）九ページ参照。グローバル化のさまざまな考え方についてはM・B・スティーガー『グローバリゼーション』（岩波書店、二〇〇四年）などを参照されたい。

4　*L'empire du Management, Dominium mundi*, Idéale Audience/ARTE France, 2007.

5　〈西洋〉とは"Occident"の訳語。なぜこの訳語を選び、それをどう理解するかについては、拙著『世界史の臨界』（岩波書店、二〇〇〇年）九五ページ以下参照。

6　『大地のノモス』（慈学社、二〇〇九年）参照。

7　フーゴー・グロチウスは国際法を「戦争と平和の法」と呼んだ。

8　後にふれるセルジュ・ラトゥーシュも『経済（学）の発明』という本を書いている。*L'invention de l'economie*, Albin Michel, 2005.

9　カール・ポラニー『経済の文明史』（ちくま学芸文庫、二〇〇三年）、二七一ページ参照。

10　カール・ポラニー、前掲書二六一ページ以下「アリストテレスによる経済の発見」参照。

11　ネオ・リベラリズムと呼ばれる経済思想潮流については多くの研究があり、それが七〇年代のアメリカで台頭し、まずは南米チリでアジェンデ政権がクーデターによって倒された後に適用されたということもよく知られている。デヴィッド・ハーヴェイ『新自由主義批判』等を参照。

12　このことについての暫定的考察は「アメリカ、異形の制度空間」として雑誌『世界』（岩波書店）二〇〇八年一一月号から二〇〇九年二月号まで四回にわたって連載した。

13　いわゆるネオコン派のイデオローグとしてイラク戦争の推進役だったと目される。

14　二〇〇九年に放映されたNHKスペシャル「沸騰都市」シリーズ・シンガポール編では、グローバル化に過剰に順応するこの都市国家が、ほとんどひとつの企業と化した様子を伝えていた。

15　宇沢弘文・内橋克人『始まっている未来——新しい経済学は可能か』（岩波書店、二〇〇九年）。

II　ウォール・クラッシュのさなかに

講演&シンポジウム

ウォール・クラッシュのさなかに——金子勝氏を迎えて

中山智香子　本日は、「ウォール・クラッシュのさなかに」と題しまして、二〇〇八年秋のリーマン・ショック以降の世界的な経済危機を受けて、これをたんに経済の問題としてではなく、むしろ世界の大きな変容のコンテクストのなかで捉えることを企画いたしました。この激震は、世界金融の中心ウォール街の崩壊に始まって世界に波及した、まさに「ウォール・クラッシュ」ともいうべき事態で、日本にも大きな影響を与えています。新聞、テレビはじめ各種メディアにも、サブプライム問題がどうとか、株価はどうなるのか、企業倒産は、失業の問題は、あるいは、ここで農業重視に転換するにはどうするかなど、いろいろな切り口から分析、論評が出されております。しかし本日のセッションでは、これを「第二の壁」の崩壊と位置づけてみたいと思います。つまり、二〇年ほど前に第一の壁のクラッシュが、一九八九年のベルリンの壁の崩壊がありました。この「壁の崩壊」に象徴されたのは冷戦構造の終わりでしたが、それ以後、世界の市場の一元化が進み、いわゆる自由主義的制度が世界大に展開いたしました。ところが、その自由主義経済の総本山であったもうひとつの壁、つまり「ウォール街」が崩壊してしまったわけです。そのような二重の「壁の崩壊」といった観点から現在の問題を考えてみようというのが、本日の企画の主旨です。すばらしいゲストをお迎えできました。金子勝さんです。（拍手）

簡単にご紹介させていただきますと、金子さんは一九五二年東京生まれ、茨城大学、法政大学などでのご勤務を経て、現在は慶應大学で教鞭をとっていらっしゃいます。ご専門の領域は財政学、制度経済学、ご存じのように著作もたくさんおありです。なかでもやはり目を惹きますのは、セーフティーネットのことを早くに考察された一九九九年の『セーフティーネットの政治経済学』（ちくま新書）などですが、同じ年に『反グローバリズム』（岩波書店）、現代の問題に関しては二〇〇八年の『閉塞経済——金融資本主義のゆくえ』（ちくま新書）、それから、アンドリュー・デウィットさんとの共著で『世界金融危機』（岩波ブックレット）、この二作も外せない大事な著作です。

本日、討論をさせていただくメンバーを紹介いたします。メインの討論を本学の西谷修教授が受けもちます。西谷さんのご専門は思想・哲学で、死の哲学をベースに、そこから思想史的な仕事を多角的に展開されています。特に戦争論関係の著作で知られておりますが、その延長上で、9・11以降のアメリカの動きをかなり早い時期から鋭く分析する仕事をなさいました。昨今はアメリカ論を少し長いスパンからとらえ、岩波の『世界』に連載で、グローバリゼーションとアメリカニゼーションの問題を論じておいでです（「アメリカ、異形の制度空間」二〇〇八年一一月号〜二〇〇九年二月号）。

それから、神戸大学国際協力研究科教授の土佐弘之さんです。土佐さんのご専門はグローバルポリティクス。国際政治というより、グローバルポリティクスと伺っておりますが、例えば人間の安全保障、現代の難民問題などをこの観点から分析され、『安全保障という逆説』（青土社、二〇〇三年）、『アナーキカル・ガヴァナンス』（御茶の水書房、二〇〇六年）、などの著作で、ひじょうに鋭い論を展開しておられます。

もう一人は、本学の米谷匡史さん。米谷さんは、戦時期の日本を中心にした、社会思想・日本思想史がご専門です。近著の『アジア／日本』（岩波書店、二〇〇六年）に表れているように、日本の問題をただ一国的に捉えるのではなくて、アジアとのかかわり合い、特に韓国や中国との関係などを視野に入れてお仕事をされています。本日は別件がおありのようですので、前半部分に集中的に議論いただければと思っております。

それから、私は、司会を兼ねております本学の中山智香子でございます。専門は経済思想で、ちょうど大恐慌のあった大戦間期のヨーロッパの論議を中心に扱いながら、それを現代に重ね合わせて考えております。以上の布陣で議論をさせていただきます。

それでは早速、金子先生のご講演に入りたいと思います。よろしくお願いいたします。

金子勝　金子でございます。精いっぱいやらせていただきますので、よろしくお願いします。（拍手）お手元に資料が配られていますが、ふだんはメディアに出て、きわめて直近で起きている経済事象をあれこれ解説するといったことを、結構まめにやっております。実は思想史の方々にはシンパシーを持っているんですけれども、いかんせん、いる場所が経済学部でして、常に均衡に達して解けてしまうと思い込むような世界なので、それと違うアプローチをどうやってやるかということを一生懸命考えております。たとえば『逆システム学』(岩波新書、二〇〇四年)という本も出しています。

波動で考える

そんなわけで、ふつうの流れとは全く別のところからモノを考えてみたいと思っています。たしかに今回の金融危機の到来をぴたりと当てましたが、通常の経済学と違って、景気循環、あるいは経済の動向を「バブル循環」に基づいて分析してきただけのことです。それほど複雑な分析を考えついたわけでなく、一種の波動で考えてきたわけです。これは非線形科学で非常に解きにくい領域の一つです。

実は、社会思想史や経済学の中でも、世界の動きを波動で考えるというのは幾つもあります。大方からはいかがわしいアプローチのように思われていて、例えばコンドラチェフ循環の場合だと、波は五〇年ぐらいです。しかし、なぜ五〇年ごとに循環が起きるとか言うと、ファクターがあまりにも多過ぎて完全には実証できません。それで、五〇年で大まかに説明されたところでそんなものに何の意味があるんだ、というふうに言われてしまうわけです。ところが、例えば鉄が曲がってゆくプロセスは方程式で描けるんですが、ポキッと折れる瞬間はその方程式では表せないんですね。あるいは、鉄は固まった状態だと磁力があるんですが、溶解して液状化するとなくなってしまう。そういう非線形的な変化もなかなか解けない。そんなふうに、大きな転換が今起きているというときに、従来のアプローチではお手上げだとすると、普段は見えない大きな波動で考えるというのも一つの方法です。

京都大学の物理学で蔵本由紀という先生が『非線形科学』(集英社新書)、あるいは『新しい自然学』(岩波書店)という本を書いています。最近では、福岡伸一さんが『生物と無生物のあいだ』(集英社新書）とか、『動的平衡』（木楽舎）とか、従来の考え方とは違ったアプローチについて書いていますね。

実は、無数のファクターが重なって大きな変化を遂げるときには、解けないように見えるんですが、逆にそこで物事を本質的に動かしている大きなものが見えるようになる、と蔵本さんは言っています。そして、それを「縮約」と呼びます。

とりわけ経済の現象で言うと、在庫だとか、利子率だとか、物価だとかいった、普段動いている変数があります。多くの経済学者はほとんどそういう変数を扱っているんですが、そういう細かく動いているものはほとんど意味がなくなってしまうような、非線形的な変化が起きることがあります。急激な変動を始めると、それまでは与件として安定して見えなかった大きな波が表に出てきて、システムが不安定化してしまうという現象が起きます。こう考えると、コンドラチェフ循環などはちょっといかがわしく見えるんですが、実はあるリアリティを持っています。波を見たときに、普通の景気循環以外にも、大きなエネルギー転換の波とか、技術の転換の波とか、何十年ぐらいのタームで起きているような転換があるんですね。

「逆システム学」の話を始めると、それだけで時間が終わってしまうのでやめますが、少しだけ。遺伝子がそれぞれ一個で何かを決めているように思われがちですが、ゲノムが解読されてみると、それは常にネットワークを組みながら、多重な調節制御の仕組みとして働いている。しかも、ゲノムというのは、人間の一生の間にどんどん変化していく、そのことは知られていなかったわけです。「エピゲノム」というんですが、DNAがタンパクにまきつき、環境の変化に対応して、この先端にあるヒストンがメチル化、アセチル化して修飾されていく。それは発生、成長、成熟、老化していって、死んでいき、もう一回生殖があって、子どもが生まれるときはリセットされる。こうして、人間の生命体としての調節・制御の仕組みが変わっていく。このように複雑に動くものを解析していくと、成人病とか、人間が病気になっていくプロセスも考えることができる。

実際には、異常な事例が頻発するようになると、(統計的に有意なレベルではなくても)この多重な調節制御の仕組みが壊れだしていると捉えることができるようになります。従来の経済学が前提としてきた要素還元主義と均衡論アプローチとは全く違った考え方ですが、残念ながら、経済学にはこうした病理学的アプローチもありません。

非線形的変化を捉えるという点では、シュンペーターの〈コンドラチェフ循環〉などの例外は存在します。彼は大恐慌を、〈在庫循環〉と〈設備投資を軸とするジュグラー循環〉と、この〈コンドラチェフ循環〉の三つの波が重なったものだと説明します。

大きな歴史のダイナミックで考えると、今日のレジュメは、じつは西谷さんが『世界』に書いたもの(「アメリカ、異形の制度空間」)を読みながら書いています。そこにあるのは、ローザ・ルクセンブルグの『資本蓄積論』にあるように、絶えざるフロンティアを必要としている仕組みを資本主義の本質と捉える視点です。もちろん、こういう考え方は決して主流ではありません。

シュンペーターの『資本主義・社会主義・民主主義』という分厚い本がありますが、その冒頭はマルクスの言った利潤率の傾向的低下で始まります。つまりシュンペーターは、そういう傾向を、通常の景気循環の不況のときに起こる「創造的破壊」より以上に、大きな波をもってこないと説明できないと考えているわけです。結局、資本主義が誕生してからイギリスが世界市場を切り開いていって、その次に主役に躍り出たのがフロンティアのアメリカですが、戦後は、そのアメリカがどこまでもフロンティアを食い尽くしていくプロセスだったということです。

経済学者の前でこういう大局的な話をすると、「おまえは、いつ神様になったのか」みたいに言われるのが落ちで、ふだんは控えているのですが、今日は、その欲求不満を晴らさせていただきます。

ごく大雑把な流れで見ると、商業的な資本主義から産業的な資本主義へ移行してゆき、そして、フロンティアのアメリカが究極の金融資本主義で突っ走るようになる。現在は、それが壁に当たってしまいました。つまり、資本主義をこの間担ってきたフロンティアとしてのアメリカが、その壁を最後まで食い尽くしてしまった状況になったということです。この先どういうフロンティアがあるのかはもう一つわかりませんけれど、オバマは、新しい再生可能エネルギーへの転換で、金融資本主義で走ってきた経済成長のあり方を逆転させて、製造業でもう一度世界経済のフロンティアの建て直しをはかり、その主導権を握ることによってアメリカを再生しようとする戦略なのだと思います。

フロンティアに関して言えば、市場にとっては何でもフロンティアなんですね。家族なんかも商品化のフロンティアです。だから、家族や共同体もたえず解体される傾向を持っています。そのことは『市場』(岩波書店、「思考のフロンティア」シリーズ、一九九九年)という本でも書いたんですが、近代の政治理論では、結局、自由の起源を人格や身体を所有することに求めるけれども、実は身体そのものも売買されうるようになります。あるいは、家族さえも市場によってしか維持できないような状況になってしまう。しかし、そういう世界がほんとうの意味で自由でありうるかという問題がありますが、そこまで交換可能になるような世界というのが、われわれの前に現れています。

さらに、大きなフロンティアということでいえば、米国がドル高で世界中から資金を集めて金融資本主義に突っ込んでいく裏側で、アウトソーシングされた側の新興工業国が立ち上がってしまった。そして、中国、ロシア、ブラジル、インド、これがこのまま本当に成長軌道に乗り続けた場合に、エネルギー資源が完全に限界に達することは目に見えています。そうなったときに物質系としての経済は、石炭であれ、石油であれ、いろんな形で蓄積された太陽エネルギーを消費してサイクルを回しているわけで、その基幹になるエネルギーそのものが転換を迎えるかもしれないという新しい時代に突入していきます。

若い人たちを中心にして、イラク戦争反対とか、あるいは地球温暖化阻止の動きがあり、イラク戦争では「ノー・ブラッド・フォー・オイル（もう石油のために血を流すな）」というスローガンを掲げていました。地球温暖化の被害を最も受けるのは若い世代ですが、そういう若い世代がオバマを押し上げたり、オーストラリアではラット政権を（ちょっと期待外れの定額給付金をばらまいていますが）支持したりしています。世界の若い人たちが未来に非常に敏感に反応しているのに対して、日本の若い人たちは、雇用もなくて社会保障なんかも解体してしわ寄せを受け、しかも貯蓄率を見ると、どの世代よりも二〇代が一生懸命貯蓄をしているという、未来に向けての思考が停止している状態に陥っております。なので、射程の長い話にはあまり実感がないと思うんですけど、あえて大きな波動で物事を考えていきたいと思っています。

戦後体制の寿命

そういう波動で考えるのと、もう一つは、覇権国システムの交替という問題があります（とりあえず、ウォーラーステインの議論に対する批判的検討はここでの課題ではないので取り上げません）。一〇〇年に一度の世界金融危機が襲っていますが、前の危機は一九三〇年代の大恐慌をさします。覇権国システムが存在する理由は、さしあたり、通貨にせよ、軍事力にせよ、世界政府というのが存在しない限りどこかの国がそれを代位せざるをえないために生ずるとしておきましょう。その機能を代位することがシステムとして未来永劫に続かないために、覇権国システムにも生成、成長、成熟、老化が起きて、それに伴って世界経済を形づくっている国際的・政治的な秩序というのも大きく転換をしてゆくという流れが生まれます。

レジュメの二番目で「戦後体制」というふうに書いておきましたが、パクス・アメリカーナという戦後体制はある意味で七〇年代のオイルショック（七三〜七四年）でいったん崩れて、いまその修正形態も崩れてしまった。そして、これから先、またその再修正形態が出てくるのか、それとも、それは溶解して全く違う秩序と呼ぶにふさわしいようなドラスティックな変化が起きるのか、これはちょっと予想がつきません。

よく考えてみると、戦後の国連安全保障理事会主導の体制とか、ＩＭＦ体制つまりドル中心の固定相場制とか、あるいは米国の製造業の圧倒的優位とか、こういうことで成り立つ体制がベトナム戦争とオイルショックで行き詰まってしまった。当時は、幾つかのオルタナティブの考え方や、大恐慌がやってくるというような議論が起こって、ガルブレイスなどがたいへんはやったんですが、私はそこで裏切られてから、「危機」という言葉とか、「帝国」、「帝国主義」、「搾取」、「貧困」とかいう言葉はほとんど全く使わないようになったんです。だいたいその頃から新しい体制の編成替えが行われました。けれども、それがよく見通せなかったということに――当時は大学院生でしたので、無理といえば無理なんですけど――、何とも言いがたい、内心忸怩たる思いのようなものがあったんですね。

国際通貨体制がうまく機能しなくなるときに、チャールズ・キンドルバーガーとか、スーザン・ストレンジとかいう人たちが軸になって、一定の変動幅に抑えながら国際協調して金融を緩和したりするというのがオルタナティブとして出てきました。そういうものが一部組み込まれながら、やがて新自由主義につながる戦後体制のある修正形態ができてきた。変動相場制と金融自由化の推進、G７による先進諸国の協調体制、世界同時不況をふせぐための各国中央銀行の協調に基づく金融緩和政策、アラブ産油国の保守派への懐柔政策等々である。

けれども、今や、その修正形態の寿命が尽きてきたということです。

私は気が長いので、八〇年代から新自由主義の批判を延々とやり続けてきました。みんながポストモダン思想とかいう軽薄な思想にとりつかれているときに、私はひたすら「モダンとは何か」ということを一生懸命勉強していました。不遇の時代がどんどん私を襲ってきまして、最後に決定打になったのは、九〇年代の初めに東大の社会科学研究所のシリーズでバブル批判を書き、企業が土地を集積するメカニズムについて書いたら、「おまえは左翼」だと怒られてしまいました。当時、宇野理論の人々もアメリカ万歳になっていましたし、「ジャパン・アズ・ナンバーワン」の時代でした。最近になって、カリフォルニア大のアンドリュー・バーシェイの『近代日本の社会科学』などでやっと批判が出てきましたが、私はちょうどその頃にこうした流れとも決別することになったわけです。

ともあれ、いわゆる冷戦体制の後、ベトナム戦争の敗北を踏まえた超近代的な兵器、とにかく殺戮効率の最も高いGPS付きのミサイル誘導装置とか、市街戦に際してエックス線で向こう側が一八〇度見通せる装置とか、無人の爆撃機とか、様々な兵器が開発されて、アメリカは圧倒的な軍事的優位を確保して、その上で人的被害をなるべく少なくして長期戦を回避するというコンセンサスをもって、要するにベトナムの失敗を繰り返さないということでやってきました。ベトナムの失敗こそが、パウエルがイラク戦争を最後まで躊躇した理由でした。しかし、結局、証拠もないまま国連安保理に新たな決議なしに、イラクに突っ込んでいってベトナム戦争と同じく敗北を味わうことになります。

それから、固定相場制が崩れて変動相場制に移りました。アメリカは、物価安定の役割を果たす通貨のアンカーとしての金との交換を自ら停止し、為替の自由な取引によって、つまりお金自身が売買されて通貨の価値自体が決まるという不思議な世界に突入していきます。と同時に、石油ショック以降ドルが偏在していきますので、金融自由化を行うようになります。特に重要なのは、「ビッグバン」と呼ばれるサッチャーの改革で、オフショア市場、いわゆるロンドンの金融市場で、ドルでも何でもあらゆる通貨で債券や預金を自由に移せるような市場を形成していく。為替取引が自由になり、そして金利規制や証券と銀行の業態規制といった様々な金融規制をどんどん取り払う方向へ突き進んでいきます。

その一方で、アメリカの金融セクターは、一九八〇年代にオイルショックで行き詰まったときには、まだ製造業がGDPの二割ぐらいで、金融業は一割ぐらいでした。われわれが経済学を習ったころは、金融業は「金融仲介機能」という言い方をしていて、金融はあくまでも媒介的な役割とみなされていたのが、今日、バブルがはじける直前には、GDPの二割が金融セクターで、製造業は一割というように逆転してしまった。

極端にいうと、この金融の自由化とグローバル化を進めている間に、アメリカは製造業をどんどんアウトソーシングしていく。そのおかげで新興国が成長を始めるわけですが、アメリカは代わりに金融セクターで世界の金融市場のルールを握っていく。そしてその中で生き延びていくという方向へ向かっていったわけです。

この頃には、マルクス経済学なるものはほとんど有効性を失っておりました。マルクスの考え方で、労働価値説に従えば、労働者を搾取して剰余価値をかすめ取るのが資本主義なんですけど、こういう金融自由化とグローバリゼーションの状況になると、そんなダサいことはもうやらなくていい。簡単に言えば、労働者を一年間一生懸命管理して、たいへんな思いをして儲けを出すよりは、底値の株をバッとつり上げて、上がったところでパッと売り抜けて利益をあげちゃったほうがずっと賢い、という世界になってしまう。

ちょっと皮肉っぽい言い方になりますけれど、資本主義はフォイエルバッハが『キリスト教の本質』で言っていた世界に戻るわけです。土地や株はなぜ上がるか、みんなが上がると思うからだ。神はなぜ存在するか、みんな神がいると信じているからだ、と。そういう信憑の世界にわれわれは生きて、バブルとバブルの循環が始まるわけです。つまり、景気循環を主導するのが、金融セクター主導のバブル循環だという倒錯した事態が生まれるようになってくる。ハイマン・ミンスキーという異端のケインジアンがいて、バブルが生み出され弾けていくサイクルを理論化しています。私は『閉塞経済』(ちくま新書、二〇〇八年六月)という本の中でその考え方を紹介していますが、キンドルバーガーもハイマン・ミンスキーを使ってバブルの循環を説明する本を幾つか出しております。

金融では、まず初めに長期金利と短期金利の差があります。様々な金融革新が生まれると、新しく生まれた金融手段を使って短期資金を調達して、長期の金融商品を買えば、それだけで金利差が得られる世界がどんどん生まれるわけです。今起きている現象で皆さんがすぐに思い浮かべられるのは、日本がゼロ金利だったことです。日本の投資家だけでなく外資系のファンドも来て、日本で資金を調達して、アイスランドとか、ポーランドとか、ハンガリーとか、危ないところにもってゆけば一〇%以上の利益が上がる。日本で調達してそこに投資するだけで、あっと言う間に一〇%以上の利ざやがもうけられるんです。

同時に、それでも不況が来るときに、昔のケインジアン流の財政政策による景気対策ではなくて、金融を緩和してこれに対処するというマクロ経済学者も増えてきます。しかも大恐慌の教訓からすべての国が協調して金融緩和をすれば、大きな不況に陥ることはなくなるんだということで、G7体制という先進国が協調する体制が生まれてきます。

このG7体制はしばらくの間機能したんですが、気がついてみると、イラク戦争と世界金融危機は、石油ショック後に生まれた戦後体制の修正形態をほとんど機能不全にしてしまいました。G7の協調体制による世界的な金融緩和政策は、九七年の東アジア通貨・経済危機ぐらいから本格化しますが、その後も株価が急落するような事態に対応して国際的な金融緩和を続けるわけです。9・11、イラク戦争、ITバブルの崩壊などは典型的です。その結果、世界中にマネーがあふれるようになってしまう。

バブル崩壊によるデフレ傾向がひどくなると、それまでインフレを抑制する主張であったインフレターゲット論が、逆にデフレを解決する主張として表れるようになります。この皮肉はわかりにくいんですが、このマクロの金融緩和政策はセイの法則にあるとおり、供給が需要をつくり出してしまうという不思議な主張です。中央銀行が物価目標を約束して通貨供給量を増やすと、インフレ期待が生まれ、需要が生まれデフレが克服できるという主張なんですね。

破綻の惨状

ミンスキーの言う金融革新は、さまざまな複雑な金融デリバティブを生み出しました。それには、CDS（クレジット・デフォルト・スワップ）とか、CDO（債務担保証券）とかが含まれますが、一見確率論を使った高度な金融商品に見えるのですが、バブルを前提にして考えるとネズミ講に近い世界が生まれてしまうのです。

これらは複雑な証券で、説明すると時間がかかるんですけど、証券をいろいろリスクごとに切り分けて、さらにこれを優先劣後で切り分けて、それをいろいろ組み合わせて人為的な証券を作るんですね。リスクが高いローン債権も優良なローン債権で打ち消すように組み合わせれば、いざ債務不履行が起きても吸収できるというわけです。

その設計をやっているのは、ウォール街にいる二〇代の半ばくらいの人間で、もとは宇宙工学をやったりして、理工系の金融工学をやった人で、お年寄りはついていけない。三〇代のウォール街の連中はすでに古くて対応できないんです。彼らは現実の世の中をよく知らないし、莫大な給料をもらえるので、必死になって計算して完璧な数式をつくるんです。だが、気がついてみると金融デリバティブ商品はあちこちで複雑骨折を引き起こして、損失が確定できないまま、ＣＤＳというデリバティブ商品は五五兆ドルという規模にまで膨れあがってしまった。

住宅バブル崩壊に伴う正確な損失見積もりができないですが、一番大きな損失額の見積もりは、『フォーチュン』という雑誌の電子版で出てきた四兆ドル。九〇円を掛けると大体三六〇兆円の規模の損失です。今、アメリカの銀行はほぼ実質破綻状態、つまり潰れているということです。悲観論で有名なヌリエル・ルービニ、ニューヨーク大学教授はオバマの就任式の日に、損失は三・六兆ドルあるという見積もりを出していました。それに対して銀行が持っている自己資本は一・四兆ドル。やはり、潰れていることになります。もっとも、不良債権額は景気、不動産市場に左右されるので、確定的なことは言えませんが。

オバマ政権の成立後でガイトナーが出した不良債権処理案では金融システムは全く救われない。恐らく国有化が避けられないと思います。それ以外には危機は脱出できないようなところまで追い込まれている。だとすると、金融自由化とか、変動相場制とかをやってきた理念そのものが行き詰まっていることになります。

イラク戦争は見てのとおりの状態で、国連安保理はほとんど機能不全の状態になっており、終息させるのが非常に難しい。オバマを非難しても痛し痒しで、オバマを引きずりおろしたら後に出てくるのはペイリン（マケインの副大統領候補）ですから、これは考えただけでもおぞましい。パキスタンはわずかの核でも危ないのに、ペイリンが核ボタンを持つのかと考えると、ちょっとオバマを助けたいと思うわけですね。ところが、オバマはそれなりにやっぱりアメリカの覇権を再建したいわけです。

本当に多極化して、多様性のもとに世界中で協調して、新しい秩序ができるどうかはわかりません。少なくともイラク戦争は、ベトナム戦争の教訓を無にして同じ過ちを繰り返してしまった。最低でも六〇兆円を超える戦費を抱えていますし、傷病兵とかいろんなコストを含めると、ジョセフ・スティグリッツは三兆ドル（三〇〇兆円）の損失をこうむっていると言っています。だから、少なくともこの財政赤字の状況では、本当はアフガンもやりたくないが、軍を引き入れるためにはアフガンに集中するという。

ところが、現実には、財政赤字が一兆ドルを超えてしまって、国債消化が中国依存になっています。今は世界経済の秩序を保つために、G20という枠組みをつくっています。しかし、日本はアメリカの「ポチ」ですが、中国はアメリカの言うことを簡単には聞いてくれない。この間も、ガイトナー財務長官は、中国が過剰貯蓄をしたのがこのバブルの原因だという非難をしたり、中国元が安すぎると批判したりした途端に、中国はアメリカ国債を売って、米国の長期金利が上がって、同時に金の価格が上がりました。中国はそういうやり方をします。

G20の枠組みになぜ彼らを呼ぶかというと、G7にはお金がないからです。欧米の名だたる金融機関が経営的に非常に苦しい状態に追いやられています。〈Too Big to Fail〉、つまり大き過ぎて潰せないという言葉がありますが、日本でも大手銀行は三つに集約されました。結局、ずるずるとした不良債権処理を続けた結果、「潰すならつぶしてみろ。経済は大混乱になるぞ」という状態になっていったわけです。そして、実はアメリカの銀行もかつての日本の銀行と同様にひどい状態です。

ドイツの『シュピーゲル』英語版によれば、三〇〇〇億ユーロの損失があるという。そのうち表面化して処理されたのは、わずか二五％。実際には一兆ユーロ（一二〇～一三〇兆円）ぐらいの規模まであるだろうとも書いてあります。スイスのＵＢＳもそうですけれど、〈Too Big to Fail〉じゃなくて、今度は〈Too Big to Save〉、大き過ぎて救えない状態になっています。レバリッジを利かせて信用を拡大していて、ドイツ銀行、ドイツ証券の場合は、大体ドイツのＧＤＰの八割ぐらいまで、資産を膨らませて大きくなり過ぎています。あるいはＵＢＳは、スイスのＧＤＰの五倍までレバレッジを膨らませていて、国有化した瞬間にスイスという国がつぶれるかもしれないという深刻な状況になっているということです。これほど大きいバブル崩壊は、財政金融政策を使ったマクロ経済政策だけでは明らかに限界があります。

世界金融危機の結果、こういう状態になってしまっていて、石油ショック後に生まれた戦後体制の修正形態は、ほぼ寿命が尽きたと考えていいでしょう。これからオバマ政権がこの一～二年の間にやるが何で、ヨーロッパ側がそれにどう対応し、新興国側がどう対抗するかが問題になります。残念ながら、日本は枠外なんですけれど、これから始まる二〇年か三〇年、新しいルールをめぐるせめぎ合いが始まってきています。

グリーン・ニューディール

私はオバマを応援しながらも、実は冷めて見ている部分があります。これから新しい金融規制やルールをつくらなければいけない。どういう金融規制をつくっていくかということが見えない限り、さらにバブル崩壊を埋め合わせる新たな産業が生まれてこない限り、最終的にはこの金融危機の影響を克服して新しい成長軌道に乗るというわけにはいかないでしょう。今は世界が、そういう課題に直面しているのです。

「環境エネルギー革命」というのは、実はドイツが「第三次産業革命」という形で始めたことです。そこで出てくる政策は、ケインズ政策でもなければ、市場原理主義でもなければ、もちろんマルクス型の計画経済でもないわけです。政策手段としては環境税を課すとか、排出量取引制度を導入するとか、固定価格で再生可能エネルギーの強制買い取り制度といった諸制度があります。とくに再生可能エネルギーの固定価格買取制度は、たとえば電力料金に三％上乗せして、電力会社が太陽光、風力、地熱、小水力、バイオマスなどで発電した電力ならば強制的に購入しないといけないという制度です。こうすることで再生可能エネルギーの市場を人為的に作り出すのです。興味深いことは、これらの政策手段の特徴は、実施すれば胴元の政府に金が入る仕組みであるという点です。つまり、政府が財政収入を上げながら投資を刺激するというような、不思議な産業政策なのです。

シュンペーターのいう長期波動から見ると、エネルギー転換で創造的破壊をし、産業のフロンティアを切り開いていく、という動きのように見えます。しかし、シュンペーター自身はケインズとも論争して、不況に対して市場に任せるしかないという立場をとるんですね。なぜなら、シュンペーターの場合、その創造的破壊の主体は、あくまでもオオカミのような革新的な投資家、企業家なんです。けれども、この独占化、寡占化によって企業が官僚化して、経営者がどんどんオオカミのような経営者精神を失っていく。その結果、社会が分配や再分配が中心になり人材がそこに集まっていく、シュンペーターはこういう「暗い社会主義のシナリオ」を描くのです。

今日でも、成長至上主義を批判し、脱成長とか定常社会とか主張する人たちが存在しています。しかし、現実の日本は成長が止まり、衰退が始まっています。個人の生き方としてはありえても、雇用がここまで破壊されてくると、社会全体で成長しなくていいとは言い切れない。もちろん、規制緩和や民営化では新しい成長産業なんて生まれないことは分かってしまったが、再分配だけではどうしても限界があります。私は、成長を否定したり、生活の質を言ったりする人は見ていると、「いいなあ、いい暮らしをしていて…」とかすぐに皮肉を言いたくなる性質《タチ》で、何はともあれ人を食わしていけなければ、世の中勝てないというふうに考える「リアリスト」タイプなんですね。

現在、たぶん多くの人々を食べていかせることのできる波及効果の高い分野と言えば、エネルギー転換を契機としてイノベーションを起こして送配電網、建物、耐久消費財などあらゆる製品を更新していくような新しいタイプの産業政策、つまり、今までなかったタイプのものを考えるしかありません。(現在はどんどん後退してはいますが)オバマが「グリーン・ニューディール」構想で言っていることは、例えば高橋是清という人が戦前、ケインズがいないときにケインズ政策をやったように、マイケル・ポラニー風に言えば、実践知に近いものかもしれません。こういう新しい思考がドイツでもアメリカでもイギリスでも出てくるわけです。当然アメリカは、イラク戦争で正義を失った今、国際的に覇権国たろうとする大義を奪い返すには、地球温暖化を救うという「環境エネルギー革命」の先頭に立たざるをえない。

それから、世界金融危機を引き起こした責任がある以上、新しい金融規制のルールも自らやらざるをえない。二〇〇九年の一月一五日にポール・ボルカーを中心にしたG30、グループ・オブ・サーティーという民間の提言機関が、もう大きすぎる銀行はだめで、メガバンクは縮小しましょう、銀行がファンドを運営したり、プライベート・エクイティーのような会社法も潜り抜けてしまうような資産運用会社のようなものを運営したりするのはやめさせようとか、マネーマーケット・ファンドはもっと監視しよう、格付け会社も監視しようとか、そういう提案をしてきました。

ところが、今、ガイトナー財務長官とサマーズ国家経済会議議長は、クリントン時代の財務長官をやったルービンのコネクションです。もちろん、ルービンはゴールドマンサックスの共同会長やシティグループの会長を歴任するウォール街のボスです。彼らは、こういう連中の操り人形になって、ポールソン財務長官と同じく、中途半端な民間と共同出資で不良債権の買い取り機関をやりましょうと言っています。けれども、さっきも言ったCDOだのCDSだの複雑なものは、市場自体が機能麻痺して値段がつかないので買い取れない。国有化を政治的に避けたいという動力が働いており、結局、中央銀行であるFRB（連邦準備制度理事会＝アメリカの中央銀行にあたる）あるいはニューヨーク連銀が隠れて毒入り証券を買い取ることになっていきます。

スティグリッツといった一部の経済学者、あるいはグリンスパン前FRB議長といった人々は、「一時的国有化もやむなし」と言い出しています。中には、日本の不良債権問題のときにインフレターゲットとか大胆な流動性供給で対処せよと言っていた人たちも含まれていて、実に複雑な感じです。実際、西谷さんの論文（「アメリカ、異形の制度空間」）じゃないけれども、「国有化」はアメリカの国是には全く反します。なかなか取りにくい政策手段です。

例えば何が起きるかを想像すると、株主価値が毀損するので株主が訴訟を起こす可能性が高い。オバマに前に立ちはだかるのは、たぶん保守的な最高裁の判事たちです。実はルーズベルトも同じ目に遭っているんですが、おそらく彼らは違憲判決を出すでしょう。そういう問題が発生する。もう一つは、納税者の反乱が起きる。多分、住宅ローンで自己破産した人は、全部一律二割から三割徳政令カットというのを求めると思います。そういう極端なことをやらない限り、米国の不良債権処理はできない。自由市場の頂点にある米国のバブル崩壊の深刻さが、ここにあります。

加えて言えば、このバブル崩壊の過程において、メードフ事件が暴露されました。ナスダックの元会長のメードフが証券市場の規制緩和を推進してきましたが、実に二〇年にわたって五百億ドルぐらいのネズミ講をやった。五百億ドルですから円天の比じゃない。しかも、ナスダック会長ですから株式取引所の会頭みたいな人ですが、この人が規制緩和をどんどん進める一方で、巨額の詐欺をしたわけです。日本では「マドフ事件」と表記されているんですけど、「メードフ」(Madoff) というのは「取って逃げた」という意味ですから「メードフ（取って逃げた）」事件。完璧な犯罪です。

西欧資本主義のフロンティアとしてのアメリカが最後に金融資本主義に走った結果、世界を巻き込む金融危機をもたらしてしまった。これから、金融セクターが全体の二割から元の一割に縮小していく間に、オバマはもう一度、いわゆる「環境エネルギー革命」で世界の大義を取り戻しながら、そこで産業のフロンティアを自ら切り開いて製造業で復権しながら世界をリードする方向です。恐らくそのルール作りでも激しい争いが起きるでしょう。ボケーッとしているのは日本だけです。金融規制でも、もう一回巻き返しをして主導権を握り返そうとする、そういう激しい闘いなんですね。

そういう中で、FRBは猛烈な金融緩和を続けています。実は不思議なことなんですが、世界通貨であるドルは。一国の富に通貨の量が規定されていないんです。尻抜け通貨なんです。だから、今、FRBのバランスシートをインターネットで引いてみると、資産が二兆ドルを超えるところまで急激に膨らんでいる。危ない銀行にはどんどん貸し付けていますし、コマーシャルペーパーという（CP）短期の証券・社債みたいなものはバンバン買っています。とくに毒入りの住宅ローン担保証券（MBS）をフレディマックやファニーメイを通じて買って、住宅ローン市場をもたせています。こうして国内の公的資金だけではなく、世界にもドル資金を供給しているわけです。つまりFRBが、米国内だけでも四兆ドルの支払い約束をしており、市場主義の母国で国家信用が完全に金融市場の麻痺を代替している状態だということです。

けれども、これに対してECB（ヨーロッパ中央銀行）は弱さを抱えています。協議体の銀行なので、個別の国の個別の銀行を救えないからです。そして各国の銀行を国有化すると、それは全部納税者の負担としていきなり出てきしてまうわけです。

そういうせめぎ合いがあって、ブラウン（英）とか、サルコジ（仏）とか、自分の支持率も危ない人たちは、「アメリカの時代は終わった。新しいブレトンウッズ協定で、新しい通貨協定をつくって通貨を安定させればいい」と牽制します（その後は、後述するようにアイスランド、バルト三国、ギリシャ、アイルランドとソブリンリスクが表面化して、むしろＥＵそのものの存立が怪しくなってきます）。

結局、欧米資本主義諸国は世界金融危機の最中にあって、それを根本的に突き抜ける大胆な不良債権処理でできないまま長期停滞に入っていく危険性が強まっています。これを突き抜けていくには、地球温暖化を防ぐ「環境エネルギー革命」を通じて戦争に匹敵するような一斉の投資と更新需要を世界中で喚起しないといけないのです。そのことを理解するには、前の一〇〇年に一度の世界金融危機、すなわち大恐慌の教訓を踏まえないといけません。

大恐慌との違い

歴史は繰り返すといいますが、実際には大恐慌のときと比べても幾つかの大きな違いがあって、今回は、これから新しい国際秩序をめぐって闘いが始まろうとしているわけです。大恐慌のときは、ともかく小さな銀行が世界で数千という規模でドミノ倒しのように潰れていきました。今は小さい銀行ではなく、シティグループだろうが、ドイチェバンクだろうが、ＵＢＳだろうが、バンク・オブ・アメリカだろうが、世界中の銀行の金融システムの中枢がほとんど機能不全になっているという状況です。

しかも、ＣＤＯ（債務担保証券）というのは債券をリスクに応じて優先劣後順に細かく切り刻んで組み合わせるデリバティブ商品ですが、あまりに複雑で契約書が一番単純なＣＤＯで一万五〇〇〇ページもあると言われています。このＣＤＯを五〇組み合わせた複雑なＣＤＯの二乗という製品は、単純計算で契約書が七五万枚ということになります。ロイヤル・バンク・オブ・スコットランドが国有化されて、三兆五〇〇〇億円ぐらいの公的資金を入れられましたけど、専門家が入ってチェック項目を計算するとざっと一〇億項目ぐらいある。二七〇名の会計士が入って、一日一〇時間働いて約一年はかかるだろうというぐらい評価が難しい状況になっています。

オバマの大統領就任式の日に実にシティバンク、バンク・オブ・アメリカなどの銀行株が五〇%から六〇%、軒並み落ちました。シティグループは三ドルを割っていますから、かつての長銀、日債銀と同じ状態に入りつつあります（その後、オバマ大統領は公的資金を投入し、七八七〇億ドルの景気対策を打ち、一息つきました）。

クレジット・デフォルト・スワップ（CDS）というのは破産保証証券ですけど、これも複雑骨折していて、リーマンブラザーズがつぶれたり、ワシントン・ミューチュアルバンクもつぶれたりして、この証券がなかなか決済できない事態に陥りました。破産したら、元本を保証するものと保証されるものとがその債券を相殺して清算しなきゃいけないはずなんですが、取引が成り立たない状況になっています。

実は自動車のGMをなかなかつぶせなかった一つの理由も、GMが最大のCDSの対象になっているためでした。評価がどんどん落ちているこの債券は、本当にいかがわしいネズミ講のようなもので、地球崩壊のためのCDSというのもあるんです。ほとんど金融商品のための金融商品のようなのがどんどん膨らんでいるのが、金融自由化の行き着いた結果でした。

もはや世界が完全に組み込まれたシステムの中枢が壊れてしまったので、何らかの新しいルールを再建せざるをえない状態です。しかも、新しい国際金融ルールというのは、このような複雑な金融デリバティブ商品の処理という問題を含みます。

もう一つ、その裏面なんですが、大恐慌のときになかったのは、グローバル化して資金が非常に速く動いて、素早く引き上げるようになったので、アイスランド、バルト三国、東欧諸国、アイルランドと、ＥＵの中の財政力の弱い国々が国家デフォルトの危険性を抱えていて、ソブリンリスクが伝染するようになっています。その規模も大きいし、ＥＵあるいはＩＭＦがそれに対応できるのかどうかという問題に直面しています。

それから、かつては、旧宗主国と植民地の間のブロック経済という構造だったのに対して、通貨防衛を軸にした地域の結び付き、あるいはＦＡＴ（自由貿易協定）やＥＰＡ（経済連携協定）による市場の囲い込み競争があちこちで起き始めるという、全く別のタイプの世界的な多極化現象が起きている（その後は、各国の中央銀行による金融緩和をベースに為替切り下げ競争が起きています）。

さらに第三に違う点をあげると、バブルの崩壊による資産デフレと、石油価格の急上昇という資源インフレが同時に発生する特殊な状況が起きているという点です。

もし景気が回復して、新興国が同じような成長軌道をたどれば、また石油インフレが起きて景気回復が頓挫することになるでしょう。これだけ中央銀行がお金をばらまいていますから、潜在的にバブルかインフレになる要素は十分にあるわけです。今は出口なんか考えずに救済していますが、こういう問題をどのように考えるかが極めて重要になってきます。この点でも「環境エネルギー革命」が必要です。

CO_2と地球温暖化は関係が非常に強いんですけど、完全にメカニズムが証明されているわけではないけれども、ＩＰＣＣに示されるように、多くの研究者たちのコンセンサスになっています。たとえば、かつてもC型肝炎のウイルスは見つかっていないけど、非A型、非B型の肝炎として対処してきたわけです。

ここで改めて、大恐慌をいかに脱出したのかという点を思い起こさなければなりません。ニューディールに象徴されるケインズ政策は、利いたといえば利いたのですが、やっと大恐慌を底打ちさせたのが精いっぱいという現実です。一九三三〜三七年はやはり長期停滞でした。あえて比喩的にシュンペーター風に言うと、最大の創造的破壊は戦争以外にないわけですね。飛行機、艦船、タンクや輸送車などの武器は石油で動くようになり、その開発競争が猛烈なイノベーションを創り出します。さらに戦争は全てをぶっ壊してくれるので、新しい需要を一気につくり出して、成長をもたらします。

でも、今日において世界大戦はありえません。というのは、武器の破壊力が当時とは比べものになりませんので、それはみんなで死のうと言っているのと同じですから。そうするとわれわれは、人類で初めて、戦争を回避しつつ人間自らの手で、産業の成熟と閉塞状態をどうやって乗り切っていくかという新しい課題に直面していることになります。そう考えると、石炭から石油へのエネルギー転換に匹敵するエネルギー転換がないと、しかもグローバル化のおかげで国際的に一斉にそれをやらなければ、新しい爆発的な需要はつくれないでしょう。

長期の波動で幾つかの節目を見ていくと、いまは戦後体制の全てが壊れかけている状況の中で、新しい座標軸をどこに設定するかという、まさに創造的破壊の大転換期に差しかかっているということになります。

本当はもう少し細かい話をきちんとやりたかったのですが、既に時間を大幅にオーバーしています

ので、ここでいったん止めさせていただきます。大雑把な話になりましたが、どうもありがとうございました。（拍手）

中山　すばらしいお話をありがとうございました。

この後の段取りをご説明させていただきます。お手元の質問表を休憩時間に集めますので、ご質問がおありの方は、ぜひお書きください。これから西谷さんから論点開示のミニレクチャーをお願いし、その後で一〇分間の休憩に入ります。では西谷さん、お願いいたします。

西谷修　金子さんのお話に油も乗ってエンジン全開になったあたりから、そしてちょうどいまの崩壊状況の話になって、われわれの世界は今や蟻地獄だということを大変明快に話されたあたりから、後ろにある「ウォール・クラッシュ」のタイトルのスクリーンが微妙に反応して、震えが止まらなくなってしまいましたが、これぐらい止めどもなく振動して、状況のあまりのばかばかしさというか救いのなさにもう笑うしかない、それほど手のつけられないような状況だということですね。

そんな状況の中で、とにかく今ある知恵と方法を手探りで拾い出して活用しながら、何とか荒波を乗り切って収めてゆくしかないんだ、ということはたいへんよくわかります。とはいえ、それが「わかる」ということは、裏返せば絶望的でもあるわけですね。何が起こるかわからない、どういうことになるかわからない、全く未知な状況に入っている、と。

いわゆるマルクス主義の図式で言うと、商業資本主義、産業資本主義、その次に金融資本主義の時代がくる、そしてそれが破綻して恐慌が起こると、それを機に世界革命になるんだとかいう話がありましたが、まさに世界の経済が金融によって振り回されるようになったあげくに破綻してしまった。その前にもうひとつの「壁」――ウォール街の「壁」ではなくて、かつての「ベルリンの壁」です――が崩れていなければ、ひょっとしたら世界革命というのもありえたかもしれないけれど、既にその「壁」は抜けてしまっている。すると、自明の解決策というのがまったくない中での難破状態、それがわれわれの世界の基本状況だ、といったことですね。

こういうことの予兆を作り出し、それを加速させて現実化したのは、アメリカのブッシュ政権の役割だったと言ってもいいでしょう。私などはもともとお金に縁遠いこともあって、それほど経済を気にかけてはおらず、政治的なことや、思想的なことを考えるうえで、経済についても必要な限りで基本的な観点をもっていれば、大きく間違うことはないだろうというぐらいのつもりでいたわけです。けれども「テロとの戦争」というのが始まってみると、この戦争自体がほとんど金融バブルと同じなんですね。

というのは、近代国家は暴力を独占しているわけですが、国家が暴力を独占するのは、逆に国家にすべての暴力を委ねることで、国家が秩序や人びとの権利を保障してくれるからだということになっています。要するに、権力を国家が独占することで法秩序が保たれる。その法というのは西洋的に言えば「法権利」ですから、要するに権利も守ってくれる。そこで自由も保障される。だったら国家の権力を認めようということです。けれども、黙っていると国家はその力を使ってどんどん人びとを圧迫してくる。力関係というのは現実的に作用しますから。だから、それに対して国家の力を個人の側から牽制する、それが政治的自由の要求だというふうになっていたわけですね。

そういうせめぎ合いを一五〇年間とか二〇〇年間続けて、ここ数十年ぐらいの間に、いわゆる先進国ではそこそこの人権も認められ、そこそこの自由も保障されるという状況ができてきた。けれども、そこに至るまでには多くの血が流されたし、苦しい戦いがあった。要するに、たいへんな苦労をしてここまでもってきたわけですが、その成果が「テロとの戦争」で一挙に吹き飛ばされてしまったのです。

「テロとの戦争」というと、何か正義の戦争のように言われますが、「敵はテロリストだ」と言った途端に、「テロリスト」というのは人類の敵だからというので、どんなやり方で殲滅してもいいということになります。誰が？　特定の国家がです。というのは「戦争」をするのは国家だから。その国家が何をやってもいい。要するに、国家はあらゆる制約を免れて暴力を発動できるということです。それに、「テロリスト」というのは悪魔のような連中だから、どんなふうに攻撃してくるかもしれない。それに対してはあらゆる手段をとることが許される、予防戦争も必要だということになる。そういう状況をつくり出したのが「テロとの戦争」という構図です。言ってみればこれは、軍事的暴力の徹底的な「規制緩和」です。「国家的暴力の自由化」だということです。それが「9・11」によって、わずか一日で実現されてしまった。そして世界の主要国がみんなそれに従ったわけです。

多くのメディアも、世界の主要な論調も、9・11以後世界は国際テロリズムの時代に入った、だから戦争はいけないなんて、のんきなことは言ってられない、むしろ戦争をやらなければいけない、反対するのはテロリストの味方だ、とかいう掛け声に乗って調子を合わせる。国際秩序の安全は戦争で守る、もう「平和」なんて時代遅れだ、「安全」が第一だ、といった言い方がまかり通るようになって、

戦争が正当化される。9・11以後というのはそういう時代なんだというふうに言われました。しかし、私などがたいへん衝撃を受けたのは、近代以降二〇〇年もかかって作り上げた、国家が簡単に人を殺してはいけないとか、最低限の人権は守るといった、人間社会の原則が一挙に投げ捨てられて、誰もがそれを無抵抗に受け入れたという、あっけにとられるほどのその変わり方でした。

「テロリスト」というのはともかく殲滅すべき敵だということで、問答無用でどうやって殺してもいい。だから、グアンタナモのような収容所も作られ、アフガニスタンにも隠れ収容所ができる。それだけではなく、たとえば結婚式をやっていただけなのに、人が集まっていたからといってミサイルを撃ち込まれ、娘も子どもも殺されてしまう。そこに「テロリスト」がいたから、と言えば切り捨て御免なんですね。そうすると、生き残った人はどうなるか。もともと義足で働くこともできないうえにそんな目に遭って、黙って気落ちして死んでしまうか、あるいは「一寸の虫にも五分の魂」というわけで爆弾を抱えて自爆するか。そうしたってまたミサイルを撃ちこまれるし、砲弾は降ってくる。勝ち目はない。でも、とにかく何かやるという人たちが必ず出てくるでしょう。

これはパレスチナでもそうですけれど、何年か前、第二次インティファーダーが始まったとき――ちょうど9・11の前ですが――、アリエル・シャロンがまさに「テロとの戦争」と言って、ヨルダン川西岸とガザに戦車を送り込んだころのことです。フランスの医療関係者がそこに入って、子どもたちの状況をインタヴュー調査した記事が「ル・モンド」に載りました。十歳ぐらいの子に「きみは将来は何になりたいか」と聞くと、「カミカゼ」と答える。女の子でさえそういう子がいます。これは日本でも報道してほしいですね。「カミカゼ」なんですよ、自爆する「テロリスト」というのは。

日本の子どもなら、まだそれなりに将来の夢をもつこともできます。けれども、生まれてからずっと難民キャンプやイスラエルの占領下で育って、何かといえば戦車で家を潰され、通学路も塞がれ、反抗すると殺されるか刑務所行き、という自分たちの親兄弟の有様を見て育っています。それが日々の現実で、彼らには思い描ける未来などというものがまったくないわけですね。大人になったら何になるか？　現実の生活に希望をもてるような可能性が一切なくて、夢見られるものというと、七〇人の美女が待つとかいう天国ぐらいしかない。あるいは、自分もお兄ちゃんと同じようにイスラエルに一矢報いて自爆するとか。そういう状態に子どもが置かれている。すると、イスラエルは何と言うかといえば、「ハマスの学校は子どもにテロを教えている」と言うわけです。それはいったいどっちだ、という話です。誰がそこまで子どもたちから未来を奪っているのか。子どもたちは自分が二〇歳を超えてまともに生きられるなんて想像できないわけですね。初めて女性の自爆があったのもその頃のことです。赤新月社（パレスチナの赤十字にあたる）のボランティアの看護士でした。

ついこの前も、年末年始のまさにオバマの就任式に至るまでの数週間の間に、ガザ地区のきわめて狭いところにイスラエル軍が侵攻して、一五〇〇人も犠牲が出ている。そのうちの四割ぐらいは子どもだといいます。ハマスは「テロリスト」だと決めつければ、「テロリスト」が隠れているというので、イスラエル軍は国連が建てた学校も爆撃する。そこで大勢の子どもたちが犠牲になっても、地区を封鎖して医療救援物資も持ち込ませない。そういうことがまかり通っていて、世界のどこも救ってくれない。そしてこの「テロとの戦争」で世界の「安全」を守るというのですから、めちゃくちゃな論理なんですけれどね。

いずれにしても、戦争をやるときには人びとを動員して命を投げ出させなければならないから、何のために戦争をするのかという「大義」を掲げなくてはいけない。だから、戦争をするとしたら、動員のための受け入れやすい理由を作る必要がある。つまり、戦争には必ずジャスティフィケーションの言説、言葉と論理というものが必要だったわけです。ところが、「テロとの戦争」はそういう論理を一切不要にしてしまった。敵は「テロリスト」だということで何でもできる状況にしたわけですね。

こういう戦争は今言ったような事情から、ますます筋金入りの「テロリスト」を生み出すことになります。ところが、それで困るどころか、やっぱり「テロリスト」がいるじゃないかということで、だから戦争が必要なんだということにされる。つまりこの戦争は、いったん始めたらそれが必要とされる原因を自分で作り出して、自らを永続化させることができる。「テロとの戦争」とはそういう恒常化のメカニズムをもつということです。

ほとんど、金融バブルの構造を思わせるようなからくりですが、なぜ、こういう戦争が必要とされるのかを考えてみると、結局、「テロとの戦争」の基本形態というのは植民地戦争と同じなんですね。敵はすべて非合法のゲリラです。植民地独立運動に対してヨーロッパの旧宗主国は全部これをやってきました。だとすると、この戦争の本質は何かというと、近代にヨーロッパというより「西洋」といった方が正確ですが、西洋が世界を統治してゆくそのプロセスの果てに、いわゆるグローバル化と呼ばれる状況が生まれたわけですけれども、西洋による世界統治を保障するために行われてきた植民地戦争の時代性とか歴史性を、アメリカがいったんチャラにするようなかたちで、恒常的体制として現代に更新しようとした、そういうものだと考えられます。

ここでなぜ「西洋」という言葉を使うかというと、「西洋」という表現の中にはアメリカもヨーロッパも入るからですが、その「西洋」による世界統治が植民地支配の時代の後でどのように更新されようとしているのか。それが、グローバリゼーションを通して実現されていることなわけですが、そのグローバリゼーションによって何が起こっているのかを考えると、どうしても「経済」の問題に突き当たることになります。

グローバル化と「経済」というのは切り離せないということです。つまり、「政治」というのは一国ごとに行うので、政治は単位を作り、枠を、つまり国境を作って、その内部を専権的に統治するというものです。「ポリティクス」という以上、「ポリス」がもとですから。あるいは宗教にしても、ここはある宗教、ここから先は別の宗教、というふうにして共同体を個別化していくわけです。文化というのもそうですね。

ところが、「経済」は、そういうふうに作られた枠や境界を越えてゆきます。市場とは何かというと、市場は「飛び越え」の場です。木綿の反物と矢じりを交換するというのは、全く違ったものがある尺度で測られて共約されることで成り立ちます。それはあらゆる差異と境界を越えて機能します。だから「経済」というのは、境界を越えて市場を広げることで最もよく実を発揮する活動領域だということになります。

つまり、グローバリゼーションが何をもたらしたか、あるいはグローバリゼーションを促したのは何なのかと考えると、これはまさに「経済」だということになる。「政治」はもともと一国的であることを本旨としていますが、「経済」は境界を越えて場が最大であることを求めるということです。そして、これはあちこちに書いたことなのではしょっていえば、「テロとの戦争」とはグローバル経済秩序の安全保障だということなんですね。

われわれはそういう領域を「経済」と呼びますけれども、それを対象とする「経済学」という学問があります。この学問が「経済」という領域を記述し、そこに論理を立ててゆく。けれどもその論理というのは何なのか。ふつうそれは社会科学だというふうに受け取られ、客観的な科学だと考えられています。けれども、われわれが経験する「経済」というのは、単なる客観的現象ではありません。七三年でしたか、ドルの変動相場制への移行とか、その後の規制緩和とかがどういうふうにして起こるのかというと、そこにはある一つの意図とか世界ビジョンを伴って舵取りが行われるわけです。それでも、市場の法則は客観的だといわれるでしょうが、それもポラニーが明確に示したように、制度的に作り出したフィクションです。だとしたら、経済学というのは科学などではなくて、実は世界を造形するある種の思想を含んでいるということになります。

だとすると、われわれはいまやその思想を扱わないとまずいんじゃないかということです。つまり、思想としての経済学。そういうことを言うと経済学者は――金子さんは別です、まともな経済学者ではないようですから、金子学ですからね――、「それこそイデオロギーだよ」と言う。けれども、「経済」

というものが、それ独自の論理をもつ自立的な領域として存在すると考えられるようになるのは、近代の産業主義社会の成立と同時代です。「経済の自立性」というものを想定することによって、「経済学」を通して社会を動かすことができるようになるわけです。だから、「経済」というものを、あるいはそれを自立的と考える「経済学」を、ひとつの思想として批判するという視点が必要になる。そういうことで、「思想としての経済学」の批判というのを、この間、少なくとも自分にたどれる限りでやってきました。そしてまた、その「経済」的思想と同時代的な「アメリカ」という、歴史的にみれば極めて新しい特異な制度システムのことを考えてみたわけです。金子さんも制度経済学と言いますが、まさに制度性の問題だと思うわけですね。

去年の秋からこれだけの世界恐慌が起こっています。われわれが今日金子さんをお呼びしたのは、このような危機が来ることをずっと前から言っていて、「あいつはまたこんなことを言っている」と叩かれたりしながらも、結局そのとおりになったわけです。奇妙なことに、去年の九月以降、われわれは現在の金融システム破綻のメカニズムというのを、ごまんと説明されています。破綻が起こるとすぐにそれなりの説明が出てくる。「なんだ、おまえら分かっていたのならもっと早く言えよ」ということなんですが、それが今にならないと出てこないというのには二つ理由がある。一つは、そういうことをきちんと分析して、これはまずいよという人たちの言葉には浸透力がなかった。メディアでも場が与えられなかったし、たまに与えられても、金子勝みたいに天の邪鬼扱いされてしまって、まともなことを言う人たちの言葉は届かない。これが実情です。

ところが、実際こうなってみると、今度は説明が求められて、その人たちがみごとに説明している。

この破綻した金融バブルにつながるいろいろなこと、特に八〇年代にレーガン・サッチャーの時代から始まったことというのは、デリバティブの問題にしても、破産保証証券とかにしても、ナスダックの会長のねずみ講の話でもそうですけれども、もう確信犯的に、儲かるというフィクションを作ってどんどん金を回してゆく。回せばその間は儲かると。これはいつか破綻するけれども、世界中をこれに巻き込めば何年かはもつだろう、その間に稼ぐだけの利ざやを稼いで売り抜けばよい、ババは誰かが引く、というのでやっている確信犯ですね。それにみんなが、とくに世界の金融界が乗っていたわけです。

とんでもない話ですが、それがまかり通ってきた。だから、時流にのった物の言い方とか論理をいちいち検討して、どうやったら正確なことが見えるのかをしっかり押さえなきゃいけないと思わされるわけです。

それと、メディアに関してもうひとつ。われわれはグローバル化した世界に関してメディアなしに情報を受け取れないのですけど、そのメディアをどうやって受け止めるのかというのは本当に注意しないといけない。そう考えたときに、私のように文学から思想に入った者にとって気になるのは、言葉の働きということですね。例えば「テロ」とか「テロリズム」という言葉がどう機能しているのかということ、こういう言葉で何が抹消されるのかをきちんと見てゆくということ。それとか、「民主化」とか「民営化」はいいのだと言われたら、それっていったい何なの？とよく考えてみること。「民主化」がイラクの人たちに「自由」をもたらすとか言われたら、「え？」と思う。「自由」って爆弾と一緒に与えられるんだ、と考えてみる。「自由」という標語もそうですが、価値として投げかけられる言葉に実はどういう毒が盛られているの、要するに「自由」なんて言葉は毒まんじゅうだということですね。そういうのに騙されないようにしないといけない。

そういうことをつくづく考えさせられて、今日はついに「金子学」の御大をお呼びすることになって、かなりの勢いで、突っ込んだところまで展開していただいて、私などはもう、「はあはあ、なるほど」といって聞くしかないんですけど、それでも、なぜ門外漢の私たちもここまでやらなくてはいけないかということを、ブッシュ政権のアメリカのこの八年間がとことん教えてくれたということです。そんなところです。

中山　ここから一〇分間の休憩をいただきます。

〔休憩〕

中山　それでは、再開させていただきます。休憩時間の間に皆さんからたくさんの質問をいただいて、今、金子さんと西谷さんがそれぞれ読んでいらっしゃるのですが、一問一答ですと後半がそれだけで終わってしまいますので、議論の中になるべく織りまぜてお答えいただくことにさせていただきます。

金子先生、一生懸命読んでいらっしゃいますが、まずは前半の西谷さんのコメントに対するリプライから始めていきたいと思います。よろしくお願いします。

金子　西谷先生、ありがとうございます。お話は二つあって、そのひとつは9・11以降のアメリカ、とりわけブッシュがやったことの意味についてですね。いまひとつは、これに関して、これからどうなるんだろうか、オバマにどこまで期待できるんだろうかという点です。

アメリカはどう変化していくのかを考える際に、多くの人がネグリとハートの「帝国」という概念を使うのですが、私のように経済学的にグローバリズムの批判をやっている者から言うと、本当にこれがグローバリズムの「批判」になっているのかというのが正直な感覚です。イラク戦争の直前における世界中の大規模な反対デモを見ると、脱中心などという非常にフラットなイメージがインターネットで結びつき、それにマルチチュードとかいうものが結び付いて、何かそれに可能性があるような気分に、多くの人が襲われています。

しかし実は、これはアメリカの描いている世界のイメージをそのまま受け入れ、その枠の中でどういう支配のメカニズムと対抗のメカニズムがあるのかをなぞっているにすぎないと、私には思えるわけです。実際に、脱中心ではなく中心にはきちんとアメリカがいて戦争を仕掛けている、そうでなければイラク戦争がなぜ起きたかも説明がつきません。

実際に見えてくる最近の事態、特にインターネットにアクセスできない地域はマルチチュードなどというものから外れていて、ソマリアとか、パキスタン、アフガン、アフリカの多くの国々もそうですが、暴動やら、民族紛争やらが頻発し、国家が溶解をするような事態にまで陥っており、マルチチュードと無縁なところで「テロリスト」が絶えず再生産される土壌が生まれています。あえて言えば、

「帝国」という秩序はグローバリズムが描くようなフラットな空間ではありえません。これはアメリカという中心のあるシステムが崩壊することで、むしろ拡散し、多極化して、一つの秩序が中心のないカオスの状態のようになってしまったのだと私は考えています。現実は全く逆なのです。

そしてこれを、永続的な仕組みというよりはむしろ、波動でとらえようという立場です。それ以外からは、グローバル化や市場原理そのものに対する根本的な批判が提示できないのではと思います。むしろこの時期を歴史的な動態のなかでとらえ、一つのイデオロギーの批判としてしっかり暴露してゆく必要があるのだと思います。

「テロとの戦い」とは、「自由」という価値や、グローバルスタンダードという名前で、すべてにルールを押し付けたり、民主主義《デモクラシー》の名前で戦争を仕掛けたりすることで、新自由主義が世界論理になった状態です。冷戦体制と違って、敵は常に格差の中で暴発する人たちであり、これに対して治安を強化するというロジックで、内戦と外戦の区別がなくなるわけですね。それはある意味でサッチャーリズムとかレーガノミクスと似ていますが、新自由主義とか新保守主義をニューライトに置き換えると、市場原理と強い国家、治安を強化する国家というもののロジックが、アメリカという一つの国家を越えて世界中をのみ込む論理として、テロリストを敵にして、世界中フラットにしながら支配する論理、つまり新自由主義の完成形態として、9・11以降の「テロとの戦争」というのを位置づけるとよく見えてくると思います。それはアメリカという中心が、ユニテラリズムとして世界に君臨するロジックに化けていきます。

しかし、それが実際にはブッシュ政権が進めてきた方向をほとんど破綻させてしまい、イラクもアフガンも収拾のつかない状況になっています。オバマの政権を観察していると、新しい統治の原理は、多様性とグリーン・ニューディールが大きな目玉になっているわけです。多様性というのは、彼自身は黒人――黒人といってもハーフですが、そういう人種の多様性のようなものを背負いながら、あるときはキング牧師を使い、あるときはリンカーンを使いという形で、アメリカの持っている多様性と寛容という部分を非常に強調し始めたのは、実態として戦争をする余力がもうないからなのです(後で述べますが、オバマはイラクからは撤退を決めましたが、軍との関係でアフガンに集中するという選択をしました)。

まず何よりお金がない。この金融破綻状況で、アメリカの国債を大量に出して、それを中国、中東諸国その他、日本はもちろんですけど、買ってもらい続ける以外にありえないという状態です。それ以外には、FRBが国債を買って量的な金融緩和をするという道もありますが、それはドルの価値を下げていく。ドルの信頼が失われてしまうので、永遠に続けることはできません。

ともあれ、ブッシュの戦争の帰結は、膨大な財政赤字を出し、貯蓄率をゼロに落ち込ませ、対外的な資金に依存して支えてもらわないと、財政赤字を消化できないという体制をつくったことでした。これが今、逆ばねで貯蓄率が戻ってきていきます。アメリカは過剰消費の世界でしたから、貯蓄率が戻る分だけ消費が削られ、今度はひどい不況になっていくわけです。そういうジレンマを抱えていて、G7体制ではもたないので、G20という形で中国やロシア、その他の国々を全部入れて、とりあえずアメリカ国債を売ってはいけないと説得するようなものです。G20で新しいルールができるとは思えません。要するに、危機暴発を避けるために取り囲んでおく体制として、とりあえずG20でつくったというのが多分妥当なところだろうと思います。

しかも実質的には、国有化をせざるを得ないほどに金融危機は進行してしまっている。ガイトナーの提案は多分だめです。提案が出た当日、もう批判が高まっています。恐らくオバマは、ガイトナー財務長官とサマーズ国家経済会議議長の首を切る以外にはうまくいかないでしょう。「ニューヨークタイムズ」のウォルフレンが、ポール・ボルカーはどうしたんだという趣旨のことを書いており、ポール・ボルカーもオバマのアドバイザーですが、スタッフがきわめて貧弱な状態に置かれてしまいました。たとえばサマーズはハーバードの学長でしたが、どんどん縁故者を政権の中に呼び入れ、ウォールストリートから膨大な金をもらっており、いろいろなところでルービンの操り人形のようだと批判を受けています。

一方、スティグリッツはシティなどを国有化するべきと主張をしました。実際に、国有化されると、健全部分と不健全部分を分離して健全部分だけを再民営化すると、ボルカーと同様に金融機関は規模を縮小することになる。しかし、これはウォール街の利益を決定的に損ねてしまう。ルービン人脈もポールソンと同じく、責任を回避したいグループの利害を代弁しています。しかも、前に述べたように、これを断固やると、「自由」という価値を正面から否定するような事態になるわけです。

問題は、今のオバマ政権の構成は、実は多様性の名前で妥協の産物がたくさん入り込んでいる点です。たとえば、オバマは、投票日の二週間後にマケインを呼んで、安全保障政策についてアドバイスを求めたり、大統領の就任式の前日に晩餐会に呼んで、「あなたはベトナムの英雄だ」と褒めたたえたりしている。しかし共和党のペイリンは呼びませんでした。共和党の穏健派を呼び、自分たちの景気対策案に協力をしてもらって、全国民が一致しているイメージをつくろうとした。つまり、アメリカ国民を束ねる形で一気に経済危機を乗り切る政策を次々打ちたかったのです。ところが、オバマに対してマケインは減税、減税と言って、オバマの景気対策法案を縮小しようとしたわけです。またオバマはマケインと相談して、共和党政権から国防長官のゲーツを引き継ぎました。

大統領候補選で反対陣営にいたヒラリー・クリントン、ビル・クリントンを含めた民主党の中の大きな基盤、クリントン政権はウォール街、あるいはユダヤとも結び付いていますから、オバマはこういうところをもう一度取り込んで政権内に入れました。つまりオバマのグループのコアには、リベラルなグループがかなり食い込んでおり、左派的な人たちも含めて周辺にいるわけですね。しかし政策には現実的な対応をしなければなりません。このまま放っておけば、オバマはいつでもワシントン政治にのみ込まれ、曖昧な政治になっていく危険性を秘めています。その一方で、オバマは「責任の時代」と言い、もう一回アメリカの覇権を取り戻すためには、市民は市民としての責任を果たしてほしいと訴えたわけですね。

オバマのもう一つの新しい政治戦略ですが、非常に高度なテクニックを持ったＩＴのネットワークをつくり上げています。それは携帯電話で一〇〇〇万人と結び付き、彼のマイボーという選挙を含めたコアメンバーに二〇〇〇万人が登録していて、いろんなソーシャルネットワークのサイトを全部オバマとリンクし、オバマのホームページや履歴にリンクを張っているところでアクセスできるメンバーが五〇〇〇万ぐらいいて、オバマのニュースレターを読んでいるのが一五〇〇万人ぐらいいます。つまり、投票者の四分の一ぐらいはインターネットで組織されており、とりわけて若い層が非常に活発にこの中で活動している。こういう形で、政策を形成するときにもこの圧力を自ら組織化しようとしているわけです。つまり、ワシントンの政治では多様性といって包み込みながら、本当に多様な勢力の中で若い層をネットで結び付け、そのプレッシャー、下からの圧力をつくり出すことによって、ワシントン政治へ呑み込まれるのを阻止するという、新しい政治のリーダーシップのあり方を追求している。しかしこれが本当にうまくいくかどうかはわかりません（実際に、その後の事態が示すように、オバマ政権はそれに失敗し、ワシントン政治にのみ込まれてしまいました）。

またオバマは「チェンジ」、「イエス・ウイ・キャン」など、ブッシュ・小泉型のいわゆるワンフレーズ・ポリティクスも使っています。と同時に、彼のサイトを見ると四〇分にわたる演説が見られるわけです。ヒラリーは二〜三分でしたが、やはりみんな演説を全部聴きたいからです。テレビメディアはご存じのように常に受動的で、忘れさせるメディア、刷り込みメディアです。活字は読み手に主導権があって、ゆっくり読むこともでき、西谷さんのような難しいことが書かれている場合でも、とりあえず自分で読む限り読めるわけで、またどう読もうが勝手なわけです。テレビの速度であれをやられたら読めません。しかし他方で、インターネットのいわゆるユーチューブに近いような形のものは繰り返せます。それを利用して映像で演説を流していました。つまりオバマは、テレビの尺というんですが、テレビの時間内に収まらないようなメッセージを伝えるために、新たにこういうものを組織しようとしていました。

「自由」の価値でフラットに世界を考えて、新自由主義のいわば国際版みたいな形の「テロとの戦争」という思い上がった発想でやっていくやり方は、すでに明らかに行き詰まっています。ただし、行き詰まりはしても、それが本当に永続するかどうかは、また別の問題です。例えばこの間でも、もしリベラルな人間を国防長官に据えれば、もう政権は大混乱になって孤立をするので、ゲーツを立てるという「現実主義」をとりました。しかし、「現実主義」は必ず遠心力のように働きます。それを何とか、ネットで組織した下からの圧力によって、ワシントン政治にのみ込まれるのをどこかで阻止しようとする。しかしこういう力学をもってしても、新しいアメリカのリベラルな価値が——ただしリベラルとはリバタリアンという意味ではなくて、アメリカ的な意味でのリベラルな価値ですが、アメリカ政治の中で十分に機能するかわからないという、流動的な状況の中にあるといえます。

私が今考えているのは、オバマが百日の間にどれだけこの経済危機を終息させ、グリーン・ニューディールを成功させるかということです。ダセルが脱税疑惑で挙げられてしまったので医療保険ができるかどうかすでに怪しいのですが、そういう政策をどこまでできるか、またその政策に基づいて、おそらく春までに次々と法案を出して、一つの峰ができるかどうかが見どころです。

同時に、二〇一〇年の中間選挙の前までに経済危機の底打ちをさせないと、オバマは期待が高いだけに、それが失望に変わった瞬間に遠心力になり、水膨れしたアメリカ民主党の議員たちは、政党の拘束力が日本に比べればずっと低いので、今度は一斉に当選のためにばらまき政治の要求を始めて、ダーッとだらけていってしまうでしょう。すると、そうした反転がL字型でとまってくれれば、しだいにもう一回反転する方向が見えてきますが、そこで拡散してしまうと、回復の波がもう一つ長いところに入っていって、アメリカという国の新しい秩序の姿も十分に見えてこない可能性があると私は考えています。ブッシュの八年間の後に来るのはそういうものではないでしょうか（残念ながら、この時の悪い予想の方が的中してしまいました)。

もう一の経済学の話については、まさにぼろぼろな状態で、アメリカもぼろぼろですが、後でコメントしたいと思います。

中山　ありがとうございます。ではここで米谷さんにコメントをお願いいたします。

米谷匡史　私からは、少し補足をしながら、金子さんへの問いかけもさせていただきたいと思います。今日のシンポジウムのテーマは「ウォール・クラッシュ」ですが、八九年のベルリンの壁崩壊から、現在のウォール街の崩壊にいたるこの二〇年をどう考えるか。現在は、近代の世界史のある転換期、節目が来ていると思いますので、それにいかに向き合えるかについて、私の感触を少しお話してみたいと思います。

八九年当時、私は大学四年生で、一月に昭和天皇が死に、六月に天安門事件、秋にベルリンの壁崩壊と、世界史的な事件が立て続けに起きた時期でしたから、今まさに世界史的な転機に立ち会っているという意識を強く持ちました。ただしその時点では、その後の一〇年、二〇年がこれほど不安定で戦争が続く時代になるとは迂闊にも予想できなかった。南北問題など、冷戦時代に封じ込められて解決できなかった問題に直面するだろうとは考えましたが、軍事・安全保障面でこれだけ不安定な世界になるとは思いませんでした。

そして二〇年がたち、ふたたびある転機が訪れたわけですが、そもそも転機に立ち会った人間がそれをどのように生きるのか、どういう感受性で受けとめるのかについて、少し立ちどまって考えてみたいのです。

一九二九年の世界恐慌から三〇年代、四〇年代にかけての危機の時代には、さまざまな名著が書かれました。その一つに、カール・ポランニーの『大転換』があります。この本は、実は異様な雰囲気が漂う文体で書かれていて、あるペシミズムを感じさせるものになっています。

ポランニーは「悪魔の挽き臼」と言っていましたが、自由主義の市場経済が世界を覆いつくして、あらゆるものが商品化され、それによって人々の社会的な紐帯が解体されて、掘り崩されていく様子を描いています。ただし、その方向が永続することはなく、ある臨界点に達して、ふたたび社会的な紐帯が結びなおされる折り返し点が来ると考えていました。世界恐慌をその折り返し点とみなして、社会的なものが再生し復活していく時代になると想定したわけです。

しかし、それはある希望を示すものですが、同時にそれは、社会主義とファシズムがそれぞれ社会の再編成を掲げながら競い合う時代で、しかも互いにどこか似てきてしまう。対立しているはずのものが、実は互いに似たものになってしまい、希望と絶望が区別がつかない形で入り交じって、同床異夢の世界になっている。それを微妙に察知したからこそ、独特のペシミズムや諦念を漂わせながら、ポランニーは『大転換』を書いたわけです。

おそらく現在も、急進的な新自由主義のグローバリズムが行き詰まって、ある転機が訪れていますし、これから社会的な紐帯を再生させ、再定義していく試みが始まります。それは、ある種の反転攻勢のチャンス、希望が芽生える時期でもあると思います。ただし、それは希望と絶望が混沌としたまま交錯するものであって、絶望を通じて希望が実現してしまったり、希望だと思っていたものが絶望への道になったりするでしょう。三〇年代もそうだったと思いますが、現在もそのような厄介な時代になる予感がするので、私としては、何ともいえない異様な感触で現在の転機を受けとめています。

先ほど金子さんは、オバマ政権の特徴として、グリーン・ニューディールと、インターネットを通じた新しい民主主義について話されました。私も、この二点はポスト冷戦時代の政治が本格的に始まる兆候だろうと思っています。ただしそこでも、希望と絶望が入り混じっていく厄介な事態になるだろうという予感がしています。

環境問題をめぐるグリーン・ニューディールで思い起こすのは、ソ連末期のゴルバチョフ政権時代のシュワルナゼの外交です。実はシュワルナゼ外交は、環境問題を安全保障問題として提起するものでした。当時は、環境問題は国家の現実政策としてはなかなかとりあげられず、NGOの理想主義のように見られていましたが、一方の覇権国家であるソ連が、あるリアリズムにもとづいて環境問題を導入しました。

ソ連経済が行き詰まるなかで、アフガンからの撤兵や核軍縮が必要になってきた。しかし、それを一方的に進めてしまうと、アメリカとのパワーバランスも崩れて世界が不安定化し、国内も混乱する。そこで、「核の均衡」という冷戦時代の安全保障の原理に対して、新たな課題として環境問題を導入したわけです。国家の対立を超えたグローバルな課題として、環境をめぐる安全保障を提起することで、「核の均衡」から環境問題への取り組みを通じた均衡へと緩やかに移行させようとしたわけです。

しかしそれは、アメリカのレーガン・ブッシュ政権からも理解されなかったし、ソ連国内のKGB

や軍部など、既存の体制を守ろうとする勢力からも激しい反発を受けて、混乱を重ねた結果、ソ連は滅亡・解体してしまいました。

では、オバマ政権はどうなるのでしょうか。オバマのシカゴ大学時代の卒論は核軍縮問題でしたし、安全保障の専門家のブレジンスキーがブレインについています。オバマ政権がすすめようとしているグリーン・ニューディールは、投資・雇用の創出という経済問題でもありますが、同時に軍縮も進めようとしています。軍縮・安全保障の問題と、環境問題・経済問題をリンクさせながら、アメリカの政治経済構造を変えていこうとしています。ただし、アメリカには強固な軍産複合体がありますから、それに手をつけようとすると激しい抵抗もあるでしょう。本当にそれができるだろうか。その交渉や妥協の過程では、希望と絶望が厄介な形で結びつくような、奇妙な事態が起こるのではないか、と思うのです。

そして、もう一点のインターネット民主主義で思い出されるのは、二〇〇二年の韓国の大統領選挙で勝利した盧武鉉《ノムヒョン》の戦略です。彼は、選挙戦の当初はまさに泡沫候補だったわけですが、若者を巻きこむインターネット戦略で、小口の資金を集め、草の根の民主主義を導入しながら一気に支持を拡大して、大統領候補になり、ついに当選したわけです。韓国は社会のＩＴ化がそうとうに進んでいますが、選挙についてもこういう新しい現象が見られました。

オバマは、こういう新しいタイプのインターネットの政治戦略を駆使しながら大統領選挙に勝利しました。盧武鉉も民主化運動を支援する弁護士から出発して大統領までなった人ですが、オバマもシカゴのスラム街のソーシャルワーカーの活動から始めて、大統領までのぼりつめた人物ですから、市民運動家が大統領になる道筋としても似通っていますね。

しかし、盧武鉉政権の行方も非常に厄介でした。盧武鉉自身は、脱分断と統一という課題をにらみながら、ポスト冷戦期の政治をかなり自覚的にすすめて、歴史認識の見直しも含めてそうとうに踏みこんだ政策にとりくみました。しかし、やはり韓米同盟がありますから、米軍再編・同盟強化の圧力には抗しきれませんでした。イラク占領にも派兵しましたし、平沢《ピョンテク》で土地を強制収用し、米軍基地を拡張する問題では、アメリカ寄りになってしまった。

抵抗する農民や市民運動家を排除して、米軍基地をつくる側に立ってしまったので、盧武鉉を支持してきた進歩派の勢力も見限って批判しました。冷戦期の軍事政権の流れをひく保守派からは、歴史の見直しなどをめぐって激しく攻撃されます。結局、保守派・進歩派の両方から批判されつづけ、壊滅的に支持率が下がって行き詰まってしまった。

オバマの場合も、これに似たような状況になるのではないか。その鍵は、五〇年代の冷戦時代から強固につくられてきた軍産複合体の政治経済構造をどこまで崩せるかにかかっていると思います。エネルギー政策の転換をふくめて、グリーン・ニューディールの安全保障に緩やかに移行させられるかどうか。そして、インターネットを通じた討議民主主義を導入して支持基盤をひろげながら、軍産複合体の政治経済構造をどこまで切り崩せるか。オバマ政権は幅広い期待を集めて登場しました。一方ではアメリカの政治を変革する希望として賛美する人も多いですが、他方では、ハードな共和党の帝国主義がソフトな民主党の帝国主義に戻るだけではないかとシニカルにも見られます。

私は批判する側に近いのですが、オバマ政権を希望か絶望か二分法で見るよりも、むしろ、希望と絶望がないまぜになっていく厄介な政権ではないかと見ています。絶望を通じて希望が実現してしまうかもしれないし、希望だと思っていたものがさらにひどい状況に吸いこまれてしまうかもしれない。そういう両義的な政権になるのではないか。ルーズベルトやケネディもそうだったように、オバマ政権もそういうものになるだろうと私は見ています。

ここで、金子さんに幾つか問いかけをしながら考えたいのですが、まず一点は、アメリカの覇権が衰退していくあり方についてです。先ほどソ連の崩壊過程の話をしましたが、イギリスの場合は、覇権の衰退にかなりうまく対処できたと言われます。一九世紀には世界最大の帝国だったイギリスが二〇世紀に衰退し、アメリカに覇権が移っていくときに、イギリスは没落しながらもなぜ一定のプレゼンスを保持できたのかについて、「帝国史」研究の方面でさまざまな議論がされていますが、やはり金融の知識とネットワークを持っていたことが大きいと言われます。

一九世紀には産業資本主義ですから、世界各地の植民地から資源を収奪し、イギリスで加工・生産して世界市場で売る。そういう自由貿易で成り立っていた帝国だったわけですが、二〇世紀にかけて金融の帝国に変わっていった。領土としての植民地はしだいに失っても、シティという世界の金融のセンターを持っている。世界経済をめぐる金融の知識とネットワークさえ持っていれば、形を変えてプレゼンスを保ち続けられたわけです。

それに比べて、アメリカは没落の仕方が「下手」なのではないか。ブラジル、中国、インドのような新興国が産業発展をつづけていますが、もしアメリカが新しい世界経済のネットワークのなかで、一つのセンターとして、かつてのイギリスのように再生することができるなら、実はそういうライバルがあらわれても問題ないわけです。ところが今回、過剰に金融に偏った資本主義のグローバリズムをおしすすめて、結局破綻してしまった。かつては、イギリスは緩やかに衰退しながらあるプレゼンスを保てたわけですが、現在のアメリカはその点でどうなのか。今のアメリカの経済改革の可能性や問題点について、何かお考えがあれば、金子さんにお答えいただきたいというのが一点目の質問です。

次は、社会的な人と人との紐帯をいかに再生させるかに関する問題です。年末には「年越し派遣村」のテント村がうまれ、「セーフティーネット」という言葉もポピュラーになって、社会的な紐帯をもう一度評価しようという動きが出てきています。そこにはある希望が芽生えているとは思います。しかし、この二〇年間つづいた新自由主義の嵐のなかで、人と人とのつながり、社会的なものをめぐる感受性や言葉の力が非常に衰えてしまって、そうとうに足腰が弱っている。

かつては、労働者の権利や、相互扶助、平等という理念は当然の前提になっていて、社会主義とは言わなくても、人と人が助けあって社会の紐帯を守っていこうという雰囲気がありました。工場をストライキで占拠したり、自主管理したりということも議論されていたわけです。しかし、今となっては、まったく価値観や感受性が変わってしまった。労働組合は構造改革を妨げる抵抗勢力で、つぶしてしまうべきもの、格好悪いものだというような雰囲気になっています。新自由主義の競争原理のなかで、自己責任で勝ち組として生き残っていこうというようなやり方を十数年も続けてきましたから、社会的な紐帯をめぐる感受性自体が、そうとうにやせ細ってしまいました。

そこで問いかけてみたいのは、たとえば「セーフティーネット」という言葉が持っている感覚についてです。同じ言葉を使っていても、ヨーロッパの場合は、アメリカ型の市場原理主義のような経済とはやはり違いますから、社会的な紐帯を尊重する伝統というものがそれなりに生きている。「社会的」なセーフティーネットという言い方をして、そこにはあるリアリティがあると思うのですが、日本の場合はその感覚がほとんどないわけです。

「セーフティーネット」という言葉は、労働組合や左派の市民運動家、知識人たちも使いますが、保守派も使いますね。安倍晋三のような保守派の政権も、競争から脱落した人が再チャレンジできるように、最低限の「セーフティーネット」を張っておこうと言っていました。ただし、競争に負けて脱落したのは自己責任だという前提のなかで、「セーフティーネット」という言葉が使われている。「セーフティーネット」という言葉自体は、左派も保守派も使う怪しげな言葉になっています。

「ワークシェアリング」という言葉も最近よく使われますが、ヨーロッパでは、労働者の相互扶助的な連帯の感覚のなかで、ワークシェアリングもそれなりに機能する力を持っていますが、日本の場合は、そういう文脈がほとんどない。企業が労働者をクビにせず雇用を守った形をとりながら、労働条件を切り下げていく。そういう文脈で、企業経営の側から盛んに使われる言葉になっています。

このように、「セーフティーネット」や「ワークシェアリング」のような、労働者の連帯や社会的紐帯を支える言葉にもなりうるものが、保守派によって換骨奪胎される面があります。希望の芽生えにもなりうる社会的紐帯を、保守派の簒奪に抗して生き延びさせるにはどうすればいいのか。金子さんは、日本で「セーフティーネット」という言葉をはやらせた最大の貢献者ですから、それについてお考えをお聴きしたいというのが二点目です。

最後の三点目になりますが、「アジア」という言葉についてです。かつては近代や資本主義によって抑圧され、支配され、傷ついたものへの共感をこめて、「アジア」という言葉が使われる感受性がありました。傷ついた「アジア」につながっていかなければならないというような、「アジア」という言葉が背負った文脈が、かつては日本にもありました。

それを、「帝国主義に抵抗するアジア」、あるいは「反近代としてのアジア」というように、スローガンやイデオロギーにしてしまうと怪しくなってしまうわけですが、「近代によって傷を負った存在としてのアジア」というものをめぐって、ある重要な感受性があったわけです。しかし、最近はそういう感覚がなくなってしまって、「東アジア共同体」という言葉を保守派も左派も安易に使います。保守派も市場統合のために「東アジア共同体」をつくろうと語っていて、読売新聞や中曽根康弘も使う。他方で、左派の市民運動家や知識人たちも、アジアとの和解と共生のキーワードとして使います。「アジア」という言葉が持っていた、近代の傷を負った存在というような感覚は払拭されてしまって、市場経済を共有し、分業と交換のネットワークをつくりだす共生と発展の場としての「アジア」というものにすりかえられてしまった。

このような、「アジア」という言葉をめぐる怪しげな同床異夢があるわけですが、金子さんご自身も、藤原帰一さん、山口二郎さんとの共編で『東アジアで生きよう！』（岩波書店）という本を出されています。これはもちろん、金融政策によってどう通貨を安定させるか、通貨の地域統合をどうするか、という具体的な場面でお考えですから、安易なアジア連帯論とは感触も違うだろうと思いますが、キャッチフレーズのように保守派も「東アジア共同体」を語る現状のなかで、「アジア」というものをどう考えればいいのか。この点についても、何かお考えがあればお聴かせいただきたいというのが三点目の質問です。

長くなりましたが、私からのコメントは以上です。

中山　では一度金子さんにリプライをお願いして、それから土佐さんにマイクをお渡ししたいと思います。

金子　貴重なコメントありがとうございます。だんだん終わらなくなるので、急ぎます。

実は、イギリスは六〇年代や七〇年代に、ちょうど一九八〇年代のアメリカと同じように、製造業がどんどん衰退をしていくという問題に突き当たりました。労働党が所得政策をやったりするのですが、ギャンブルの『イギリス衰退一〇〇年史』など、幾つかそういう本が日本でも訳されました。

ここで考えたいのは、イギリスは金融でもっているという話です。イギリスの歴史家というのは、第一次大戦で切れる以外みんな連続しているととらえているので、グローバリズムと住宅バブルに乗ったイギリス経済の「成功」の起源をたどっていき、一時期流行した議論から「ジェントルマン帝国」といった議論がだんだん出ました。そのうち産業革命などなかったというような、歴史家の「転向」まで起きましたが、今後、イギリスの金融資本主義は多分だめになります。

産業がなくなる中でロンドンだけは金融自由化を進めるグローバリズムを背景に金融仲介機能を発

達させるのですが、イギリスの住宅バブルはアメリカ以上の価格上昇が起きており、今、それが急激に落ち始めています。恐らくこれから「失われた十年」になる状況で、ブラウン政権はもたないと思います。

イギリスの保守党は、サッチャー流で新自由主義の先頭を走っていた労働党に対して、完全に環境保護化、環境と再分配を強調する、福祉に優しい保守として対抗するという不思議な構図になってきて、政治もがらっと変わっていくだろうと思われます。今までのロンドンのシティは、金融自由化でサッチャーが先頭を走り、その路線にブレアも乗っかって、バブルで何とかアンソニー・ギデンスのいう「第三の道」でやってきた。これはグローバリゼーションにずっと肯定的で、何で社会学者がこんなものを認めるのかと私はずっと言っていたのですけど――そういうことを言うから嫌われるんですが――、そういう路線が今ようやく破綻したのです。

アメリカも同じで、アメリカの多様性が、どれほど国際的な外交のあり方として現実化するかどうかにかかっているのですが、これは現実論としては、先ほども指摘したとおり難しい面があります。まず、米国はこれまでやってきたツケもあって双子の赤字でユニラテラリズムは実行できないでしょう。それじゃあ、G7じゃなくてG20にして、これらの人びとを本当に参加させて、新しいルールを作りたいかと言えば、実はできるだけＩＭＦに協力させて、既存の体制でやりたいわけです。さりとて、新興国は金を持っており、アメリカ国債も大量に持っていて、これと正面から対決する力は米国にはない。そういう枠組みの中で、G20体制は暴発を抑える装置としてさしあたり機能していると思います。新しい金融規制のルールや、あるいは国際的な秩序、安保理の問題も改革も含めて、アメリカが積極的に譲歩し、国際的に多様な新しい形のガバナンスを再生するという可能性もないわけではない。けれども、当面はそう簡単にはことが進みそうもない。そういう中で、オバマが本当に多様な価値というのをどこまで保てるかが問題です。ずるずると譲歩しながら、とりあえず落ちついていくというシナリオが一番望ましいのですが、うまくいくかどうかは保証の限りではない、というのが現在の私の見方です。

もう一つは、セーフティーネットの件や派遣村も含めて、フロアからの質問でたいへんおもしろいのがあるので紹介します。「今後の括弧付き『恐慌状況』では、きわめて感情的なレベルで、学生から収奪する新自由主義的な大学システムのもとで、さらに前世紀的な正規雇用システムに守られた大学教授、特に批判的知識人は、六〇年代末のように憎悪の対象になりうるし、自らの立場と言葉の関係性が問われている。跳ね返ってくると思うが、そのことをどう自覚し、了解し、処していこうとしているのか、それぞれの先生に伺いたい」。これはすごくいい質問だなと思います。

どうしていい質問かというと、一つは「新自由主義的な大学の中で、正規雇用システムに守られた大学教授」というふうに述べられていますが、実は、大学はもう一般の雇用システムと同じになっているのです。若い院生は博士号を取ってもポスドクで余っていて、有期雇用がすごく増えています。その点でも、いまや日本の大学はアメリカナイズされている。新自由主義者が前世紀的だと攻撃しているのは、ここで槍玉にあがっている特に批判的知識人、つまり、古い大学のシステムで残っている西谷さんとか私のような、意味のない、社会的にはほとんど効用をもたらさない人間で、一方、新しいシステムで生まれてきた人間は、ほとんど批判的知識人ではないのです。米谷さんなどもシーラカンスのような存在で、全体として言えば大学の批判能力は決定的に低下しています。だから、六〇年代末とは全く違った状況になっています。この死に体な私たち批判的知識人がかろうじて残っていると、それがターゲットになるんですね。そう、学界のアルカーイダにされてしまうのですね。

なぜ、これが米谷さんの質問と結び付くかというと、私が思うに、おそらく新自由主義が残っていくとすれば、（丸山眞男は正直言うと嫌いなのですが）丸山眞男の言う「引き下げデモクラシー」としてだと思います。派遣問題が出たときに、格差はないと主張していた人たちは、みんな正規社員が恵まれているんだと主張するのです。官たたきもそうですね。「彼らは雇用が安定しているが、われわれは苦しい」と挙げていくんです。別にオリックスじゃないですけど、「改革利権」でもうかっている人たちとか、全体としてトヨタが膨大に、上場会社二二〇〇社で一〇〇兆円以上の内部留保をためちゃっているとかいう話は全部オミットして、「引き下げデモクラシー」、つまり足を引っ張るデモクラシーとして働いてくるのです。

ここで質問している人は、多分団塊の世代のようなニュアンスで批判をしているのでしょうが、今はもっと新自由主義的な「引き下げデモクラシー」が働いてきて、依然としてそれがずっと強く残り続ける点を見逃しています。おそらくこの経済状況は、今は輸出が垂直落下、フリーフォールのように落ちていますし、実は世界的にも貿易が止まっています。一万ぐらいあったバルチック海運指数が七〇〇とか六〇〇まで落ちていて、もうほとんど貿易が止まっている。貿易信用上のファイナンスも止まっており、航空貨物も四割ぐらい落ちている。このようなかで、日本は小泉「構造改革」の中でますます輸出依存体質になってしまったので、輸出が急激に落ちて、それに伴って鉱工業生産も垂直落下しています。いま中小企業は、この三月（二〇〇九年）に向かってほとんど注文もない、受注が半減している状態です。そういう人たちの声を聞くと、雇用もさらなる悪化が予想されるわけです。そうすると、質問にあるような今後の「恐慌状況」では、六〇年代末とは全く違った逆方向のベクトルで「引き下げデモクラシー」がきいてくる。そういう可能性を私はずっと感じています。学界のアルカーイダにされているので、本当に殺されかねない状況だと思っています。

その一方で、セーフティーネットという議論も保守派がパクっているし、学者がやる自立支援とか、自立をサポートするとかいう進歩派の議論も、全部厚労省がパクっています。社会的セーフティーネットとは、近年の西洋的な文脈では、移民や若い人たちを社会的排除から救うためにサポートする概念なのですが、日本の生活保護はほとんど障害者と高齢者で占められています。そこに文脈抜きに「自立支援」という概念を持ち込めば、いったい何が起きるのか。実は自立支援の名のもとにどんどん負担を負わせて、障害者をもう一回生活保護に逆戻りさせる、せっかく自立をしようとしている人も追い落としていくイデオロギーになっている。私たちが提唱した三位一体改革、地方に税源を、などの主張も、全部財務省の財政再建計画にかすめ取られていくわけです。もともとセーフティーネットという概念は、私が九〇年代の経済戦略会議に対抗して出したのですが、彼らもパクっていく。言葉をめぐるせめぎ合いなんですね。

セーフティーネットは、もともとどこにでもある当たり前の概念で、サーカスのネットです。これは保守派の概念でしたが、あまりに新自由主義がひどいので、保守派のいうセーフティーネットを、おまえらはこれも奪っちゃうのかと批判しました。さらに、それを逆手にとってセーフティーネットが組み込まれていないと市場も機能不全に陥ってしまうのだという、読み変えをして、定義も全部変えました。その定義の中では、ルールを共有することが大事なんです。

しばしば僕を批判する人は僕の本を読んでいなくて、古いセーフティーネット論だと思い込んで、意味転換している部分は読まないわけです。大体金子の本なんか読むと学問が汚れると思っている人が大半ですので。これまでのマルクス主義とは違って、生産手段ではなくルールを共有するという点を強調します。たとえば、言葉はただで誰もが共有しています。ただし、それを利用して利益を得ることは自由なんです。

同じように、年金や健康保険、雇用もそうですけど、すべての人を保障する最低のルールを共有することで、職業を変わろうが、そこで初めて自由が実現できる。自由というのはむき出しではありえない。つまり、他者との依存関係で得られるもので、しかもそれは弱くても享受できる自由ですよね。丸山眞男の本に出てくるような「市民」というのは、マルクス主義者がいう「階級の前衛」とどこかで、近親憎悪の関係にあるように私には思えます。こんなすごいヤツはどこにでもいる人間ではありません。むしろ、普通の人にとっては、他者とルールを共有することで初めて自由な価値が実現できるんだという意味です。ルールの共有が大事だというのにはもちろん、年金が職業別に分立しているなどの、日本的な文脈もあります。日本のセーフティーネットは、健康保険は職業別、年金も職業別になっているために、企業は正社員を雇うとコストが高い。それでみんな、国民健保で済んで、企業が負担しないで済む非正社員にする。セーフティーネットがかえって雇用を分断している状況があるので、それに対する具体的なオルタナティブの概念でもあるわけです。

僕は従来の「共有」概念の対象をルールのそれに置き換えるという考えと、日本的な制度改革の文脈に置き換えるという提起をしたのですが、残念ながら、僕の本を読むと汚れるらしくて、言葉の奪い合いの中でどんどん簒奪されて、僕は古いセーフティーネットを提起した人のままにされています。だから、答える気もしないような批判が結構多いんです。

最後の近代とアジアとの関連については、こう言うと危険きわまりない挑発的な発言と聞こえるかもしれませんが、中国の内陸部に市場のフロンティアがあることを強調したいです。みんな驚くかもしれませんが。これを日中韓共同で開発して、中国の格差問題を解消しながら、私たちはここで食べていこうと言ったら、多分みんな「えっ、大東亜共栄圏みたいだ」と思うでしょうか。

多分、ドイツ人の心の中ではかなりの人たちが戦争を反省していないと思います。しかし、大統領は先頭に立ってお辞儀をして謝罪を繰り返しているんですね。気がついてみると、EU統合になってフランスと敵国で仲良くしながら、憲法改正して海外に兵隊を送り、気がついてみたら、東ヨーロッパはかつてのナチスの大ヨーロッパ圏を実現し、気がついてみるとアメリカにノーを言っている。リアルなポリティクスと本当の意味での理想的な理念が絡み合った、複雑な戦後のドイツのありようを考えると……、私の言っていることは危険な面があることも承知しております。

私たちは、批判の議論としてはもちろん、ずっと良心的であっていいと思います。おそらく僕らは、大河内一男の「暗い谷間の社会政策論」と似た問題に直面しているのだと思います。大河内は、マルクスの経済力の概念を労働力の再生産と読みかえて、その再生産を守るために軍部はこれ以上収奪するなと主張しました。それは、多分後から見ると転向なんですね。しかしそういう汚名を着ても、後退するときの踏みとどまる哲学というのがあると思うのです。セーフティーネットという問題も、アジアとの関係も、そういう要素をはらんでいるのですが、左派的な批判的知識人はリアルなところへは踏み込みません。汚いことはずっと批判しているほうが、気持ちがいいわけです。

私は（自虐的な言い方になってしまいますが）「電波芸者」ですから、あえて微妙な線を綱渡りのように渡ってみたい。その立場からすると、中国の格差はいかんとなる。そこで日中韓とくるわけですが、東アジア人なんているわけもないのだから、もっとリアルなお金もうけで連帯しようよと、それで一緒にみんなウイン・ウインでできたら、これ以上よいことはないのではないかと思うのです。そのためには、戦争や憲法9条問題もありますので、靖国神社に参拝するとか、戦争の反省についてばかなことは言うとかせずに、同じことは繰り返しませんと反省しましょうというスタンスです。

しかし、高橋哲哉さんに怒られたんですよ。「おれは、これでみんなで金もうけしたいんだ」と言ったら、思想的に軽くて「不真面目でけしからん」とか言われて批判されました。それはそれで理解できます。でも、僕は、あるリアルな部分というのは、そうではないのではないかなと思っているのです。反省の上に立ちながら、お互いの関係をどう築いていくか、お互いに利益のある道とは何だろうかというところで、具体的なポリティクスは動いていくだろうし、またそこにコミットすることも必要なのではないかと思っているのです。

中山　見事なお答え、ありがとうございました。では、土佐さんにコメントをお願いいたします。

土佐弘之　土佐です。かなり時間が押していますので、簡潔に質問を二つばかり。すでに先ほどのお答えの中で出てきているので確認ということですけれども、『世界』の論文の最初のセンテンスは、「新自由主義の時代は終わった」ということですが、ほんとうにネオリベは終わったのかという話です。これはちょっと後で説明しながら。

二番目の質問、これは西谷さんの話とも関係するんですが、中国の問題でも出ましたけれど、やはりフロンティアを求めてという話になる。それはやっぱりちょっとまずいんじゃないのという話です。フロンティアなしでは希望を持って生きられないのか。そう言うとまた、「おまえはどうせ大学の教員だからそんなことを言えるんだ」と、後ろから頭を叩かれそうなんですけども、その二つの質問です。

「ネオリベは終わったのか」というのは、今日のシンポの趣旨説明の文章と関連付けてなんですが、二つの壁が崩壊したというたいへん印象的な話がありました。たまたまここ半年間ヨーロッパなどいろんなところを回る機会があって――去年もイスラエル、パレスチナ、米墨ですか、アメリカ・メキシコの国境とかを回っていて――、いわゆるベルリンの壁は化石のように観光名所として残っています。それはそれで象徴的ですけれども、その一方でよく言われるのは、「壁」が一九九〇年代からいろんなところにどんどんできている。典型的なケースは、言うまでもなくイスラエル―パレスチナ間の分離壁で、特にヨルダン河西岸地区ですね。もちろん、今も問題になっているガザもそうです。それ以外にも、リオデジャネイロだとか、いわゆる第三世界のスラム街と金持ち層の「壁」という問題です。あと、もうひとつ象徴的なのが、やはり観光名所になっている、ザクセンハウゼンというベルリン郊外の強制収容所のモデルになったところにも、一部だけ壁があります。

いわゆる「生政治」というもの、つまり、生きることを管理するようなポリティクスというのは、ザクセンハウゼンの壁から米墨国境のティファナとサンディエゴ間の壁とか、そういったいろんなところに壁に象徴されています。つまり、分けて、一方を排除して、安全な人は中に入っていき、危険な連中は外に排除していく。そして越えてきたら撃って殺す。そういう、基本的な構造はあまり変わっていないんじゃないのかなと思います。これからますます大変な状況になってくると、いわゆる排除型社会はだめだと言いながらも、ますますそういう分離の構造が強まってゆるという面があるでしょう。

言うまでもないことですが、一度ビルトインされてしまった制度はなかなか修正がきかないわけです。例えて言うと、われわれの大学は本当にばかげたところなんですけども、イギリスにResearch Assessment Exercise、通称RAEというのがありますが、五年か六年に一度、外部の機関が大学の研究者のパフォーマンスをアセスメントしてランキングをつけるんですね。去年もそれがあって、トップからボトムまでこういう形で傾斜配分をやります。ボトムだとアウトです。君たちは研究者としてはやっていけないよという話になる。だから一生懸命トップ3ぐらいに入ろうとするんですね。

今回、イギリスではケンブリッジ、オックスフォード、LSE（London School of Economics and Political Science）とかがトップ3です。彼らも世界に冠たるイギリスの経済学と自負しているんですけれど、さきほどのお話にもあったように、もうイギリス経済はグチャグチャですね。ところが、ネオリベ的にアセスメントして、クオリティーの高さを維持している経済学そのものが、実際に経済を破壊するという、ものすごく自己矛盾的なシステムが完全にビルトインされている。でも、それをやめようという人は誰もいないんですね。

多分日本の大学行政はそのイギリスを真似してランク付けを導入し、グローバルCOEだ、何だかんだというイベントで傾斜配分をしている。とくに人文社会系がほとんどそういう形で壊滅状態になっていく。とくにエコノミクスが一番、まさに自爆テロ的な仕組みをシステムの中にビルトインしてしまっている。そういう意味では、ネオリベの時代は全然終わっていないというか、大変なことになってしまっているのではないのか、という問題があります。その点についてどういうふうに思われるのか、ということが第一点。

ついでに言うと、そういう状況の中で、さきほどから話題になっているセーフティーネットもそうですけど、オルタナティブの制度をめぐっての社会闘争というのがこれからたいへん重要になってくると思いますが、ひるがえって見て、日本の場合はこの一〇年、二〇年間たいへん希望のない状況だったということは確認したほうがいいでしょう。

あるところにも書きましたが、日本と欧米諸国で労働争議の件数その他を比べてみると、日本は一九九〇年代に突出してゼロに近いところに入ってしまったんですね。フランスなどはまだまがりなりに、交通機関をはじめ労組ゼネストが打てる状況にある。それがいいかどうかは別にして、そういう力がある。日本では完全になくなってしまった。

さきほど、非正規雇用の組織化の動きがあるということが言われましたけれども、グラムシ的な言い方をすれば、ある意味での受動的革命をここまで徹底してやってしまった日本が、ポスト・ネオリベラリズムの時代をどういうふうに立て直すことができるのかというのも問題です。「ポチ」の話も出ましたが、安全保障面とネオリベ政策すべての面で「ポチ」の日本が、「ポチ」にも抵抗の魂があるんだということが言えるのかどうか、というところをちょっとお聞かせいただけたらと思います。

二つ目は、さきほどのフロンティアなしでも希望を持って生きられるかどうか。時間がないようなので、このへんにしておきます。

金子　わかりました。新自由主義は終わったかという問題ですが、経済学はまさにおっしゃるとおりの実態で、メリットクラシー（成果主義）が完全に整っており、アメリカを中心にした5大ジャーナルがあって、それに論文が載るといちばん点数が高くて、中身はともあれ、そういう序列に従って教員が評価される仕組みがどんどん入ってきています。私はアルカイーダですので、評価は圧倒的に低いんですが。

私がグリーン・ニューディールを持ち出したのは、国の政策、減税とか、規制緩和とか、民営化とかいう政策は、これからおそらく主流ではなくなっていくという意味で、新自由主義の時代が終わったという、政策次元の話です。しかしそれを支えていたイデオロギーとしての経済学は、依然として制度化されており、今、土佐先生がおっしゃったとおりで、制度化された経済学はしばらくの間ひとり歩きをし続けると思われます。

だから、多くの現実が説明といかにずれていっても、学術誌などで正当化されていく経済学の傾向はなかなか転換しない。したがって、私も滅びゆくオオサンショウウオのような状態に陥る可能性がひじょうに高いと思っています。神野直彦先生も一緒にやっていますが、神野先生も、本を書くたびに遺書を書いているような気分だと、大学院生の前で何度か言っています。本当にそういう気分です。世の中は変わっているけど、制度化された経済学は慣性の力でずっと永続していくので、現実とは全くずれた形で続いてゆくと思われます。

同時に、そういう人たちのイデオロギーは、たとえ政策の前面から消えても、人々の感情とか世論とかいうレベルで、まさにポストモダン思想の言い草ではないですが、ミクロな権力として言説の中に埋め込まれていく。さきほどの「引き下げデモクラシー」が一つの典型ですね。

もう一つ、市場原理主義は、リーダーたちにとってたいへんに都合のいい道具です。これはちょうど、医者の世界で作為の過失と不作為の過失といわれるものの区別に関わっています。私は児玉龍彦氏と一緒に『逆システム学』という方法論の本を書きましたが、医療行為にも、われわれの経済学にも同じように、不作為の過失というものがあります。作為、たとえば手術をすると危険がある、薬を使うと猛烈な副作用があるという場合があります。しかし危険を承知で手術にトライし、副作用をなるたけ少なくするようにコントロールしようとして、でも、失敗して患者が死んだとしましょう。すると、作為の責任はデータも残るし、問いやすいのです。しかし、危険だから手術をしなかった、危険だからこの薬を使わなかったという不作為の責任は問われにくい。市場原理主義とはまさにそういうものなのです。

何にもしないで、市場に任せるわけです。トップが責任をとりたくない無責任な体制にはぴったりです。何にも戦略を考えられないおバカな人でも、「市場に任せるんだ」と言って胸を張っていればいいわけだから。神様にお願いすればいいと言っているのと同じで、何も考える必要がない。経済成長があれば規制緩和のおかげ、成長が頓挫すると規制緩和が足りないからと、カール・ポパーのいう反証不可能な命題を繰り返しているわけです。もっとわかりやすく言うと、交通事故に当たれば信心が足りない、宝くじに当たれば信心のおかげと言っているのと変わらない。それはイデオロギーとしては非常に好都合で、だからこの国の無責任体制と市場原理主義が根強く結び付くのです。

次に、中国に関して「フロンティア」といったのは、すごく挑発的な言い方でまずいんじゃないかと言われますと、そのとおりですが、実は中国自身のリスクはすごく高いということも、われわれは考えなければいけない。つまり、そのリスクの共有として考えなきゃいけないということです。中国も去年の一二月に成長率が六・八まで落ちています。この前も南の華南地方の深圳《しんせん》に行ってきましたが、不動産バブルの崩壊が怖いのは、株のバブルと違って銀行部門が貸し付けているから、金融システムに影響が来るという点です。ここは労働集約型の産業が集中していて、バーベキューコンロのメーカーとか、靴のメーカーとか、そういう単品メーカーがたくさんある。町ごと五千人ぐらい雇っている工場があって、周りがずっと町工場になっているので、町が壊滅しかねない状況があります。

内陸部から農民工が一億数千万人出てきていますが、彼らは全く無権利状態で、これがどんどん首を切られているという状態になっています。もちろん治安問題もありますが、さらにこういう中での格差の問題がある。貿易がどんどん落ちてきている中で、中国の貿易黒字がなくなってきてアメリカの国債を買う余力がなくなってくると、国際的な秩序にも影響を与えてくるということです。

そういう東アジアの中で、構造改革の結果、輸出依存になってしまった日本としては、アメリカへの輸出がだめになった上に、最大の輸出国の中国その他中華圏がだめになると、壊滅的な打撃を受けかねない。「フロンティア」という言い方は挑発的だったとしても、お互いにとって関係のすごく密なところで、リスクが高い中でも、アジアの内部でなんとか経済の安定を保っていくという、共通のリスクを克服するという課題があると思います。為替レートの不安定化も、もちろん中国がドルを支えられなくなれば出てきます。われわれは共通のアジアの枠組みをどうするか、当然考えざるを得ません。金融はアメリカですが、実物経済はアメリカよりもむしろ中国への依存がたいへん高くなっているという状態で、われわれ自身がどういうふうにリスクをシェアするか、という問題です。

最大の質問は、「日本は暗過ぎないか。何かオルタナティブはないのか」というご質問でしたが、実はいま述べたことと裏表です。この国は構造改革の間違いをまず総括することが重要です。構造改革のコアは「金融立国」という産業戦略だったのですが、これはもうない。では何で食っていくかという戦略を立てなければなりません。その上、ゼロ金利を続け、円安を誘導して輸出ばかり伸ばした。また規制緩和や福祉の支出をカットして格差だらけにして、個人間格差だけでなく地域格差も含めて、内需が盛り上がらない状態になっています。ますます外需ばかりになっている構造を、どうやって変えていくか。もちろん内需のない状況を変えていくためには、格差是正のため、雇用や社会保障を充実させていかなければいけない。しかし、雇用を守るだけでは再分配だけだから限界がある。むしろ雇用を作り出さなければいけない。そういう時に貿易赤字になっているという弱点があるので、その弱みを強みに変えていく攻めの戦略がないとだめなわけです。雇用を作る政策は弱いところからカウンターアタックしなければいけません。この世界金融危機で、その弱点が垣間見えてきました。

皆さんは、中学校、高校でこの国は貿易立国だと習ったはずです。工業製品を輸出し、貿易黒字を稼いで、エネルギーや食料や原材料を買う、と習ってきたと思いますが、この考えは、成り立たない瞬間が見えてきたのです。去年の夏から、日本が貿易赤字状態になったことです。もしこの低迷が続くならば、あるいは将来再び訪れたなら、この国は基盤から崩壊しかねないのです。

エネルギーを自給するために、グリーン・ニューディールももちろん先頭になってやるべきだし、アメリカを抜かなきゃいけないし、グローバルなルールを作るのに参画しなければならない。エンジンはモーターに変え、建物の構造は断熱化してエネルギーを自給し、東京へ降り立ったら屋根はみんな太陽電池が張ってある、送配電網は蓄電を含めたスマートグリッドを軸にした双方向のネットワーク型になります。新しい需要や雇用を考えてゆくと、エネルギーの転換がいちばん波及効果が高いわけです。

もちろん他方で、農業も重要です。僕は、『食から立て直す旅』という企画で中山間地の零細農業を見て回ってきました。西谷さんのように頭の中で話をつくれるほど能がないので、現場主義で現場をまず見る。そうすると、第六次産業が進んでいることがわかってきます。一次産業の農業だけでなく、二次産業の加工や三次産業の流通を握っていくようなタイプの、地域という面としての農業の新しいあり方が生まれています。

最近感動したのは、鹿児島のカライモケーキです。地元産のサツマイモに生クリームをまぜたケーキがスチュワーデスに大人気みたいなようで、百人の雇用の工場が建つ。そんなふうに、もう一回大地から再生したりするように、一からやり直して産業をつくり直していく。その意味でエネルギーと食料という経済の最も基盤的なところから循環型で自給するシステムを作り、そこから経済を展開し直す必要があると思うんですね。

もちろん、それだけでは十分ではありません。少子高齢化という別の弱点にも日本は直面していきます。ゲノム創薬だって、がんの薬をつくったら、今のように三人に一人はがんで死んでいく状況では、すぐロットが確保できる。死人で商売するのはまずいですけど、これは生かすわけですし、必ず産業になります。規模の経済が働いてコストが減っていくので、そういうニーズの高い分野ほどいいわけです。

このように新しい産業戦略は、まず日本の経済や社会の弱いところを立て直す形でコアを固める方向をとるべきでしょう。もちろん守りは、きちんとしなければ内需はうまれてきません。雇用や、年金の一元化とか、健康保険、医療ももちろんそうですけど、議論のポイントは消費税か歳出削減かではありません。所得再配分的な課税、環境税など、さまざまな収入を上げながら投資を誘発するような仕組みは、幾らでもあるのです。そういう新しい発想でもう一度やっていくことが大事ですね。

そしてもちろんそういう中で、外需に依存していた部分を内需ですべてカバーできるわけではないから、もう一度アジアでリスクをシェアするという枠組みの中で、われわれ自身がウイン・ウインの関係で相互の貿易関係を維持拡大しながら、お互いに生きていける新しい道を探っていく。そういうことが重要だと思います。ちょっと長くなりましてすみませんでした。

中山　とんでもありません。お答えをいただきながら、見事に展望まで示していただきました。

西谷　もう時間が切れておりますので、簡単に最後のまとめさせていただきます。まずお礼ですが、今のこの世界的危機状況の中で、それも経済はいまでは、その上に立つ政治社会のあらゆる問題を規制していますから、経済の危機というのは最も根深いということですけれども、その混迷の中で新しいアメリカの政権が登場して、そのオバマ政権がどういう役割を果たすのか、あるいはそこに何が期待できるのかということと、最後に「ポチ」の役割についてですね。このにっちもさっちもいかない状況の中で、日本にはそれでもどういう可能性があるのか、というようなところまでお話していただき、今日は金子さんに来ていただいて本当によかったと思っています。

ほとんど現場というものをもたず、頭の中で考えるだけの私からまとめさせていただくと、今日、金子さんがつい「フロンティア」と口走ってしまったのは、実はたぶん私の責任なんですね。というのは、私が『世界』に書いた「アメリカ、異形の制度空間」という論文のなかでちょっと強調してしまったわけです。オバマは黒人問題がアメリカの原罪だと言いましたが、でも、実はアメリカの原罪というのは、本当のところ「自由」という概念そのものに凝縮されているんですね。ヨーロッパ人が「発見」したところに、「自由」に移住して、「自由」に建国してしまったということが、実はアメリカの原罪なのです。つまり、人が住んでいるところを「誰も持ち主のいない無主の土地」と決めつけて、そこへ行けば「自由」に振る舞えると主張して作り上げたのが「アメリカ」と呼ばれる世界だったたのですから。結局、アメリカの「自由」というのは、基本的に人を抹消しないと成り立たないものだったということです。そして、他者を締め出し抹消するその境界が「フロンティア」と呼ばれたわけです。その意味ではアメリカは、イスラエルと全く同じ構造を持っていたわけです。

その原罪を忘れ、帳消しにするためにはどうするか。全世界を自分たちと同じにすればいい。つまり、こういう「自由」のレジームを世界に広めればいい。そうすれば、アメリカは未来を先取りした理想の国だということになります。そういう衝動からアメリカは逃れられない、そういうことを私は書いたんですね。そうしたら、その運動の破綻が明らかになったちょうどそのときに、オバマ大統領が登場してきた。だから、彼の役割には大変つらいものがあるなと、はた目では思うわけです。

ひとつエピソードですけれども、私は今ちょうど開設されたばかりのフランスのナント高等研究所というところに行っているんですが、ここにアメリカからもけっこう知られた研究者が二人ばかり来ています。ある日、下の階で開設記念の催しがあったんですが、ちょうどその日の午後六時にオバマの就任演説が重なっていました。そうしたら、彼らは自分たちの研究室の扉を開けっ放しにして、オバマの演説のインターネット中継を見せながら、すごくはしゃいでわれわれを呼び込もうとするんです。「ほら、オバマの演説だ」とか言って。だから私は、「それは君らの大統領だろう、勝手にやってくれ、私は下の集まりに行く」と言って断ったんですね。

そんなふうに、アメリカの中では確かに多くの人が喜んでいる。金子さんも言っていたようにオバマは混血で、本当にあれを黒人と言っていいかどうかわからない。だから、オバマが当選しても、別にアメリカ社会の奴隷制に対する歴史のトラウマに直接は触れないわけです。もちろん、夫人のミシェルさんがいる。あの人は立派な奴隷の子孫ですから、あの人がホワイトハウスで子どもを育てるということ、そしてみんなでホワイトハウスに手をつないで入っていくのを見たら、やっぱり苦労してきた黒人の人たちは涙を流すでしょう。その気持ちはとてもよくわかる。オバマの当選でアメリカ国内にかなりのカタルシスがあったというのは確かでしょう。ただ、それはアメリカ国内の話であって、われわれがアメリカの大統領を選んでいるわけではないし、それでアメリカ国家の姿勢が変わるわけではないでしょう。アメリカが「自由」の国だというときのその「自由」は、中身が入れ替わって先ほど金子さんが言ったような軟らかく優しい「自由」になるわけではない。アメリカ国家は、インディアン殲滅の上にしか「自由」が成立しなかったというそのことを反省しない限り変わらないでしょう。となると、オバマが大統領になったというのは、そういう「自由」のレジームの上に立つということなのだから、その限りでは、オバマだろうが誰だろうが、世界は別にアメリカに何の期待も持てないわけです。ところが、世界中がオバマの演説を聴いていて、そういう意味では世界中みんなアメリカ人の気分になってしまっている。そこが倒錯のもとなんですね。だって、あれはアメリカの話でしょう。われわれの大統領じゃない。それを、みんなアメリカ人みたいに受け入れて喜んだりしている。それがまた世界に誤解を広めるということになっていると思うんですね。

それに、オバマのような大統領が誕生したのは、アメリカという国ができて二百数十年たち、この国が「自由」を国外にまで展開して発展し、ついに世界の覇権国になったあげくに、その絶頂で「自由」に振る舞いすぎて他所にまで「自由」を押し付けようとして自滅崩壊していくまさにそのときなんですね。そういうときにしか、キング牧師の夢は果たされなかった。それも、コリン・パウエルやミシェル夫人ではなくて、奴隷制とじかの関係がないオバマが大統領になるという形で、そして、世界中がもはやアメリカに夢を託せない、誰もアメリカに夢を見ないというときになってしか「夢」が実現されなかった。私はそれを「まがいものの夢」と言うんですが（『現代思想』二〇〇九年二月号、土佐弘之との同題の対談を参照）、これは白々した冷めた現実ですね。そういう冷めた現実に、世界は直面しているというのが現状だと思います。そしてその「夢」というのを、同時に資本主義の大転換と考えれば、アメリカというものが登場してからの世界、この二百数十年の歴史の一つの転機が今来ているということだと思うわけです。

金子さんが最後にふれた、市場に任せればいいという市場主義の無責任の話でふと思ったのは、産業システムのことなんですね。インダストリーをベースにした経済のシステムは、一方で徹底的に自然にもたれるということであり――原料もエネルギーも自然から採るわけで――、他方で経済としてのシステムの回転は市場に任せるということであるにもかかわらず、それを人間の智恵や工夫のたまものだと考えて――それをインダストリーというわけですが――持ち上げてきたことにそもそもの倒錯があります。結局のところインダストリーというのはまったく自立などしていないのに、あたかも人間の自立を示すやり方であるかのようにして、そのうえこれが全能であるかのように思い込んで、もたれたり投げたりする局面に目を塞いできた、それがここへきてとうとう破綻してしまったというわけです。自立というのを「自由」と言い換えてもいいわけですが、産業＝インダストリーこそがその「自由」の発展を支えてもきました。しかし、それの秘密が、「任せる」というか、「神のまにまに」ということだったということがここに来て露呈したということですね。

だとしたら、これからはほんとうに全部工夫していかなくてはいけない。地域がばらばらだったらそれを組み直していかなければならないし、グローバルにはこれだけ絡み合っていたらほんとうに世界中一蓮托生ですから、その一蓮托生の中で、フロンティアはなくなったとしても、そこにもう一度蒔き直し（ニューディール？）をやって、とにかく動きを作り出していかないとみんなが倒れてしまう。そんな状況で、初めて今までと違う形で物をつくる、つくるものを工夫して考え出す、それも、あまりメジャーでないものを工夫してつくり出し、どうやって売るかということまで考えていかなくてはいけない。

「インダストリー」というのは、もともとラテン語で「人の工夫」とかを意味する言葉のようですけれど、ここからが本当に人間が、その依存を念頭に自分の世界をコントロールしていかなくてはいけないという場面です。社会主義はまた他の幻想でだめになったけれども、この段階で全能と思われた自由放任もまただめ。そうしたら、ここでこそ真の意味での「インダストリー」、創意工夫をやって、この社会、この世界を再組織していかないと、われわれには未来がないという状態に立ち至っているんだということを、今日の金子‐アルカイーダの熱いメッセージを聞きながら感じさせていただきました。それと、私たち学者はたしかに勝手にこういうことをやっていられるとも言われますが、だからこそ、今起きていることを批判的に理解するというありがたがられない習性をもつ現代の絶滅危惧種として、排除され息絶えるまではなんとかこういう作業を続けていきたいと思っております。

今日は本当に皆さんどうもありがとうございました。（拍手）

III 〝経済〟を審問する

講演主旨

反‐功利主義と贈与のパラダイム　アラン・カイエ

ここで社会科学の学際的雑誌　La Revue du M.A.U.S.S.（社会科学における反功利主義運動、www. revuedumauss. com）を発刊している学術的研究の概要を説明したい。この雑誌は、社会科学における、「経済モデル」と呼ばれるものの圧倒的な発展とその支配的傾向へのリアクションとして、経済学者と社会学者によって、一九八一年に創刊された。一九六〇年代、特にシカゴ学派とゲーリー・ベッカー（あるいはハイエク）の著作によって、経済学者は合理的行為（あるいは合理的選択）理論 Rational Action (or Choice) Theory が市場と貨幣交換の場で起きることだけでなく、学習、結婚、愛、犯罪などといった、あらゆる社会的行為を説明するために適用できるとみなし始めた。そして、さらに驚くべきことに、社会学をはじめとする別の分野の社会科学が同時に、この学説に大いに与したのだ。実際、経済学の従来の範囲を超えたこの拡大は、今日の学術的経済科学の場と同様に、現実の世界においても、我が物顔のネオ・リベラリズムの前触れであり、起点でもあった。

では、どうすればこの経済モデルの支配に理論的レベルで批判できるのか。1、この経済モデルの根底にあるホモ・エコノミクスという人間観が、より広範にわたりいくらか昔の人類学と哲学が濃縮・結晶したものであることを示す。2、次に、この功利主義ビジョンにどう対抗できるか？　われわれの主な知的源泉は、フランスの人類学者マルセル・モースによって、一九二三―二四年になされた発見に見出せると私は信じている。その発見とは、原始社会は契約と商業的交換に拠るのではなく、彼が贈与と呼ぶところのもの、より正確には、与える・受け取る・返すという三重の責務に拠っているということだ。

この小論では、功利主義と贈与がいかに定義できるかを説明する。

より広範には、ポリティカル・エコノミーと社会学の歴史的、認識論的関係を説明したい。その結論とは、経済と社会学を別の学問領域と考えるのではなく、併せて考えるべき総合的社会科学の一部であると考えたほうがいいということである。

1　功利主義

教義というものは、しばしば極めて多様に理解される。だから、たとえばマルクスは、時にヘーゲリアン、あるいはスピノジスト、ベルグソニアン、フッサーリアンなどと言われてきた。しかし、功利主義の場合には、（可能な）解釈の多様さを考えると、幾分驚愕させられる。

ドイツ、フランス、イタリアでは、ごく最近まで、ほとんど誰も功利主義に興味を抱かなかった。それは空疎で、時代遅れの教義とされてきた。哲学、社会学、経済学の歴史は、功利主義についてほとんど言及してこなかった。時折、ジェレミ・ベンサム――功利主義の父として、そして同時に実りのない哲学者とされる——と彼の主著『立法と道徳の原理序説』（一七八九年）の存在を読者に思い出させる程度だ。もう少し立ち入ってみると、以下の先達の名が付け加えられる。スコットランドのモラリスト、フランシス・ハチソン、デイヴィッド・ヒューム、アダム・スミスあるいは、大陸の側ではエルヴェシウス、モーペルテュイ、ベッカリーアがいる——そして、ベンサムの重要で有名な、少なくとも一人の後継者であるジョン・スチュアート・ミルは、『功利主義』（一八六一年）において功利主義者の教義に総合的な定式を与えたとされている。

その領域と関係の中で展開された一九世紀の理論的、政治的論争を思い起こすならば、功利主義に対するあまりの関心の薄さは驚くべきものだ。三つの例を挙げよう。まずニーチェは、パウル・レーの友人だった頃、功利主義者だった。彼がラディカルな反功利主義者となる以前のことだ。しかしそれは、計算および己の幸福のみを望む「最後の人」という功利主義論者を侮蔑し、スティグマ化するような功利主義であった。次に、ハーバート・スペンサーの功利主義的社会学に対抗するために、エミール・デュルケムは社会学におけるフランス学派と『社会学年報』を立ち上げた。三つ目は、ジャン・ジョレスとともに最高潮に達したフランス一九世紀の社会主義が、ベンサムの功利主義とアンビヴァレントな関係のなかで発展したことである。ジョレスは唯物論的合理主義に基づいてベンサムの功利主義に与したが、彼はエゴイズムよりも利他主義（altruism）に重きを置き、それを越えようとした。これはある意味でマルキシズムにもあてはまる。

エゴイズム？　利他主義？　ここでわれわれはこの論争の面倒な核心に達したことになる。ほとんどの経済学者、社会学者は、功利主義の教義を次のように言い表す。まず、アクターは個人とされ、己の幸福と自己利益以外に何も追い求めない。あるいは、そうだと想定される。次に、この自己利益こそが善であり合法だとされる。というのは自己利益以外にはいかなる合理的目標もないからである。三つ目に、この合理的目標は、合理的に追求される。すなわち、彼らの快楽(あるいは彼らの利便性であり、あるいは彼らの好みである)を最大にし、苦痛(あるいは不便性)を最小限にするという方法によってだ。このように理解されることによって功利主義は、その最高の通の一人であるエリ・アレヴィが「エゴイズムの教条」と呼んだものとなり、これは今日「社会科学における経済的モデル」(Philippe Van Parijs)、あるいはより一般的に、「合理的行為者の理論(rational-actor theory)」と呼ばれているものの先行形態以上のものである。これは端的にホモ・エコノミクスの一般理論である。功利主義は、タルコット・パーソンズやアルヴィン・グールドナーにおいてもまた、『社会行為の構造』The Structure of Social Action(1937)や『西洋社会学の来るべき危機』The Coming Crisis of Western Sociology(1970)で、このように了解されている。彼らにとっては、デュルケムやマックス・ウェーバーにとってと同様、社会学は反-功利主義と考えられなければならない。すなわち社会学とは、現実と利益計算の重要性を認識する理論的言説である。だがしかし、それは社会的行為の全体が道具的理性 instrumental rationality に還元されうる、あるいはされるべきだという見解を拒否する言説である。

しかし、事を難しくさせているのは、アングロ・サクソンの道徳哲学のメインストリーム——J・S ミルから始まり、ジョン・ロールズ、H・シジウィックを経由し、G・ムーア或いはJ・C・ハルサニへ——が功利主義を踏襲して発展してきたということである。しかし彼らは、ベンサムによって公式化された功利主義的正義の原則――すなわちまさに、最大多数の最大幸福――ほどには、合理的エゴイズムの基本原理を重要視しなかった。結論は容易に推測されうる。つまり、もし私が公正で道徳的に何ら欠陥がなければ、私は公共の幸福のために自己利益を犠牲にしなければならないかもしれない。「エゴイズムの教条」と目された功利主義は、突然利他主義への口実に変わる。あるいは、犠牲となることへの口実にすらなる。これがまさに、ジョン・ロールズが功利主義の正義ではない、異なった正義の原則を形成しようとした理由である。功利主義者のいう正義とは、最大多数の利益のために個人的自由を犠牲とするという主張を妨げるものであった。彼は成功したのか、と誰かが問うかもしれない。だが、それはまた別の話だ。

エゴイズム？　利他主義？　ホモ・エコノミクスは必然的に利己的なのか？　ゲーリー・ベッカーは答えている。これは常に合理的行為者の理論を布告するというわけではない。諸個人の満足は他者の満足を最大化することをも含意する。彼らのことを利他的エゴイストと呼んでいいのかもしれない。ここに来てわれわれは、功利主義の真の本性をめぐる議論が、謎と神秘に満ちていることを認識しはじめる。その説明として紙面の都合上、5つのテーゼを挙げるのみにしたい。

1　功利主義とは、実証的なものと規範的なものという二つの主張のパラドキシカルで、おそらくは不可能な結合によって定義されうる。実証的な主張（事実に関するもの about what is）は、アクターが、自己の利益に関心を持ち、合理的に計算する諸個人であるとみなす。規範的な主張（当為に関するもの about what ought to be）は、功利主義とはまさに、最大多数に対する最大限に可能な幸福を獲得することを認めるものなのだと言う。
2　最大限に可能な幸福と個人の自己利害との調停を、契約と自由市場を通じて達成しうると弁護する諸理論は、緩やかな意味での功利主義と捉えうる。これに対して法の制定に関するベンサムの理論のような場合、これは諸々の欲望を報償と処罰によって操作する、合理的な立法者の行為を通じてのみ、この両者の調停が可能となると信ずるものであり――エリ・アレヴィが「利害の人為的調整」と呼んだものを実現するものとなる――、こうした理論は厳格な意味での功利主義と言いうる。
3　もし「功利主義」という単語自体は最近のものであるとしても、功利主義の二つの基本原則（事実と当為に関する）は、ヨーロッパ哲学と同じくらい古いものである（中国の思想に関して論じてはいないが、法家 legist school を参照）。西洋哲学の歴史は、功利主義と反功利主義的定式の間の、絶えず刷新されてきた闘争として読まれうる。
4　功利主義は道具的理性として捉えられ、道徳および政治哲学の全体に拡張されたときには、実践理性の理論となる。経済的理論としての功利主義は、これが備えていた実証的な側面が結晶したものとみなしうる。
5　功利主義と合理的行為者の理論に対する批判を続けるためには、マルセル・モースによって発見された、社会的諸関係に於ける贈与の中心的位置を真剣に取り上げねばならないだろう。

2 贈与

マルセル・モース――デュルケムの甥であり、知的後継者――がL'Annee sociologique誌にEssai sur le don（邦訳『贈与論』）を掲載した一九二三、二四年以降、儀式的な贈与行為の探求が、民族学者の主な仕事になった。しかし、贈与行為が原始社会にのみ関係があり、われわれの社会の間では消滅したものと信じるのは、大きな過ちだろう。マルセル・モースが示したように、少なくとも一定数の原始社会、古代社会において、基本的な社会の規範を形成しているところの贈与の義務――あるいはより正確に、与える・受け取る・返すという三つの責務――とは、互酬原則の具体的な一面である。互酬原則はレヴィ・ストロースによって基本的な人類学の原則として確立され、カール・ポランニーによって市場と再分配の鋭い対比の場を用意された。もし経済社会学が盛んになりうるとするならば、これは必然的に、市場の論理、再分配のヒエラルキーや互酬的贈与が、今日の経済的実践のそれぞれの事例に対して果たしている、それぞれの役割を問うことになるだろう。経済社会学の特殊なケースを越えて、贈与関係の理論は一般的な社会学の理論に拠るしかないと言える。

マルセル・モースの本質的な発見は、第一の社会（この一般化は私のもので、モースはより注意深い）と呼ぶところにおいて、社会的紐帯は契約、物々交換あるいは市場での交換をベースにするのではなく、気前のよさを誇示するという競争心の責務にしたがうことによって打ち立てられる。原始的贈与行為は、キリスト教的慈善とは何ら関係ない。それは攻撃性とアンビヴァレンスに満ちた闘争的贈与agonistic gift である。経済的に節約することではなく、消費と乱費といえるほどの行為であり、最も価値あるものを失うことを受け入れることにより名声を高め、地位獲得を可能にする実践である。この発見は、もちろん経済理論の重要な仮定に対する大いなる挑戦であり、マルセル・モースが書いたように「ホモ・エコノミクスはわれわれ以前のものではなく、われわれの後のものである」ことを示している。ホモ・エコノミクスは、経済学者が考えるような自然性の性格を完全に欠いている。与え・受け取り・返される（対抗贈与 counter-given）物は、総じて全く功利的な価値を持っていない。それらは、（関係が）逆転化することもありうるが決して清算されることのない終わりなき負債の循環を作動させることを通して、彼らが作り出し、育む社会関係のシンボルとしてのみ価値を持つ。贈与はシンボルであり、互酬的（報復的）なものである。循環する贈与は、ポジティヴな面、つまり利益だけでなく、悪事、侮辱、不正、報復、誘惑といったネガティヴな面も同時に有している。クワキウトル・インディアン（カナダ北西海岸地域）のポトラッチ（potlatch）とトロブリアンド諸島のクラ交易（kula）がこの種の贈与で、よく知られている。

今日、クリスマスや誕生日の贈り物とは程遠いこうした原始世界の贈り物として、何が残っているだろうか。どうやらそんなに多くはないようだが、とにかくわれわれの贈り物の概念は、二〇〇〇年に及ぶキリスト教（さらに全ての偉大な宗教は、アルカイックな贈与という原始的システムが全般的に変容した結果として解釈されるべきだ）によって改められ、作り直された。だが、より詳細に見れば、大量の物品とサービスは、未だに贈与の原則を通して循環しているようだ。Titmus の『贈与関係』（The Gift Relationship）以降、最もよく知られているのは、献血者のケースである。ジャック・ゴドブーは近代的贈与の真の特異性が、他者への贈り物となりうることを示した。より一般的に、贈与の義務は、「主要な社会」（つまり、顔の見える関係）の根本的な規範を未だに残していると仮定することが可能だ。そして、「副次的社会性」――つまり原則的に非人格的な法律によって支配された市場、国家、科学の社会性――の局面においても、贈与、受け取り、互酬の義務は未だ問題である。市場やヒエラルキーに従属するが、それでもなおその役割は決定的である。

マルセル・モースの贈与の発見と新しい経済社会学の連結は、明確に見て取れる。マーク・グラノヴェッターが説いたように、社会行為を理解する鍵は、支配的な全体論的 holistic 規範でも、個人の合理性にでもなく、ネットワーク、あるいはより正確には、ネットワークへの参加者が分け持つ信頼のうちに見出されるべきである。これは全面的に正しいが、さらに付け加えられねばならないことがある。それは、ネットワークというものは贈与によって作り出され、またネットワークによって育まれた贈与の刷新を通じて存在しているということである。ネットワークの関係は、贈与の関係である（最初の重要なネットワークに関する研究は、B・マリノフスキーによって記されたクラ交易であった）。

しかし、われわれはもう少し先に踏み出せる。それは可能であるし、さらにはもしM.A.U.S.S.グループとMAUSS雑誌を信頼するなら義務的ですらある一歩である。M.A.U.S.S.は、デュルケム、ウェーバー、マルクスあるいはパレートによって共有された反功利主義の思考に横たわる社会学の特異性という考え方を提言している。しかし、原則に基づいた反功利主義は、マルセル・モースの贈与の発見の根本と私が贈与のパラダイムと呼ぶところのものを真剣に鑑みたときにのみ十全な意味を成しうる。原始贈与の研究を通して、マルセル・モースが示したのは、社会的行為というものは合理的行為理論に支配された個人と合理的自己利益によってのみ形成されるのではなく、根源的な（私が「愛想よさ」aimanceと呼ぶところの）共感によって形成されるということである。また、マルセル・モースはこの自己利益と共感との間の緊張関係は、さらに義務と自由という別の緊張関係に交差するということを示した。贈与への義務は、自由になることと、自由になるよう他者を義務付けるというパラドキシカルな義務でもある。社会的紐帯は合理的利害関心に始まるのでも、世界を覆う普遍の法でもない。個人主義的、全体論的holisticパラダイムに基づいて正しく解釈されるというものでもない。それは協調と連携のロジックによって打ち立てられる。モース主義者のいう贈与とは、政治的贈与である。それは歴史ある深遠な思考であり、宗教によって制定された。今日それは、最も進んだ形を代表する民主的理想である。

ラウンド・テーブル

〝経済〟を審問する――MAUSSとともに

中山智香子　これよりフランス、パリ第10大学、アラン・カイエさんをお招きした企画、「経済を審問する（Dé-penser l'économique）」の二日目、ラウンド・テーブルを始めさせていただきます。司会を務めます東京外国語大学の中山です。よろしくお願いいたします。

こちらがアラン・カイエさんです。（拍手）カイエさんには昨晩ご講演をいただきました。残念ながらご参加いただけなかった皆様には、資料の中に講演要旨がございますので、後ほどそちらをご参照いただければと思います。本日は、カイエさんを囲んでそのお仕事について伺いながら、少し踏み込んだ議論をしていきたいと考えております。

それではまず、ラウンド・テーブルの論者の方々をご紹介しながら、皆様から一言ずついただきたいと思います。ひとつお知らせですが、神戸大学の土佐弘之さんが、残念ながらご参加いただけなくなりました。しかし本日は、社会思想史、経済思想史の分野で重要なお仕事をされている長尾伸一さんをゲストにお迎えすることができました。では長尾さんから一言いただきましょう。

長尾伸一　名古屋大学の長尾と申します。今日呼ばれたのは、恐らく今企画しておりますドイツでの環境政策にかかわるような仕事のためかと思いますけれども、本来、私の仕事は、一八世紀のニュートン主義というようなものと社会科学との関わり、とりわけアダム・スミスとか、経済思想との関係を研究しております。

中山　次に、立命館大学の渡辺公三さんです。

渡辺公三　渡辺と申します。私は人類学の分野で仕事をしております。もともとアフリカ研究から始めたんですが、九〇年代に行っていたザイールという国が政情不安に陥って、その後は文科省から行ってはいけないと言われるようになりまして、そもそも自分がやってきた人類学というのはどういう背景から生まれてきたのだろうかといった問いに直面して、人類学の歴史についていろいろ考えるようになりました。最近はレヴィ＝ストロース以来の構造主義といわれるものについていろいろ考えながら、そこからさらに遡って、マルセル・モースが築いた人類学の基礎というのはどういうものだったのかといったことについて考えております。宣伝というわけではありませんが、隣におられる真島さんと一緒に、現在、モースの主要著作を新訳で刊行するという計画を進めております。

中山　ありがとうございます。次に東京外国語大学、真島一郎さんです。

真島一郎　真島と申します。私もフランス語圏の西アフリカ、特にコートディヴォワールをフィールドにして、そこで文化人類学の研究をしてきました。渡辺さんと似ていますけれども、コートディヴォワールでは九九年にクーデターが勃発し、それから内戦が始まってということで、私もお世話になっている現地の村に今年で一三年間、帰れないでおります。以上です。よろしくお願いします。

中山　次に東京外国語大学の西谷修さんです。今回の企画の責任者です。

西谷修　西谷です。よろしくお願いします。ついでに、今回の企画の母体をご紹介しておきますと、私と中山さん、真島さん――そのほかにもまだ何人かのメンバーがいるんですが――、私たちでこの三年間、科研プロジェクトで「戦争・経済・メディアから見るグローバル世界秩序の複合的研究」というものを運営しております。その最後のまとめというより、今後につないでゆく企画として、一昨年の世界経済危機の露呈させた問題を掘り下げてみようということで、今回はフランスからアラン・カイエさんをお招きすることにしたわけです。

私個人の簡単な紹介をさせていただきますと、もともとはフランス文学とか思想が専門で、とりわけジョルジュ・バタイユの研究をしてきました。実はそのバタイユという人は、哲学から神秘神学からエロティシズムまでやりながら、そのすべてを一般経済学、エコノミー・ジェネラルという問題系の中で考えようとした人で、そこで提示されたヴィジョンが生産に対する消費の優位ということです。

まさにある意味では今回のテーマになっている「Dé-penser l'économique」というものと、ぴったり重なり合うような発想です。だから、私も、戦争の問題を経て最近あらためて経済の問い直しをやりながら、奇しくも再びバタイユに戻っていると、そういったところです。

中山　さて本日は、この場である日仏会館のフランス事務所の代表、そしてエコノミストでもあるマルク・アンベールさんにラウンドテーブルに着いていただいております。ごあいさつをかねて、アンベールさんからもご発言をいただきたく、よろしくお願いいたします。

マルク・アンベール　発言を許していただいて、ありがとうございます。

西谷修先生がオーガナイズしたこのイベントを日仏会館にお迎えできることを喜びといたします。今回の企画は、この研究グループが何年か前から重要なテーマについて研究されてきて、その最後の段階でアラン・カイエさんをお迎えして議論の場を持つということと理解しております。

これは偶然ですが、この機会は私自身にとりましてもひじょうに貴重なことであります。「社会学年報」にモースの著名な論文が出たのは一九二四、五年だったと思います。じつは、その一九二四年というのは、ちょうどこの東京日仏会館が設立された年でもあります。つまり、モースの「贈与論」と日仏会館の出発というのは同じ年だったということです。

また、西谷さんは昨年、ブルターニュのナント高等研究所に滞在されたそうです。私はそこの所長のアラン・シュピオさんとはたいへん親しいものですから、シュピオさんから西谷さんの噂は聞いておりました。すばらしい研究者なので、日本に戻ったらぜひ日仏会館で一緒に仕事をするようにと言われてきました。

それで、東京に戻ってみると、日仏会館の研究員にイザベル・ジロードゥーがいますが、このイザベルがすでに西谷さんと会っていて、とても興味深い方なのでぜひ会ってくれと言われました。それでお会いすることになり、私のオフィスに西谷さんが見えて、アラン・カイエを招待したいんだけれども、一緒にできないかという提案を受けました。もちろんアランと私は過去にこれまで一緒に仕事をした仲間だという事情もあって、そのアイデアを歓迎したわけです。

私自身、もともとエコノミストなので、こういう問題にはたいへん関心を持っています。いま西谷さんは消費のテーマを強調されましたけれども、しかし富の問題も重要で、私は開発経済という分野で仕事をしておりますが――ここにアフリカ研究者の方も何人かいらっしゃいますね――、そこでも開発経済というのはひじょうに重要です。その中でもやはり富の問題というのは重要なわけです。

私はこの開発経済の研究をする中で、それまでの経済学のやり方に対して強い不満を持つようになりました。特に昨今の金融危機という事態が起こって、問題が一気に顕在化した感があります。一九二九年の大恐慌が起こり、それ以来すばらしい経済学者がたくさん現れたわけですけれども、それにもかかわらず失業の問題というのはなかなか解決できなかったわけです。それから、戦後には、低開発というものがひじょうに大きな問題になり、開発経済はこれに取り組んできました。二〇〇〇年にリスボンで会議があり、そこで、開発経済における「正統と異端」というシンポジウムがありました。それは、支配的な経済理論を「正統と異端」ということで再検討するような会議だったわけですけども、それをフォローアップするような仕事というものができないかと、二〇〇〇年以降、私はそういうことをやってきました。

政策決定を行う政治家たちのもとで、一九二九年以降は、エコノミストたちがいわばギルドのようにして支配的な位置を占めるようになりました。たいへんオリジナルな人もいましたが、特許をとったような経済学者の中に本当に深く考えた人がいるだろうかとも思います。経済学の分野では神々と呼ばれるような人たちがいたわけですけれども、そういう状況の中で一体何ができるのかと考えて、私は友人、同僚と――この異端にもさまざまな潮流がありまして、この異端経済学を中心に、他のさまざまな社会科学の分野の人たちを集めて研究グループをつくりまして、それでMAUSSのアラン・カイエとも連携をしながら研究チームを運営してきたわけです。

そこで、日本の同僚でグローバリゼーションや戦争の問題を研究しているグループが西谷さんを中心にあり、そのグループがアラン・カイエを招聘して、ディスカッションの機会を設けるというので、私はもろ手を挙げて歓迎したわけです。

日仏会館は、そのような日仏の学術的な対話を深めながら、日仏の知識人、あるいはもっと一般公衆を巻き込んだ形での議論に場を提供しております。今、この経済主義、つまりアングロサクソン主導型の経済主義というものが世界中を席巻しているわけですけれども、それにいかにオルタナティブを突きつけていくかということで議論を進めることができるでしょう。ともかく、一昨年来、この危機がわれわれの研究の課題に大きなインパクトを与えてくれたというふうに認識しております。

中山　ありがとうございました。カイエさんにお話しいただく前に話の糸口として、私から少し導入をさせていただきたいと思います。お手元にお配りした二枚の資料をごらんください。一枚は図、もう一枚は字のハンドアウトですが、図の詳しい説明は省略させていただきます。ただ、見ていただくとおわかりいただけるように、一般に経済学と呼ばれますものの中で、主流派の経済学といいますのは、左側の一本のラインに沿ったアングロサクソン系の経済学です。それ以外にも、さまざまな国にさまざまな学派の経済学、経済思想の系譜があり、この図は一九九〇年で終わっていますが、現在までさまざまな学派がひしめき合いながら経済の思想をつくってきております。本日はその中でも特に、右下のほうにあります二〇世紀に入ってからの部分を、詳しく論じていくことになるかと思います。

もう一枚、資料を用意しましたが、本日ここ日本という場でセッションをするにあたって、特に強調しておきたいのは、日本の経済と社会の状況の関係です。日本では、第二次世界大戦後に、ちょうど主流派が経済成長を中心に経済学を考え、そして現実の経済もそれに沿うような形で高度成長を目指していた一時期がありました。ところが、二〇年ぐらいたったところで、それがいろいろな弊害を生むことがわかってきました。つまり、資料にありますように、六〇年代のいわゆる高度成長期まで、ずっと開発志向で進んできたために、さまざまな公害問題が発生したのです。皆様もおそらくご存じの幾つかの公害事件、たとえば水俣病や、新潟県の阿賀野川流域のメチル水銀汚染、四日市のぜんそく、富山県のカドミウムの水質汚染などです。これらが問題化し、裁判も闘われて、公害問題が社会全体に知られるようになりました。そのような流れの中で、経済学者たちも事態を受けとめ始めたのが、七〇年代初めの状況です。たとえば宇沢弘文さんや玉野井芳郎さんなどのエコノミストたちが、オルタナティブな経済の方向はないかと考え始め、やがては「公害問題」という形から「環境問題」という問題の立て方へと少し一般化され、政策的にも環境庁などが設置されるようになります。

一方、これも資料にありますように、経済学に内在的な形でもさまざまな見直しが始められ、現在に至っております。もっとも社会の支配的な状況、また経済政策のレベルでは、特に八〇年代から、新自由主義と呼ばれる政策への大きな転換がありました。それでも、さまざまなオルタナティブの試みが表面に出ることなく、細々と続けられているのが日本の状況ではないかと思います。

これらはおそらく日本に固有のことではなく、世界的な同時性を持っていると思われますので、カイエさんが活動をなさっているフランス、また論者のみなさまがフィールドとされている諸国の状況とも比較しながら、議論を進めたく存じます。それではカイエさんに、昨日のご講演も振り返っていただきつつ、提題をお願いいたします。

アラン・カイエ　ありがとうございます。ここで皆さんと議論できる機会を得たことにとても満足しております。とりわけ、ある種の単一思考、オルタナティブはないと言われてきた単一思考というものに対して、何を作り出すことができるかということについて議論できるということです。昨日もお話したように、ＭＡＵＳＳグループは、社会学、人類学、あるいは政治哲学にまたがる研究者を結集して、経済の単一思考をどうやって抜け出ていくかということを追求してきました。

その単一思考の核心にあるのは、いうまでもなく経済学、科学としての経済学です。それも、とりわけワシントン・コンセンサスに集約的に表現されたような経済学で、これがＩＭＦを通して、規制緩和あるいは民営化といったあらゆる政策を全世界に押し付けてきました。

けれども、この規制緩和という全般化した政策と経済学との間にはどのような関係があるのでしょう。このような政策をリードしてきたのは、いわゆるネオリベラリズム（新自由主義）というものだと言われるのですが、考えてみれば、ここには二つの奇妙なことがあります。

一つは、経済学とワシントン・コンセンサスの間にはあからさまな理論的関係はないように見えるということです。フランスでも自由主義陣営のなかで、たとえばモーリス・アレという学者はワシントン・コンセンサスに反対しています。しかし、ある種の経済学と新自由主義的な経済政策との間には、イデオロギー的な同盟関係のようなものがあるということです。この同盟関係は、ただただ状況的な力関係から出てきたものなのか、それとも、経済学と新自由主義的な政策との間にはともかくも理論的な、あるいは学説的な関係があるのかという問題ですね。

それが一つ目の問題。二つ目はちょっと突拍子のないものです。それはこんなふうに言えるでしょう。つまり、経済学者はほんとうに経済学というものを信じているのかどうか、ということです。この答えはちょっと奇妙で、イエスであると同時にノーということです。これは、「信じる」ということのあり方にも関係してきます。思いつくままに言えば、リュシアン・フェーヴルがルネサンスの時代

について書いているように、ラブレーは神を信じていたのかどうかとか、ポール・ヴェーヌはギリシア人は自分たちの神話を信じていたのか、という問いを立てています。

では、経済学者は経済学をほんとうに信じているのか。わたしはイエスであると同時にノーだと言いました。実際、経済学者たちは経済学のほとんどの命題はすべて反駁されたということを知っています。だから、経済学というのは、経済学の学説に対する反駁から成っていると言ってもいいぐらいです。ですから、どんな経済学説も長持ちしない、そのことを経済学者たちは知っています。しかしそれでも、彼らは自分たちの学問を信じているのです。

たとえば、以前、スティグリッツと奇妙な議論をしたことがあります。最初スティグリッツは、経済学者は誰も「ホモ・エコノミクス」などというものを信じてはいないんだと言いました。しかし、ほかの経済学者が、実験経済学の人ですけれども、実際上人間はだれもホモ・エコノミクスではないと言うと、今度はスティグリッツは、それでも基本的には、人間はホモ・エコノミクスだというのがわれわれの学問の中心的仮定だ、と言うのです。要するに、経済学者には信仰と不信仰との二重の戯れがあるということです。

このことが、今日私たちが集まって議論しようとしているテーマの要所に結びつくだろうと思います。つまり、ただ単に経済学の批判というだけでなく、一般化された経済主義というものの批判にどのように入ってゆくかということ。残念ながら私たちは、一つの残念な事実の確認から出発しなければなりません。それは、今日までのあらゆる経済学の批判は最終的に失敗に終わっているということです。それらの批判は理論的にも実践上でも、別のモデルを通用させるのに失敗している。マルクス主義の批判にしても、ケインズ主義でも、歴史主義的批判その他でもそうです。これらの経済学批判はみな重きをなせず、支配的なモデルを覆すだけの力を持ち得なかったのです。

なぜなのか。それは結局のところ、これらの経済学批判が、マルク・アンベールがさきほど言いましたけども、経済学の内部からの内在的な批判だったからです。つまり外からの批判ではなくて、経済学の内部で展開された批判であって、経済学とは別の、オルタナティブであるような社会科学を発想するというものではなかったということです。そのような企ては私の思うに失敗を運命づけられています。というのは、そのような企ては経済学の二つのいわば原罪のようなものを再生産することになるからです。

その二つの過ちとは、経済学を成り立たせる要素なのですが、一つは信仰ですね。ホモ・エコノミクスとその自然性に対する信仰［信憑］がまずあったということ、つまり人間はホモ・エコノミクスだという信仰。二つ目は、それらの企ては、経済秩序の自然性、つまり永続的で、独立して、自己形成された経済の秩序、というものに対する信仰を導入したということです。その経済秩序の自然性は市場の秩序と同一視されています。経済学を成り立たせるこのふたつの信仰を再生産したときから、これらの企ては何らかの形で避けがたくスタンダードなモデルの支配を強化することになります。

たしかにある種の洗練は生み出されたし、それはそれで興味深いものではあります。けれども、経済主義から脱け出るためには、この二つの信仰を捨て去らなければなりません。一つはホモ・エコノミクスに対する信仰、これについてはマルセル・モースが強力な反論を出しました。それから二つ目は、経済の秩序が永遠で自律性だという信仰で、この点でたいへん重要な著者は、いうまでもなくカール・ポラニー、マイケルの方ではなくカールです。

もっと一般的に言うなら、経済学を全般的な社会科学の中に位置づけ直す必要があると考えています。先ほどマルク・アンベールが触れていましたが、すべての異端の経済学の試みを結集するというのも魅力的でしょう。実際私もひとりで、レギュラシオン派やその他、さまざまなアングロサクソンの経済学者も含めて連合を作ることを試みたことがありました。ひとことで言えば、フランスにそうした連合組織のようなものが形をとり始めたことはありますが、さまざまな理由からいろいろな異端の経済学者を集めるという試みは失敗してきました。たとえば個人間のライバル関係、あまりに人間的な、つまりそれぞれの小さなグループが、自分たちの小さな差異にナルシスト的にこだわったりするのですね。

けれども——この話は終わりにしますけれども——、もっと根本的な理由、そしてもっと心配な理由があります。これから述べるのは私の仮説ですけれども、説明のために簡略に言いましょう。私は、この三〇年間、世界は反転した全体主義に陥っているというふうに考えています。反転した全体主義ですね。二〇世紀の全体主義は人間主体の力を全体性のうちに結集しようとしました。有機的全体性とか、人民、民族、フォルクの全体、人種、党などの全体性にです。そして個人の存在をそのファンタスマティックな全体性のために犠牲にするというものでした。

ところが、ここ二、三〇年来、私たちはこのような全体主義の反転像のようなもののなかに生きています。いわば反転してそれに入れ替わるパルセリタリズム——細分化主義とでもいうようなもので、あらゆる人間の共同体は細分化され、一人ひとりの人間も個々の断片になってしまっています。そして、ここでは逆に、この細分化した個人のために全体の方が犠牲にされるのです。この分断化の力は異様に強力で、私たちが結集するのを禁じてしまいます。全体主義体制のもとで個人の力を自由に展開するのが不可能だったのとまったく同じように、この細分化主義の支配のもとでは、共同で努力したり行動したりすることが極めて困難になってしまいました。

これは根本的な挑戦ですが、それがまさに私たちがオルタナティブな政治経済学を見出そうとするときに遭遇するものでもあるのです。オルタナティブな政治経済学を見出そうとする試みはすべて、そのときにこの問題に突き当たります。共通性、共同性をどうやってつくっていくかということに、今、私たちはひじょうに大きな困難を抱えている。それが私の仮説です。

中山　たいへん刺激的な提題をありがとうございます。さて、ここで長尾さんにひとこと、たとえば自然の問題、自然科学の自然性、それから自律性の問題、そして最後に指摘していただいたような、反転した全体主義とそれが生むある種の断片化傾向、またこれが連帯を妨げている状態などについてでも、コメントをいただけますでしょうか。

長尾　私がずいぶん長い間考えてきたようなことに関してご発言いただきましたので、うまくかみ合うかどうかわからないんですけども、一言以上しゃべってしまってよろしいでしょうか。

その前に、確かにフランスの方は、経済的自由主義はアングロサクソン起源であるとおっしゃるんですが、経済学の歴史から見ますと、そういうものをつくったのはフランス人ではないかという気がいたします。つまり現在の経済学というものが——先ほど中山さんが説明された図にもありますけれども——でき上がったのは一八七〇年ぐらいですから、これにはイギリス人はあまりかかわっていないです。それがアメリカのほうへ行きまして、それに対する反乱がある意味でケインズであったんですが、ケインズも実はのみ込まれていったというのが全体の流れですので、経済的自由主義がアングロサクソンのものというのは、アングロサクソンにかわいそうではという気がいたします。気持ちはよくわかりますが。

それともう一つ、経済学者は経済学を信じているのかどうかという件、これは私にも本当に不思議なことで、前から考えているんですけども、恐らく最高級の経済学者の人に聞いた場合、あなたの理論は、たとえば現在の金融恐慌以降の世界経済の立て直しに役に立ちますかと聞いたら、立たないというのが正しい回答でしょう。なぜかというと、主流派の経済学——経済学という形でお話になっていたのは主流派の経済学だと思いますが——は本体は数学ですので、数学は現実に当てはめることはできない、条件をつけて当てはまるものであって、そのまま当てはまるものではないですね。それが正しい回答なんですが、問題はここから生じて、そういう経済学者がたとえば大統領に呼ばれて——呼ばれるんですね。呼ばれてどうしたらいいかときかれると、こうしなさい、ということを言ってしまうというのがどうも経済学の特徴だと思います。

それはつまり経済学という学問がもともと内政——「ポリティカル・エコノミー」という言葉はもともと内政という意味ですから、国内の行政なんですね。もう一つの言葉でいうと「ポリース」という言葉が一八世紀にはあります。もともとは「エコノミー・ポリティック」というフランス語から来たものですけれども、それは警察とか衛生とかも含んでいるんですが、ともかく内側のことをやる。アダム・スミスという人が言ったのは、内側のことをやるんだけれども、ああだこうだといろいろ国が指揮してはいけない。一番簡単に内政の問題——当時、一八世紀ですから、貧乏とか、病気とか、そういう問題ですね——、それを簡単に片づけるには経済成長すればいい、そうすれば片づくんだと。だから、内政の中心は経済政策にあると。スミス自身の内政理論といいますか、内政にかかわる政治学は、ほとんどもう自由主義的な経済政策になってしまったということなんですね。

そういう事情ですので、科学者であると同時に、もともと国家のアドバイザーとしての役割というのが経済学者には備わっているということが大きいのではないのかと思います。そういう役割を果たすことで経済学が存在しているがゆえに、厳密に言うと、その経済理論を当てはめてはいけないのに簡単に言ってしまって、それがだんだん市場原理主義というものになっていくという、そういう一つの社会学的な理由が多分あるのではないでしょうか。それは経済学では研究できない問題、社会学で研究すべき問題なのかなと思います。

さて、ここまでは序論です。本論を少しだけ言いますと、昨年の金融危機のときに私はちょうどベルリンにいまして、大変おもしろい経験で、外にいたからよけいそう思ったんですが、一晩で論調が変わってしまいました。だれの論調がかというと、政策担当者の論調で、市場はだめだという論調にがらりと変わってしまった。これは大変おもしろいことだったと思います。

それは、ある意味では、われわれが経済学、あるいは経済人の概念がどこから来たかとか、そういうことを考える上で重要なことかと思うんですが、つまり理論的な根拠はないんですね。何の理論的な根拠もないけれども、今までの新自由主義的な規制緩和をやっていたのではだめだと、もう効き目はないという形で、先がどうなるかわからない。わからないし、財政赤字は大きくなるけれども、国が公共投資をするしかないという形で国際的に一致が成り立って、それをここ半年ぐらいやってきて若干経済が――実は中国が大きいんですけれども、ましになってきたというのが現状なわけですね。

つまり、経済学というものは内側から批判しているからよくないと。それはそうだと思います。ただ、経済学という学問のあり方自体は、実はそうやって外側から決まってくる。

七〇年に石油ショックが来たあたりのことを思い出します。そのころは私はまだ中学生か小学生なんですけども、そのときも一夜にして論調が変わりました。ただ、ケインズ経済学が決定的に間違っているということが学問的に明らかになったから論調が変わったのではないですね。確かに一部問題

はあったんですが、政策が役に立たなくなった。だから、政策当局としてはケインズ主義ではいけなくなった。その後、経済学の学界のほうでケインズ主義が消えていくという、そういう流れになった。つまり、それが経済学という学問の一つの性格かなと思います。

それを批判していくにはどうしたらいいかというお話をされたのですが、ホモ・エコノミクスの自然性、それから市場の秩序は永遠であるという二点を誤りだとおっしゃって、それは私もそうだと思います。ただ、現在は金融危機はひじょうに大きかったん

ですが、特にヨーロッパのほうでは――日本が乗りおくれたということがあるんですけれども、先ほどの環境問題がひじょうに大きくなってきまして、特に温暖化対策は世界的な合意が成り立っていますので、温暖化対策のために何とかしなければならないということになっています。

温暖化対策は、いわゆる環境政策ではだめなので、経済政策とカップリングしないとだめであるという合意がひじょうに広範に成り立っています。日本だけひじょうにこの辺はおくれまして、温暖化を食いとめていくと経済成長がとまってしまうから失業がふえてどうしようかとか、一人当たりのコストが高いとか、いまだにそういう議論をやっているわけですけれども、これはもうヨーロッパでやらなくなっています。つまり、環境と適合的な形で経済構造を転換することで何らかの経済的な進歩に結びつくという考え方がかなり支配的になり、アメリカの新しい政権が取り入れて一つの大きな流れになった。ただ、これは経済理論的には根拠のない形で、政策のレベルで進んでいることです。

ただ、これを突き詰めていくとひじょうにおもしろい問題が出てくる。

なぜかというと、一つは、温暖化問題とは何かということなんですけども、温暖化というのは、本質的に人間の経済活動によって生態系が、人間がそこから生まれてきた生態系が崩れていく。崩れていくということは、そこから何が起きるかというと、ナチュラルセレクションという、自然選択の原理がありますから、人間が自然を破壊するのではなくて、人間が自然を変化させることによって、変化した自然が人間にひじょうに不都合な生態系、あるいは環境をつくっていくことで人間が淘汰されるということになるというのが恐らく本質的な問題です。つまり、経済学でなぜ永遠の秩序があるか、信じられたかという問題ですけども、恐らくそれは、工業経済によって環境と人間の経済とのかかわりのデカップリング、つまり切り離すということが可能になった。だから、環境は多少変化しても、たとえば天候不順で不作があっても経済成長は続くと、そういう経済体制になっていた。そのため経済が自律的に動いているかのように見えてきたというのがここ一〇〇年、一五〇年ぐらいの事態だと思います。

経済学の歴史をひもとくと、さっきの中山さんの図で、一八七〇年ごろに新古典派の起源がありますが、その前に古典派という人たちがいて、この人たちは経済成長がずっと続くとは言ったことはないですね。彼らは経済成長を推進する立場なんですが、どんどん成長率が落ちていくんだと。どこかでとまってしまうと考えました。とまらないためにはどうしたらいいかということはリカードが考えたし、ミルはそれでいいじゃないかと。功利主義のミルですけども、とまったらとまったでいい。そうして豊かな社会になるんだという、そういう議論をずっと、一九世紀にやっているんですね。

だから、恐らく工業経済の原理が現実に機能するようになって、そこで環境とか社会とか外部と関係なしに経済を考えていいんだという実体ができて、それがアルフレッド・マーシャルあたりから引き継がれて現在の経済学ができていったんだろうと思います。

そういうことは、現在は一つの折り返し地点にかかっているわけですけども、われわれがこの――私も市場原理主義を批判するようなものも書いたことがあるので、カイエさんと同じ立場だと思うんですが、われわれが批判しているものはそんなに長いものでなくて、ここ百年、あるいは一五〇年程度のものなんですよね、だと思います。それが一つ。

もう一つは、環境保護を中心に経済成長するという考え、それが一つの大きな政策的な流れになって、理論的な根拠はあまりないけど、現在、政策の中身になっているとします。それは一種の改良ですね、社会民主主義的な改良だと思います。大きく制度を変えるとか、人間のあり方を変えるものではないかもしれない。今後市場経済も多分続くであろう。ただ、その場合に問題が出てくるのは、これは日本の問題とかかわり合いがあるんですが、日本の場合は一九七〇年代から八〇年代の初めにかけて、経済成長と環境に対する被害ということがリンクしないようになっていたと言われます。ところが、これが八〇年代になると——要するにバブルの時代です——、その時期には経済成長が大きくなり過ぎて、結局環境に対する被害が大きくなりました。

つまり、経済成長率が低くなければ経済と環境は両立しないということですね。市場経済はそれでも動くと思いますが、問題は、金融市場がたぶん動かない。将来にわたってずっと利子率が下がってくるという予想ができますから、そうするとだれも投資しなくなってくるのではないかということになります。つまり、そういうところで市場経済の——実際は資本主義と言ったほうがいいと思うんですけども、資本主義というものが果たして生き延びることができるのかどうかが大きな問題になっていると思います。そういう意味では、資本主義というのは自然に死滅していくのかもしれない。環境問題というのはそういう問題を提起しているんですね。

ただ、今申し上げたことはすべて政策の問題であって、思想の問題、あるいはもっと言うと経済理論や社会科学の理論としてはまだ十分に探求されていないと思いますし、方向性もよくわからない状態になっています。今後そこのところをつくっていく必要があるかと思います。

長くなるのでもうここでやめますけれども、最後に一点だけ私のやっていることからいいますと、もとに戻って、先ほど、経済学者は経済学を信じているかどうかという問題ですが、それでは、なぜ経済学というものが市場の永遠の秩序であり、ホモ・エコノミクスが自然的なものであるとなるかということですが、私の——これはカイエさんと違うかもしれませんけど、私の回答は、多分、それは科学の方法論が原因だと思います。

それは一九世紀の物理学だと思うんですけれども、物理学的な数学でもいいんですが、そういうものの方法論を一九世紀後半に経済学が職業化されていって、制度化されていって、そして特に重要だったのは数学なんですが、学問は数学的でなければ——これはフランスの人たちがつくったんですけど、学者は数学ができなければだめだというフランス的な観念が強くなり、数学化して専門化していくことで、プロフェッショナルな学問になる。それによって初めて経済学者の言うことが政権に取り入れられるようになると考えた。そういう学問のプロフェッショナリゼーションが生じた。

そういう流れがアメリカへ行くと、アメリカという社会の特徴で、ひじょうに進展して現代の経済となった。そういう一つの科学の方法論の問題とかかわっているんじゃないかということで、今後、経済方法論の問題を考える上では、やはり経済学の中からそういうことを幾ら議論してもしようがないわけで、全体として社会をどうとらえるかという議論をもう一度やり直さないとこの問題は解けてこないし、その場合に、じゃあ、科学的に見るというのはどういうことなんだろうかなということも含めて考えなきゃいけないというふうに思います。長くなりましたので、この辺でやめておきます。

中山　ありがとうございます。カイエさん、今の少し論争的なコメントについて、たとえばフランス経済学と主流派の関係、あるいは経済学の制度化や職業化、つまり統治のテクニックとして経済学が機能し始めたこと、または現代の環境問題との関わりからでも結構ですが、応答をお願いできますでしょうか。

カイエ　今、長尾さんが、ネオリベラリズムの起源はフランスにあると言われたようですけれども、別に私はフランスの弁護をするつもりはありませんが、誰のことを考えて言っておられるのでしょうか……。

実際のところ、「ネオリベラリズム」という用語自体がとても特殊なものです。最近フランスで『リップマン・シンポジウム』というとても興味深い本が出ました。ワルター・リップマンというのは著名なアメリカのジャーナリストですけども、第二次大戦前にパリでフランス人たちと一緒に大きなシンポジウムをやったんですね。「ネオリベラリズムを再興するために」というテーマです。けれども、ハイエクなども参加していたこの会議で、ネオリベラリズムとして論議されたのは、今日から見れば極めて左翼的なプログラム、極めて革命的なものだったと見えます。リベラリズムを救い出さなければならない、たとえばマンチェスター学派を乗り越えねばならないとか、そしてそのためには社会的関係を擁護しなければならない、最低賃金と最低収入とか、教育や医療部門への国家的投資の政策とか、要するに現在の左派よりはもっとまともな主張です。それが、当時ネオリベラリズムと呼ばれていたものです。

その後には、ドイツのネオリベラリズムがあったし、その他にも多くの流れがありました。ですから、私もあなたに同意しますが、ともかくこのネオリベラリズムというのは歴史的には、ふつう考えられているよりもずっとずっと複雑です。でも、そこにフランス人が貢献したとは私には思えません。彼らはリップマン・シンポジウムの受け皿になりましたが、その中身に関してはいろんな潮流が参加していたということを喚起しておきたいと思います。

環境との関係について今指摘がありましたね。環境か成長かということですけども、この今日のラウンドテーブルの第二部でオルタナティブな政治経済学は可能かということが議論されると思います。たとえば、デクロワサンス（脱成長）、要するに成長神話というものを放棄した形でいかに持続可能な発展を構想するかということですけれども、それが考えられるかということの議論が大事になってくるわけです。

あなたのお話を聞きながら思ったのは、根本的な重要な問題は、もちろん技術的な問題、エコロジーの問題、それから生物学的な問題もありますが、しかし、やはり重要なのは民主主義との関係ということだと思います。経済と民主主義との関係、要するにそれもまた政治的な問題です。そこでもまた、この経済成長のメカニズムを動かすものは一体何なのか、ということが問われます。私はそれが、民主化というものの代わりになるものだと思っています。成長は民主化の代わりとして役立つわけです。

十分公正で平等な社会というものをつくることができないとなると、唯一の解決法は、全般化する成長によってさまざまな社会階層、特に貧困層の生活を改善してゆくということです。だから、ある種の悪循環があるのです。政治的問題と倫理的問題とを同時に立てることができないでいるかぎり、つまり民主主義の問いが立てられないかぎり、この悪循環が繰り返されることになります。

西谷　いろいろな問題が出てきて、どれから手をつけていいか戸惑うところですが、ひとつ、一方で経済理論がすべての現実を覆うものではないということはわかっているのにもかかわらず、それが社会を動かすように機能する。そして、経済学者自身は自分の理論を信じているのかと問われると、これは答えが曖昧であるということに関わって私が考えるのは、世界を説明する支配的言説というもののあり方と、その歴史的推移です。人間が世界を全体的に説明するということをするようになったのは、世界中で生じたというより、やはりこれは西洋の伝統、もっとはっきり言えばカトリックの傾向だと思うんですね。神が世界を創造して、その世界の根拠づけと説明をひとつの権威がやるということを、カトリック教会が制度的に体現したわけです。

最初は聖書がすべてを説明します。だから、その時代には世界を解説するディスクールは神学的ディスクールです。それが最後の答えを出す。それからやがて神学的権威が衰退してくると、今度はもう少し世俗的に、人間の世界のことは人間のレベルで説明するというふうになって、ではその説明に最終的な権威を与えるのは何になるかというと、国家というものが出てくるわけです。つまり政治国家が。そして、この政治国家は、長尾さんのお話にもあったように、もとはポリスがモデルですから、一つのまとまった共同体であって、その内部で統治が行われる。そこで、そのまとまりに正統性を与えると同時に、そこで生きる人たちの生をも意味づけるという役割を担います。そのとき支配的になるのが政治的、ないしはイデオロギーなディスクールです。

ところが、そういうポリスを単位とした複合秩序、それが主権国家体制と言われるものですが、それによって国際関係というのが初めて登場する。もちろんこれは西洋世界のことですが。その国家間関係というのは相互依存秩序です。つまり、それぞれの独立を相互に認め合うことで初めて成立するわけです。だから、そこでは分断と繋がりというのが同じものとして働いているということがあります。

ところが、そのころから活発になってきた生産活動だとか、その生産をベースにした市場的な活動だとかいうものは、むしろ相互の境界つまり国境をある限度では利用できるけれども、さらに発達すると逆に障害になってくる。そういう領域が経済の領域として浮上してきます。そして、政治国家的な枠組みを参照項として物事を語るというよりも、むしろそれとは独立して考えられた市場社会というレベルが、人間世界の共通のベースだといった考え方があらわれるようになる。これは、時代的にいえば一九世紀頃からでしょうが、その段階で経済的な言説が人間の世界を説明する支配的な言説になりだします。

そういう大枠を考えると、まず神学的なものが準拠であり、最後の答えを与えるという状況から、政治的なものがその役目を担う段階に移る。この段階をいちばん典型的に示すのがいわばナショナリズムであって、人は何のために死ぬのかと言ったときに、もう神のおぼしめしではない。では、神に頼らなくて人間の意味が成立つかと言ったときに、「祖国のために死ぬ」という答えが与えられて、人に最終的な価値を与えるのは政治的共同体だとされて、国家が教会に取ってかわるわけです。

そして、やがて今度は、その国家がむしろ拘束でしかない、人はそんな国家のために生きるのではなくて自分たちのために生きるんだというふうになったときに、もっとも基盤的な説明とされるのが経済的な原理であり、経済的な説明の仕方だということです。そして、グローバリゼーションというのは何かというと、よく、もはや国境が意味を持たなくなる、つまり政治的ユニットが、あるいは政治的権威が妨げになると言われますが、なぜかというと、市場はあらゆる境界を越えてゆき、広がれば広がるほどその威力を発揮するからです。だから、グローバリゼーションというのは基本的には、経済的な局面がもっとも原理的な局面として浮上し、経済的な言説が支配的になる、そういう変化だというふうにも考えられるわけです。

このことで私が何を言おうとしたかというと、いまや経済的な言説が世界を説明する支配的な言説になっていて、別の言葉でいえば「統治」と言ってもいいと思うんですけれども、統治が経済の領域を通して展開されるという状況にあるのだと言えるわけです。そして経済の言説が、いわば真理の位置を占めていると。

ただ、真理の言説はそれだけではない。科学もそうです。長尾さんのお話からすれば同じことですけれども、経済も科学であるかぎり真理だというわけです。要するに、どうして?という問いが出るときに、だって科学ではこうなっているんだもんと、だって経済的にはこうなんだもん、と言われたら、あっ、そうといって、あらゆる疑問が断ち切られるわけですね。今、そういう役割を経済の言説が果たしている。

そういうことを踏まえると、問題は、経済学者は自分の言っていることを信じているのか信じていないのかというふうに立つのではなくて、人間社会において――人間というのは、言葉で事象を描き出し、言葉で世界を了解し、言葉で生存を組織して、かつ言葉で人を説得し、言葉で自分たちの行動を正当化するわけですが――、そういう人間にとって経済的な言説が規範的なものとして機能するということではないでしょうか。

「規範的」というのは、たとえばわれわれは、あの犬もこの犬も、毛が長かったり耳が大きかったり、足が短かったりしても、みんな「イヌ」と呼びます。そのことに疑問など持ってはいけないわけで、あれが犬だ、犬と呼ばれているということを、なんの根拠も問わずに受け入れて繰り返さないと、話がまったく通じなくなります。それだけではなくて、あれを犬と呼ぶというのは誰が決めたわけでもないけれども、それを受け入れざるをえない。それが日本語なら日本語のコミュニケーションの前提になるのですから。あれを犬と呼ぶことで、われわれは話すことが可能になる。

そういうものを「ドグマ的なもの」というふうにいいます。要するにこれはドグマなんですね。本当かどうかとか、疑ってかかってはいけないもの、それを受け入れることによって初めて人にも了解してもらえる、そういう次元の事柄です。

それを念頭に置くと、経済というものがいまや、特にここ二、三〇年数でしょうが、まさしく人間社会を語り、組織し運営するうえで、ドグマ的な位置を占めている。それで語らないと、みんながそのレベルに合わせないと、説得力を持たないとか、逆にその言説がみんなを黙らせるとか、そういう場を占めています。

だから、経済という観念そのものに異議を唱えたポランニーとか、あるいはマルセル・モースでも、だってあれは犬だよ、みんな犬だと言っている、オオカミじゃないんだ、とかと言われて排除されるか、経済学の周辺に何か異物のようにして追いやられるでしょう。要するに、経済の観点は規範的ディスコースとして、あるいはドグマ的ディスコースとして機能しているということだと思います。だから、おそらく、カイエさんが出された問題点や、長尾さんが言われたことを、私は別な側面から言ったんだと思いますが、ただ、問題をたとえるときに、経済に対する信仰、経済というあるステータスをもつ知があって、それを信じるか信じないかという、そういう問題ではなくて、われわれが社会について共通の土俵に立って何かを考えようとするときに、いつの間にか経済学的な、特に主流派の経済学ですが、それだけではなく、カイエさんがよく強調されるように、まさに経済学というディシプリンが切り取っているその枠組みが、ドグマ的なものとして機能してわれわれの思考を拘束しているのであって、結局、そこから抜け出てゆくということが課題だと思うわけです。

昨日もちょっと言いましたけれども、それがわれわれの今の、そしてこれからの課題だとしても、同時にまたその作業は既に始まっている。その既に始まっているということを足場にやっていきたいというふうに思っていますが。

中山　私も少し司会を離れ、パネラーの立場で発言してみたいと思います。今のお話にありましたように、オルタナティブな試みはすでに始まっているという側面がある一方で、他方わたしたちは、いかんともしがたく経済活動に拘束されているという側面があると思います。つまり経済はだめだから明日からやめにしようとか、じゃあ勝手におやめなさいと、どこか無人島に行って勝手に暮らしなさいと言うことでは、人間は生きていくことができません。生きていくためには、何かに巻き込まれていかなければならず、何か食べなければ生き物として死んでしまうという、物質とのかかわりを避けられないのが、すべての人にとっての基本条件、制約条件として残るわけですね。その部分を精緻化していくために、もう少し経済学の概念を使って考えてみたいと思うのです。そのために長尾さんに、もう一度「市場」の概念について確認させていただきたく存じます。先ほどの整理ですと、市場経済と資本主義という二つの経済的概念を分けて考えることが重要であるかと思われます。つまり市場経済をベースとして進んでいったある段階で、先ほど西谷さんがおっしゃったように、国家あるいは統治の存在もあずかって、単に人々がものとの関係をつくって生きるだけではなくて、それを少し貯めておこうとか、たくさん貯めておこうとか、要するに富にしようという発想が出てきて、これは資本の考え方ですが、その資本主義の考え方が次第に自律的に進んでいく中で、市場経済のベースとは違う形で資本主義が発展してきました。今ではそれが臨界点に達したという整理ではないかと理解したのです。他方、先ほど西谷さんの整理にありましたように、むしろ市場経済がグローバリゼーションの推進力になっているという側面があります。つまりそれは、市場をどうとらえるか、市場のある意味での二重性ともいえるのでしょうが、そしてこれはおそらく後半のマルセル・モース的な観点にも関係があるかとも思いますが、「市場」という考え方は、どこまで有効性を持つのでしょうか。

長尾　どこから話せばいいでしょう。

個人的には市場は多分なくならないと思っています。なぜかというと、市場の起源は何らかの意味で古いですね。ずっと昔からあるもので、もちろん現代の市場のような機能をしていたかどうかについては、たとえばポラニーは古代の市場機能を問題にしていました。そういうことはありますけれども、公的当局ないしは社会からの個人の統制なり教育なり、そういうシステムと並んで市場が古いという意味では古いので、これは何らかの形で続くのかなと思うんです。ただ、そういう意味で何らかの形での市場としての機能というものは続いていくにしても、問題は、投資がどこから来るのか、投資がどういうシステムで起きるのかです。現代の経済の成長の源泉は投資ですし、それは市場を通じた投資ですから、それがどういう形で起こるか。仮に、環境問題のために経済成長をどんどん抑えていく必要があるとする。将来的に見て成長率がどんどん小さくなる。成長はするけれども、パーセントはどんどん下がっていくということが予想されたときにそれが機能するかということを考えると、たとえばケインズであれば機能しないと言うと思うんですね。つまり、そういう意味での資本という問題は大きい。

今ちょっと中山さんが言われて思いついたというか気づいたんですけども、市場原理を――積極的な意味でですよ、批判する立場ではなくて、市場経済ということを言う人たちは、あまり資本を問題にしないですね。それは経済学でもそうです。資本の、利潤の起源というのは大問題なので、あまりうまく説明できていない。つまり、実際には資本があり、資本の投資があり、それは当然社会の所得格差が前提ですから、そういう社会構造を前提とした議論であるのに、経済を論じる場合にはみんな同等であると。平等な個人が平等の権利で相対して価格をつけて商売をしているんだと。そういうのが市場というもののイメージになっているということです。

だから、市場はそういう意味では実際は二重性があって、つまり自由民主主義と結びつくような市場のイメージと、実際の市場は、貧富の差があり、投資するのは金持ちであるし、金持ちは貧乏人の何倍ももうけていくという世界ですね。それで初めて動いているわけですから、そういうシステムという意味での市場、あるいはそれは資本主義でもいいのかもしれませんけども、そう見るとどうも二重性があるという問題が大きいのかなと思います。

少しだけカイエさんが言われたことの一つの問題、倫理の問題、個人の倫理という問題ですけども、これはさっきの環境のことで、環境保護と両立する経済成長、あるいは環境保護を通じて経済成長するんだという議論の中で最近使われる、「緑の産業革命」という言葉があります。ただ、それには問題がある。なぜかというと、どうしてみんなが緑の産業革命をしようと思うのか、もうからないだろうと、それではどういう動機でやるんだろうか。これがやっぱり大きな問題で、この考えに対する批判もあるんですね。

つまり、環境保護というようなことを中心に成長していくとするならば、ある程度たとえば生活がよくなっていくということもあるし、現在の社会がよくなっていく、あるいはちょっと雇用が増えるとか、そういうことはあるけれども、飛躍的には増えないだろうということですし、急激な成長も恐らく生まないから大金持ちがどんどん生まれるということもないということであれば、そういう場合の市民のインセンティブは何になるかというのを考えると、これはやはり経済的なインセンティブじゃだめだということです。

そうでない——特に投資が大きな問題だと思うんですけども、インセンティブをつくっていくということが今後の問題なので、現実はそこまで多分来ていて、そのための社会システムなり、あるいは社会保障もそうですし、いろいろな雇用制度もそうですし、いろいろな問題を、あるいは特に金融市場の改革なんかは大きな問題だと思うんですが、そういうものをつくっていくというのが実は現実としてわれわれの前にもう迫ってきちゃっているんだなと思うので、その点で先ほどのカイエさんのお話には賛成です。

それから、西谷さんが言われたことを別の形で言うとこういうことかなと思うんですが、ヨーロッパの思想、現代のたとえば市場とか人権とかそういうものは一八世紀に生まれた考え方ですけども、あの時代に経済人の想定に立っている人なんてほとんどいないわけで、先駆的な思想家は唯物論者とかいますけれども、たとえばアダム・スミスも多分そういう人ではないですね。

ということは、どこから功利主義的な、あるいは経済人的な考え方が広まっていったかと考えると、それは多分一九世紀のどこかであろうと思います。一九世紀のどこか、どうしてそうなのかは、一九世紀はまだ私の研究が手をつけていないので結論は言えないんですが、恐らくヨーロッパの世界帝国との関係ではないのか。つまり、特にインドですけども、インドとか、あるいは中国のような広大な異文化地域があり、ヨーロッパはやっぱりキリスト教が中心ですから、あるいはキリスト教に批判的なヴォルテールのような理神論者でもキリスト教的な創造主は認めるわけですね。そういうキリスト教的な枠組みでものをとらえていくという形で社会が成り立っているんだけども、それはインドには持っていけない、中国には持っていけないということになると、別の枠組みが要るようになる。

多分そこから来ているのかなというのが、これは個人的に思っていることに過ぎませんが、そういう意味ではグローバリゼーションは——実は帝国とか、一九世紀であればイギリスの支配ですし、現在、つい最近まではアメリカの世界支配だと思うんですけど、グローバリゼーションはある意味では支配という面があるので、そういうものの産物という面が強いのかなと思います。そういう時代はもうだんだん終わりつつあるわけですから、そういう意味でも考え直す時期に来ているんだなと考えています。ちょっとこれは裏づけ的な話なんですが。

会場発言者　勝俣と申します。もともと経済学ですが、今はアフリカ地域研究を中心にやっています。議論の進め方に提案です。僕自身ちょっと勉強不足かもしれませんが、「経済」という言葉の使い方が、どうも広がってしまっていてつかみにくいのです。今日のカイエさんの話は、「économique」というふうに言って、「économie」と言っていないわけですね。日本では両方とも経済、まあ経済的なるものというかもしれませんけれども、先ほど長尾さんがいみじくもいわれたように、途中から「経済」という言葉が「市場」になったので、では今僕らは、「エコノミック」イコール「マーケット」として話しているのでしょうか。

さらに、長尾先生がマーケットの歴史は古いと言ったのですが、マーケットなるものの対象は時代とともに変わってきたし、それから経済がないと食べていけないとしても、現金収入がすべてといった状態では確かに食べていけないと思いますが、他方で今、日本で若者を中心に起こっているオルタナティブの運動においては、月に五万円でも十分にやっていけます。それは畑が借りられるとかそういう意味なのですが、ここでまずカイエさんにエコノミックなるものを簡単に定義していただき、僕らはその言葉を了解した上で論議していったらどうでしょうか。

西谷　ちょっとつけ加えさせていただきますと、「経済」というふうに言って、それに括弧をつけるにしろつけないにしろ、それは現実的に存在すると想定される人間の活動の領域ですね。そして、それをシステマティックな言説の対象として、そこに論理を読み取ってゆく、そのことで逆にまたその領域での判断や実践の基準にされていくのがいわゆる「経済学」というものだということですね。だから、「経済学」とその対象とみなされた「経済」というものの区別は歴然とあるわけです。

ただし、多くのいわゆる経済的な現象というのが、実は経済学が立てた概念や論理の方から逆に投影されて語られてしまうという問題があるし、それから、もともとこれは「オイコノミア」というわけですが、ポランニーの言うとおり、これが近代のわれわれが考えているような「エコノミー」つまり経済というような意味合いで使われるのは、これもまた時代的に新しいことで、エコノミーというのはもともとは生活のうちの、ポリスのレベルに達しない、子供を産んで育てて死んでいくといった——そのときには奴隷の養育や使役も入るわけですが——、家の切り盛りというのか、そういうことだったわけですね。

もともとはそういうことなのだけれど、近代に「経済」という言葉が使われ始めて、それは「家政」から離れて、基本的に利潤を生み出すとか、生産や富の蓄積とか分配とか、そういうことが中心だとみなされて、それが学問化されていく。そういうような段階があるわけで、それぞれをきちっと腑分けするというよりも、やはりそういう歴史的なパースペクティヴをもちながら、どのように使われてきたということで理解されるべきことではないかと思っていますが。

長尾　ちょっと補足していいですか。カイエさんに説明してもらう前に介入して申しわけないんですけど、少しだけ補足しますと、今の西谷さんの説明でひじょうに明解だと思うんですけど、もう一つあって、これは話がよく混乱する理由です。つまり「経済」というのは、いわゆる「経済的」という意味もあるんですよ、もとの言葉で「節約」という意味があるんですね。

実は経済学という現代の——この中山さんの図でいうと、ケインズ学派よりももうちょっと上のほうにあるんですけども、ちょっとこの図に出てきていないんですが、経済学の転換というのがあって、それは先ほど西谷さんが言われた実体としての経済なるもの、そういうものを対象とする学問ではなくて、それも含めてですけれども、経済学が節約の学問に転換するんです。二〇世紀の初頭だと思います。重要な人はライオネル・ロビンズというイギリス人ですけども、「経済学の本質と意義」だったかな、という本を書いて、これが現代の経済学になります。

つまり、現代の経済学は節約学ですから、節約学であれば、あるいは結婚だって経済学でとらえられるだろうと。あるいは、投票行動も経済だろうと。投票することによって税金が下がるかもしれない。何か効用があるだろうと。そういうところから考える。投票行動をどうとらえるかというと、投票するために勉強しなければいけない。投票所のところまで行かなきゃいけない。それと投票による利益の比較でやるんだと、こういう具合に考える。一票の重み、ものすごく軽いですよね。

これは節約学から来ていることなので、だから、広い意味ではマーケット的な原理でもいいし、西谷さんが言われたマーケット的なドグマでもいいんですけども、そういうもので見ているので、実体としての経済から離れたところで経済学はいろんなところへ出ていくという現状が生まれているというのはあると思うんですよね。

だから、二〇世紀などでは二つの経済の意味が生まれてくるということはあります。

西谷　それと、今までの議論との関連で、経済ということについて説明していただくときに、できたらたとえば、カイエさんと一緒にずっと長くＭＡＵＳＳの運動を担ってきたセルジュ・ラトゥーシュという人がいますが、この人は「デクロワサンス（脱成長）」ということを中心的なヴィジョンとして打ち出しています。そこで、もうかる、もうからない、あるいはグリーンというのもあるようですが、すべて含めて成長という考えを変えることを主張して、むしろ「脱成長」というかたちでいかにして未来を開いてゆくかという、そういう運動をしている。だから、それも絡めてお話ししていただけたらと思います。

カイエ　経済についての議論が今行われておりますが、これらの問いに対しては、カール・ポラニーの考えを参照するのがひじょうに有益だと思います。中山さんの言われたこと、それから長尾さんの言われたことに対してですね。

経済については二五とか三〇ぐらいの定義があるでしょう。しかし、ポラニーが言ったように、大きく分けて二つあるとみなすことができます。実体論的な定義と、形式論的な定義ですね。実体論的な定義というのは、中山さんの言われたことに関係しますが、これは必要に応えるというものです。

それから、ポラニーが形式的な定義というのは、近代経済学、新古典経済学の定義、つまり希少な財の選択に関わるものということで、長尾さんが言われるように、いかに節約するかということです。それが市場の役割です。市場というのは、結局、財を節約するのに役に立つという考えです。

ポラニーの基本的な考えは――その点であなたが言われたことに賛成できないんですけれども――、市場は昔からあったものではなく、逆に人類の歴史の中で実はまったく新しい最近の発明品だということです。彼の考えでは、人間の必要は歴史上、市場以外の仕方で満たされてきたというのです。それに対して、市場経済というのは特殊な近代の発明で、大多数はそれ以外の仕方で満たされてきた、と。

かつては互酬性にもとづくシステムを通して必要が満たされていた。すなわち、贈与と対抗贈与ですね。あるいはポラニーが再分配と呼ぶシステムによって。この再分配は、家族や国家のなかで機能します。最初の区別は、実質的と形式的ということですが、市場経済は歴史的にみて経済の支配的な形態ではなかった。必要を満たすための方法として支配的ではなかったということですね。

さて、今問題になっているのは、現代の社会において果たして市場なしでやっていけるのかという問いですね。これも答えはイエスと同時にノーでしょう。というのは、商品経済つまり市場経済というものと、それから非貨幣経済というものを分けることができる。これは、ポラニーに触発された友人から借りたものですが。一方に市場があり、他方には、国家的な、パブリックサービスということですけれども、非商品経済によって満たされるさまざまなニーズ（必要）がある。そして、たとえば家庭などで必要が満たされる非商品的経済というものの総体があります。掃除とか料理とか育児とか、そうしたサービスはみな商品ではないし、貨幣サービスでもありません。ですから、三つの必要充足のタイプがあります。まず商品経済、それから国家による非商品的な経済、それに三つ目は非貨幣的な経済ということです。

けれども現代社会で重要なのは——この点に関してはもはやポラニーの分析では間に合わないのですが——、この近代社会にあっては、市場が根本的に重要な役割を演じているということですね。というのは、われわれはオータルシー（自給自足）の次元をまったく失っているからです。つまりドメスティックなレベルも含めて、自給自足の経済をもたないわけです。そのためにわれわれのニーズはほとんどすべて市場経済によって充足しなければなりません。だとすると、そこからもうひとつの問いに目を向けることになります。われわれは市場を必要としている。しかし、市場はわれわれにとって問題を引き起こす。市場の何が問題になるのか。そこでわれわれはもう一つの問題に出会うわけです。それが、さきほどから話題になっている、市場と資本主義の関係ということです。

今日における多くの議論というものは、左のほうでは、われわれは市場を救うが、資本主義は廃止しようということで、市場と資本主義は対立するものとなっています。市場はよいが、資本主義は悪だということです。私はそのような分離は概念的に成り立たないと考えています。資本のない、資本家のいない市場経済はいうのはあり得ない。それは不可能でしょう。資本というものを完全に放逐した市場というのは、まったくの幻想です。

ではどうするのか。できるのは、ともかく市場と資本主義を実質的に区別することです。その場合、資本主義とは一体何なのか。それは、市場とは根本的に違うものです。資本主義とは、無制限な市場の拡大を求める衝動、市場経済の限界を超えた衝動ということができるでしょう。分別のない、節度のない市場拡大の衝動ということです。市場経済は必然的に蓄積の欲望をもっていますが、それ自体として批判の対象になるわけではありません。問題は、際限のない富の追求です。問題は、ギリシア人がヒュブリス（傲慢）と呼んだ分別のなさ、際限ない無限の蓄積の狂気です。

だから、われわれの課題は、市場を資本主義のゆえに廃止するということではない。それは事実上二つあります。一つは市場がわれわれの生活のすべての領域に侵入することを防ぐ。というのは、まさにそれがここ三〇年来の根本的な問題だったからです。文化や知や科学、技術、ゲーム、生活を、市場の拘束から解いて自立を回復させること、あらゆるものが市場化されることを妨げる、それがまず第一に基本的なことです。そして二つ目に、際限のなさと闘うこと、つまり現代の世界を捉えている法外さ、現代の資本主義と連動する法外な力と闘うこと。この際限のなさ、法外さ、傲慢さ、無限の蓄積という狂気との闘いは、まず第一に、それが生み出しているあまりに誇大な不平等と闘うということです。

会場発言者　中野と申します。経済の定義について、もう少し細かく議論を進めていくとよいと思うのですが、昨日のアラン・カイエさんの講演会で、ル・ソシアリテ・プルミエール（一次的社会性）とソシアリテ・セコンデール（二次的社会性）という二つの概念を出し、一次的社会性は近代の経済制度や政治制度とは異なる贈与の論理を基本としたレベルであるとおっしゃっていますが、近代の経済とそうでない社会活動の中でも、私たちが共通に使うさまざまな概念があると思うのです。たとえば交換、生産、消費、富、この四つの概念が、この二つの社会性ではどのように意味が異なってくるのか、カイエさんに説明していただけますでしょうか。

カイエ　経済学者が交換、生産、消費と呼ぶものは、それはニーズを満たすためのそれぞれのオペレーションなわけですね。これは市場経済の枠内で行われるものです。そして市場というのは、二次的社会性の典型的な制度で、つまりは知らない人同士の関係を組織する制度です。それに対して一次的社会性というのは、お互いに知っている同士の間に成立する、実際的で可能な人間的な関係です。ただ、この第一の社会性というものは、必然的にかなり狭い範囲で成立するものです。贈与の関係というのは百人程度の中でしか成立しないわけです。せいぜい数千人ではあっても、百万とかにはならないでしょう。そういう単位ではこの成立し得ないわけです。

ところが、第二の社会性のほうは、一次的なものよりずっと広範な人びとの間の関係を組織します。だから、この二次的社会性は非人称的なものになります。それが贈与の法と市場の法則との対照をなしています。贈与の法は、関係を人称化して、これはきみにあげるんだと、そしてきみが私にくれるんだという形の関係を生み出すわけですね。それに対して市場の法則は非人称的な関係を作り出す。少なくとも理論的にはそういうことです。

それであなたの質問への答えになっていますか。そしてこれはその前の問いにつながります。私たちが市場をなしにすますことができないのは、いまや世界規模の広がりは贈与と対抗贈与いった一次的社会性をベースに組織することができなくなっているからです。だから、関係のベースは国家規模になっているわけです。

西谷　先ほどの長尾さんのお話などとも関連すると思いますが、これまで経済についての考え方を導いてきたのとは別の方向で、違う道を開いていくひとつのヴィジョンとして、デクロワサンスというのがありますけれど、先ほどカイエさんは、自分はあまりそれに関与していないというようなことを言われました。カイエさんはこれをどのように理解されているか、その可能性、あるいは限界というものがあるとしたら、その点を少しうかがっておきたいと思います。

というのは、冒頭の中山さんのプレゼンテーションにもあったように、日本とヨーロッパではいわゆるオルタナティブ経済の出てき方がちょっと違って、ずれているんですね。日本ではだいたい、高度成長後に社会的なひずみがいろいろ出てきて、その問題があまりに深刻だったために、それを問題化することを通して、経済あるいは経済発展に関する違った考え方を模索してゆく、あるいは切り開いてゆく、という流れが出てきたと思うんですね。だから、その時点、つまり七〇年代には日本ではあまり小さな政府、民営化、規制緩和というような流れはまだ出てきていなかった。

ところが、七〇年代にアメリカでそういう経済学派が有力になって、またヨーロッパでは西ドイツの経済復興の中でオルド・リベラリズムというのがあったために、それにアメリカのネオリベラリズムが重なって、七〇年代後半にはわれわれが今言っているようなネオリベラリズムの傾向が強く社会に働いてきて、その中で経済主義的な考え方が、社会の統治においても採用されるし、それから学問の世界でもすべてを数値化して効率計算をするような、経済モデルの考え方が浸透してきた。それがもう七〇年代に進行していた。だから、カイエさんたちはもう八〇年代の初めからそういう動きに対抗する運動を組んできたわけですね。

だから、日本の場合とヨーロッパの場合とでは少し起こったことがずれている。けれども、その発端に共通してあるのは、七〇年代の初めに――現実的には「ドルの変動相場制」という形で翻訳されたことですが――、七〇年代の初めに、生産を拡大することによって経済成長を続けていく、それによっていわゆる人類の富をふやしていく――と同時に先ほど言われたデモクラシーの問題に関係しますけれども――、とにかく生産を基調に経済のサイクルを考え、経済成長することで豊かさを目指すという、そうした産業システムの方向が行き詰まっているというのが、六〇年代の終わりごろにはもう明らかになってきた。だから、七〇年代の初めにローマクラブの「成長の限界」というような提言が出ているわけですね。

それと、私などにとって、バタイユとの関連で印象深かったのは、六八年頃に、ルーマニア出身でアメリカに渡って計量経済学の大家だったニコラス・ジョージェスク゠レーゲンという人が、おそらく初めてエントロピー経済の観点を導入したことです。いわゆる市場経済の理論は、じつは極めて限定された人間の経済活動の一面しか扱っていない。自然はただではない。それから、商品生産のプロセスで生まれる廃棄物は、これもまたただでは処理できないと。そしてそのことを、それまでの経済学は勘案していないというのですね。経済学が人間の活動を対象にするのなら、それが行われる場に対する効果まで勘案して、物質代謝のところまで開いてゆかないと不十分だというので、バイオエコノミーというのを提唱するようになります。それと極めて親和する形で、植民地主義の問題も含めてフランソワ・パルタンとか、あるいはその後でセルジュ・ラトゥーシュを中心にデクロワサンスという考え方が出てくるわけですね。

デクロワサンスというのは、クロワサンスがグロースつまり成長だから、縮減といったら語弊があるでしょう。そうではなく、成長頼りのことを違う形でどうやってポジティブに進めてゆくか、という含みだと思うんですけど、おそらくそれは、今のフランスだけではなくて日本も含めていろんなところで共通の課題になり得るものだとは思います。

このセルジュ・ラトゥーシュも、実はMAUSSの重要な担い手の一人です。だから、それがMAUSSの活動の中でどんな意味を持っているのかということと、もしそれが可能性と限界をともどもに持っているとしたら、それについてのお考えをカイエさんに伺いたいということです。

カイエ さっきこの点の議論に入ることをためらっていたんですね。これはちょっと面倒な話になるからなんです。

これはアネクドートになりますが、MAUSSグループの中でセルジュ・ラトゥーシュと私との間にちょっと対立する傾向があるんです。もちろんこれは友人同士の対立ですよ。よくMAUSSの友人たちは、私のことをMAUSSの教皇と呼んで、セルジュ・ラトゥーシュのことを対抗教皇と呼びます。皇帝ではなくて、対抗教皇です。

そしてこの対立はたしかにそのデクロワサンスをめぐるものです。反功利主義というのは、必ずや

「デクロワサンス」に行き着かねばならないものなのかどうか、と。そうだ、というのがラトゥーシュの立場です。デクロワサンスはたしかに反功利主義に行き着きますけれどもね。ただ、私は必ずしもそういうふうには考えていないんです。反功利主義はデクロワサンスを擁護しなければならないというふうに必ずしも考えない。

まず、私はデクロワサンス（脱成長）というのが何を意味しているのかよくわからない。この脱成長というのは、ただ単にGDPを縮小することを意味しているのか。たぶんそうでしょうが、でも問題はもう少し複雑です。では、失業はどうするのかとか、そういう問題に答えがありません。もっとはっきり言えば、この問題は次のように言うことができるでしょう。人類に対して縮小する、減退するということを求めるわけにはいかないということです。物質的要求を減らすこと、豊かになることを減らす、ということを要求できるのか。できないとしたら、何らかの形で別の拡張とか、自己実現ということの展望を保障していかなければいけないでしょう。

ちょっと驚いたのは、あなたはバタイユの専門家だということですね。バタイユはデクロワサンスの正反対でしょう。というのは、バタイユにとっては消費ということが重要だったでしょう……。

西谷　バタイユの場合には、成長するということが同時に自己消費して消えていくということだから、デクロワサンスという問題を立てなくてよかったんですね、きっと。

カイエ　バタイユにとっては、この多くのものがなければみずから失うということは不可能であるというふうに言っていた。これは重要なポイントですね。

というのは、デクロワサンスというものを考える考え方には幾つもある。実のところ、デクロワサンスという考え方は極めて功利主義的だといえます。それはきっと節約の一般経済でしょう。エネルギーを節約するとか、ほとんど禁欲的な発想です。それがかなり禁欲的で、どちらかというと暗い展望だから、セルジュ・ラトゥーシュやデクロワサンスの支持者たちは、友好的とかコンビビアルな脱成長だというふうな言い方をします。デクロワサンスというのは楽しくないから、楽しいという形容詞をつけるわけです。楽しい、和気合いあいとした脱成長だというようにね。

ともかく、これは多くの問題をまだ解決していない考え方だと思うわけです。結局、議論を積み重ねたあげく、セルジュ・ラトゥーシュは私たちに譲歩して、それはあまり重要ではないと言うようになりました。ただ、精神態度を変えること、この経済主導型の想像力を変えることがいちばん大事なんだと。それ以降、彼は繰り返さないし、三%、四%、五%の成長率でもってもデクロワサンスを語ることはできるんだというふうにセルジュは立場を変えてきています。

今、彼の立場は次のようなものです。この「脱成長」という言葉は、事実上ひとつのスローガンなのだ。ひとつの問題を提起するための、そして議論を起こすための挑発的なスローガンなんだということです。そして、彼の立場は、「デクロワサンス」ではなくて「アクロワサンス」だといいます。「ア」というのは、「反」ではなくて、不可知論的な言い方で、クロワサンスでもデクロワサンスでもなく、問題はそういうことではない、と。それなら私も同意です。

けれども、何が問題なのか、ということが残ります。思うに、問題は相変わらず同じで、どのような社会をわれわれはつくろうとしているのか、どのような人間、あるいは人類をつくろうとしているのか、それが本当の問題です。それはもちろんエコロジー的な問題でもありますが、技術的な問題でもあって、成長の限界に遭遇するのか云々といったこともあります。

一言で言えば、本質的なことを言えば、私が警戒しているのは、この政治的な議論、あるいは倫理的、人類学的な議論をしないということ、つまり、技術の問題が大事だからといってそういういわば倫理の問題を議論しないということです。もはや選択の余地はない、エコロジーの限界というものに到達してしまったんだから、デクロワサンスを考えなければならないと。これは私に言わせれば、ヘーゲルの影響を受けた古いマルクス主義のテーマの焼き直しになってしまうでしょう。

アンベール この点についてちょっと私も発言させていただければと思います。

ひじょうにすばらしい議論、興味深い議論が今行われているわけですが、この議論は避けて通ることのできない重要な議論だと思います。というのは、成長は、われわれが今その壁にぶつかっているわけですね。それで、ブレーキをかけようとする人がいる。ブレーキが今実際にかかっているわけですが、逆の方向に行くと、やっぱり別のレールというものがあって、同じロジックがある。だから、結局、ロジックを変えなきゃいけない、論理を変えなきゃいけないということになります。

ロジックを変える、論理を変えるということの中で忘れてはならないことは、市場における生産と分配の問題です。つまり、市場というのは基本的に財の分配、あるいは流通の場であるわけですけども、この富の――「国富論」というのがありますけど、国富の原因というものを探すのが政治経済学の役割だった。しかし、同時に貧困の原因を探すのも政治経済学の役割です。ですから、そこに提起されている問題は大きいわけですが、それ以外にもいろんな問題があります。

彼が功利主義者ではないと言ったとしても、次のようなことを言っています。私は、肉屋の善意というものを期待するのに食事を待つ必要はないということを言いました。

この成長に対する脱成長という考えについてですが、アダム・スミスの時代には、これはマルサスの考え方が支配的だったわけですね。つまり、アフリカ的な状況というものがある意味ではヨーロッパにあったわけです。生活を保障するために生産するということが一番重要な課題だったわけです。

今日ではGDPの八〇%が無益で、何の役にも立たっていない。功利主義の観点から見て、最も豊かな国は地球上の生産の大部分を独占しているわけですけども、その生産の大部分は物質的な生産、つまり具体的なニーズにこたえるための物質的な生産ではないわけです。それでも、成長を続けるための生産になっているわけですね。資本主義のロジックの中で成長を極大化するというふうに、そういうオプセッションにとらわれているわけです。

日本では高度成長が水俣とか公害問題を起こしたということがさっき指摘されましたけれども、もっと前から、脱成長というものがエコロジーの問題と結びついてひじょうに重要な問題として提起されてきたわけです。

それで、ひじょうに重要な課題になるのは、社会の中で生きるというのはどういう意味なのか、何の役に立つのか、どうやって社会の中で生きていくということを組織できるのかということですね。

この七月に日仏会館で開くシンポジウムはそういった問題を扱おうとしています。つまり成長の量、あるいは財やサービスの生産の量を問題にするのではなくて、それは決して量ではなくて質の問題だということ、コスト絡みでもって量の問題等を考えるというのではなくて、一体どういう社会へわれわれは向かっていくのか、どういう社会をつくろうとしているのか、そういう発想ですね。つまり、よりよい生活の質というものを追求するような新しいタイプの社会というのは可能なのかどうかという、そういうことを七月のシンポジウムでは考えてみたいというふうに思っているわけです。

中山　昨日ご出席いただかなかった皆様のために、少し補足いたしましょう。実は今年二〇一〇年の七月、つまり今から数ヵ月後に、この東京の日仏会館で、今言及されたラトゥーシュさんとカイエさんがお二人とも招かれたシンポジウムが開催されます。お二人ともMAUSSの活動をなさっていて、「脱成長」というテーマ、それから「反功利主義」というのは、どちらもMAUSSの基本的な考え方ですが、もう少し細かく議論を見ていくと、お二人の間に、あるいは二つの概念の中に考え方の違いもあるということです。アンベールさんが言及された貧困という問題も、脱成長という観点からみると、成長すれば貧困がなくなるから、成長すれば大丈夫ということではなくて、むしろ成長という考え方があるために「貧困」が発見され、問題化される、というふうに見方を変えることが重要だということです。

さて、とても議論が白熱してきたのですが、もうすでに半分の時間を経過しました。ここで休憩に入り、少し暖をとっていただいてから後半を始めたいと思います。ありがとうございました。

〔休憩〕

中山　それでは、再開いたします。前半では経済を中心に議論してまいりましたが、昨日から議論を聞いていただいている方々はご存じのように、ＭＡＵＳＳの活動と考え方は、人類学者マルセル・モースから、多くのアイデアを得ております。後半では特に、もっともモースの贈与の概念などは、昨日からすでに議論されておりますが、そのあたりを手がかりに、ジェネラル・ディスカッションまで、また質疑などにも少し時間をとりながら進めてまいります。それではまず、渡辺さんに提題をお願いいたします。

渡辺公三　それでは、私のほうからごく簡単に、今日は大体一〇分から一五分程度でお話を——何かヒントというか、話題をということでしたので、お話をさせていただきたいと思います。一応テーマとしては、「市場・民主主義・市民社会へのモース的ヴィジョン」というようなことでお話をさせていただきたいというふうに思います。

前置きのようなことから始めますと、この「ＭＡＵＳＳ」という雑誌は一九八一年に発刊されたわけですけれども、私はそれが一九八一年に発刊されたとき、パリの本屋さんの店頭に並んでいるのを初めて見て、その大胆な命名にまず驚かされました。ある意味ではぎょっとしたというか、驚きました。私自身は人類学をやりながらマルセル・モースの仕事に大変関心を持っておりましたので、その名前をのっとったと言ったら怒られるかもしれませんが、そういう雑誌が出ているということで、たいへん驚きました。それは恐らく私がアフリカ研究を始めてカメルーンという国に初めて行ったときの往還のとき、パリに寄ったときだったのではないかと思います。

その後は、アフリカにおける人類学の見習いといいますか、それから現代人類学における構造主義の意義の検討とか、そういったことに関心が向いていきましたので、この「MAUSS」という大胆な名前の雑誌の動向を十分にフォローしていくところまでは残念ながらいきませんでした。

数年前からフランスにおける人類学の一つの重要な思考の流れとしての構造主義というのをさらにさかのぼって、どこからそれが来ているのかということを考え始めたときに、マルセル・モースという人の名前はひときわ大きな存在として改めて注目しなければならないということがあり、そのモースという人の名を冠したこの「社会科学における反功利主義」という潮流もひじょうに大きな存在として再び視野に入ってきたということで、改めて最近関心を向けてきているというところであります。

それで、モースに対する関心と同時に、やはりこの現代世界の政治経済の動きにある種の危惧を持って、それに対する批判的な思考を一つの流れとして既に三〇年近くにわたって展開してきているMAUSSというこの運動体、思考の運動体の動きというものを、改めてそのリーダーであるカイエ氏の話を直接伺って今日は議論していけるということで、大変意義深いというふうに思っております。

そこから私なりにどういうことが受けとめられるかということを考えるときに、皆さんのお手元に

資料集としてカイエ氏のこの文書、日本語に訳されたものが何編かお手元にあると思いますが、これを改めて読ませていただいて、たとえば「De-penser l'économique」、今日のこの「経済を審問する」というタイトルのもとになっているこの文書の序文では、政治と経済の関係の再定義が試みられている。常にその再定義というのをMAUSSの仕事を参照しつつ行っていくと、そういう方向が示されているわけです。けれども、それは単純な話ではなくて、「経済的なもの」を「政治的なもの」に解消させることにも、存在するのは政治的な問題だけだというふうに主張することでもない。政治と経済というものの関係をある種の複雑な関係として見直していく、そのときにモースの仕事がひじょうに重要なものとして再び注目されるという、そういう問題の立て方になっているというふうに思われます。

そうした立場に私は完全に同意することができるというふうに思っています。とりわけ「Dépenser l'économique」という論文の中では、そうしたモースを参照しつつ政治と経済の関係をもう一度考え直していくという、そういうことが示されていると思います。

文化人類学の立場からいいますと、あるいはモースからやはり学ぼうと思っている立場からすると、経済的なものと政治的なものというカテゴリーに対して、現代世界では文化的なもの――モースは現代文化人類学の先駆者の一人とみなされているわけですから、その文化的なもの、あるいはモースの用法に近い言い方で言うと象徴的なもの、これは昨日のお話でも最後に贈与というのは記号ではなくて象徴なんだと、たいへん興味深い指摘があったわけですけれども、その象徴的なものというものはどういう意味で独自のカテゴリー、あるいは人間のリアリティーにとっての独自の次元をなしているのかということが一つ重要な問題になるのではないだろうかというふうに考えます。

とりわけその文化的なものの中でも、これはモースが考えた思考の流れに沿っていえば、身体――これは生産する身体であり、消費する身体であり、またもう一つは創造する、クリエイトしていくものとしての身体ということ、それからもう一つは言語――これは昨日もひじょうに重要な問題として議論されたと思いますけれども、単に伝達するだけではない、創造する言語、そうしたもの。モースがある一貫したしかたで人間のリアリティーにとっての身体の次元を考えていたことは、とりわけ後期の心理と生理の関係に関する考察や、死の観念の個人への影響、身体技法のテーマへのアプローチに表れています。いっぽう言葉の問題は若い時の未完の学位論文のテーマが「口頭儀礼」としての「祈り」の問題だったことに明確です。そして、この創造する身体と言語という次元を導入したときに、僕としては今日ぜひともこの一つの問題として考えていきたいと思うのは、いわばクリエイティブな民主主義と――デモクラシーということはいろんな形で問題にされているわけですけれども、クリエイティブな民主主義というのは一体どういうありようがあり得るのかと。そこでの身体と、それから言葉の次元というのはどういうものであり得るのかということをモースの思考に倣いながら、あるいはそこから学びながら問題を立てていけないだろうかということが、私にとってはテーマであるような気がいたします。これは、現在のいろいろな意味でたいへん難しい、困難な状況の中でわれわれに問われているのは、こうした困難な状況の中でクリエイティブであり続けるということがどういうことなのかという問題だというふうに私には思われるからです。

そうしたことを考えながら、市場と民主主義と市民社会というものに異なった社会、異なった文化に関心を向ける文化人類学というものの定礎者というか、基礎を置いた人間、そしてそういった分野をリードしていった存在としてのモースの視点がどのようなヒントを与えることができるのか、これが今日の私の関心の一つの軸だというふうに思います。

これは、一般的に文化人類学といった場合には、エキゾチックな社会に関心を向けて、その社会がどうなっているかということを見てきたようなそとは言いませんけれども、民族誌として報告するというふうに、一般的にはそれがミッションだと考えられている文化人類学のあり方からすると、やや異端的というか、ペリフェリックつまり周辺的というか、そういう現代の人類学のあり方の中では異端的なところに位置づけられるのかもしれません。

ただ、私は、後ほどお話ししていくように、モースという人は、これは一つの特徴として、いわゆる人類学の中で制度化された意味でのフィールドワークというのはほとんどやったことがない。けれども、同時代の人類学者たちを育て、リードし、そういう若手の研究者たちをフィールドに送り出していった。そういう存在としてたいへんユニークな現地調査というか、フィールドに対するヴィジョンを持っていた。そのヴィジョンというのは同時にモースにとっては、モースが生きていた同時代のフランス、あるいは同時代の世界というものに対するヴィジョンとひじょうに密接な関係を持っていたということが明らかだと思われますので、ひじょうにユニークな人類学者の存在としてのモースがひょっとすると示しているヒントというものに対しては、忠実な見方になっていくのではないかなというふうには考えております。

そのことは昨日の話題の中心であった「贈与論」という――これは一九二四年から二五年に第一次世界大戦後にモース自身が中心になって再刊された「社会学年報」の第二期の第一号の中心的な論文でしたが、そういう形でモース自身は第一次世界大戦末期に亡くなってしまったデュルケムの跡を継いである種のリーダーとしてフランスの社会学・人類学研究の世界をリードしていこうとしていた。その中心的な「贈与論」という論文が同時にモース自身のほぼ同時代のロシア革命に対する評価の幾つかの一連の論文と同時代に書かれていて、その論の内容自体もひじょうに密接な表裏一体をなしている、そういうこととも関連していくというふうに思います。

そうした「市場・民主主義・市民社会のヴィジョン」というのをモースの思考からどのように引き出せるかということを考えていこうと思ったときに、皆さんのお手元の資料にある論文の訳でいいますと、MAUSSのポラニー評価の論文がひじょうに重要なヒントとして参照できるというふうに私は受けとめました。

それは、一つは、モースと経済学という――これはもちろん「贈与論」というひじょうに重要な論がその関連を考えるときの枠になりますけれども――、人類学と経済学の関係をもうちょっと近いところで確かめていくためには、ポラニーがMAUSSの運動によってどう評価されているかということを見るのはたいへんヒントになる。ポラニー自身が人類学と経済学を媒介するような形で重要な仕事をなさったということで、そういった位置づけが可能なのではないだろうかというふうに思うわけです。

この資料集に上がっている翻訳の論文でいいますと、二番目の「カール・ポラニーの現代性」という論文ですけれども、とりわけ第二番目のパートで、そこでは、とりわけカール・ポラニーという人の思考からは、自己調整的な市場と民主主義は同じ源泉から生じているのではないという論理を導き出せるというふうにポラニーの仕事が位置づけられているというふうに私は読みました。

始めの方にありますが、ポラニーの議論からは、自己調整的市場と民主主義は同じ源泉から生まれているわけではない。たしかここでは、むしろ自己調整的な市場と民主主義が同根である、あるいは並行して、あるいは市場から民主主義が生まれてきたというジャック・アタリという人の立場を批判する形で、ポラニーの議論からは、むしろ源泉が同じところから生じているわけではない、別のものなんだ。つまり、市場を再検討することによって、自己調整的な市場を何とかしなきゃいけないというふうにしたときに、民主主義もそれと同時にある意味では手放さなければならないというような議論はポラニーの思考からは引き出せないということなんだと思います。

先ほどの議論の中にもありましたが、つまり一次的な社会性というか社交性というか、ソシアリビリテ・プルミエールというのとソシアビリテ・セコンデールつまり二次的な社会性の関係という議論とも関連すると思うんですけれども、自己調整的市場をいわば包囲し取り巻き、むしろそういうドミナントな市場を蚕食していく、それを食い破っていくようなものとして、モースの「贈与論」の中で議論されている互酬性、つまり人に贈与、贈り物をし、贈り物をすることが義務であり、それを受け取ることが義務であり、またお返しすることが義務であるというような贈与の互酬性と、それから再分配の組織というものがあり、そして、国民国家の制度的な支えというものをある意味では変えていく、再編していくものとしてのアソシエーション的な、結社的なというのか、人々の結びつきとしてのアソシエーションのあるあり方、社会体というか、社会のあり方というものの構築のプログラムがポラニーの論理からは引き出せる、導き出すことができるというふうにこのポラニーの評価の論文では議論が展開されているというふうに私は読み解きました。

こうした二つの側面、つまり自己調整的市場をどのように取り巻いてそこの中に食い込んでいくかということと、それからアソシエーション的な社会というのをどういうふうに再編していくかというその二つの側面というのは、相互にひじょうに密接に呼応していて、このようなポラニーの議論を出発点にして社会を再編していくときに、そこで目指されている社会というのは今日であれば市民社会と呼ばれるものかもしれないという言い方で、ある意味ではポラニーの議論を踏まえて市民社会というものの再定義といいますか、恐らく再定義だけじゃなくて現実にその市民社会を変えていくというプログラムが必要なんだという議論が展開されているというふうに私は受けとめました。

それを圧縮していえば、ポラニーの経済学――これは広い意味でのというか、ポラニーの経済学には市場と民主主義と市民社会の関係をどうやって再定義していくかという、そういった大きな問題があるということが議論されているというふうに私は受けとめました。

こうした議論を行っているＭＡＵＳＳという思考の運動体が、それでは、市場と民主主義と市民社会の関係について大文字のほうじゃなくてマルセルのほうのモースからどのような思考を引き出すことができるのか、これが私としては興味深いところであり、その議論については既に昨日のマルセル・モースの「贈与論」のカイエ先生による再評価によってその一端をわれわれは伺うことができたというふうに思います。

ただ、ここで私としては少し参考としてお示ししておきたいことは、マルセル・モースにおける市場・民主主義・市民社会の関係のヴィジョンというのは、恐らく先ほどもちょっと触れましたけれども、「贈与論」というのと同時代的にほぼ表裏一体の形で書かれている一連の「ロシア革命論」の論文に極めて鮮明に打ち出されているのではないだろうかと、そういう視点です。

というのも、マルセル・モースがほぼ同時代であったボルシェビキのロシア革命についての評価を行うときには、まさにこの市場と民主主義と市民社会に対する極めて意識的な姿勢の運動としてロシア革命、ボルシェビキの革命があったというとらえ方をしているように見えるということです。これは後ほどカイエ先生からも何かご議論があればお聞きしたいところですけれども。

先ほどから触れていたポラニーの経済学批判というのは、資料集にある論文によりますと、当時のファシズムに対する経済学的な視点からの批判という側面を持っていたということが指摘されていますが、モースの「贈与論」というのはそういう意味でいうと同時代的なロシア革命に対する批判、批判的な再検討という側面を持っているというふうに考えることができると思います。

つまり、モース自身は人類学の学問的なリーダーであると同時に、当時の社会党のひじょうに密接なシンパとしても活動を行っていたわけで、二〇年代ということであれば、世界史的にいえば、ロシアで革命が成立し、西欧の諸国で社会党が分裂して共産党が誕生すると、そういうのとまさに同時代でもあったわけでして、モース自身はひじょうに親しいそれまでの仲間、あるいは同志が共産党のほうにくらがえというか、そちらに移って、もともとモース自身が創刊者の一人であった「ユマニテ」

という新聞、機関紙も共産党の機関紙にかわっていくというようなことに実際、かなり苦しいというか、つらい経験をしたということはモース自身のエッセイにも触れられているところだったわけです。

そうした文脈の中で、モースが同時代の共産主義運動とその震源としてのロシア革命に対して社会主義者としての対応を行ったというのがロシア革命の評価だったというふうに思います。

モースは、ボルシェビキ革命の暴力的で人為主義的で——これはアルティフィシエリストという言い方をしますけども、ひじょうに人為主義的で、上からの法の強制としての革命という性格を徹底的に批判する、そういう形で評価を行っています。それは、人為主義的なということのポイントの一つは、ロシア、ボルシェビキ革命における市場の廃絶という方針に対するモースの極めて辛辣で根底的な批判ということ。市場というのはそんな簡単に廃絶することができるものではないということの主張の裏づけが同時に「贈与論」でもあると。そういう形で「贈与論」とひじょうに密接な関係を持っている。その「贈与論」の論旨を展開するために同時代の最新の人類学の民族誌的な報告を徹底的に読み込んで活用したということ、そういう形になっているというふうに思います。

それからもう一つ、モースのロシア革命に対する評価の極めて大きな特徴というのは、一九二二年の時点で当時のソ連政府が採用した新経済政策、市場の復活、ネップですね。それをひじょうに高く評価して、これが恐らくソ連の今後のあり得る可能性であろうという考え方をしている、そういう点にあると思います。この点については、その後、現実に歴史がどう動いていったかについてはまた別の問題になると思います。

こうしたモースの論点が昨日のカイエ先生のお話では、私がたいへん打たれたところは、私なりの勝手な言い方をしますと、モースの思考におけるある種の豊かな動的なアンチノミーといいますか、アンチノミー・ディナミクというのか、その自由と義務と、贈与というものは自由であると同時に義務である。それから、利益を求めるものであると同時にむしろ利益と関係のない行為としてあると。そういった反対の極を含み込んだ豊かな動的なアンチノミーというものを常に持った思考として成り立っている、それが「贈与論」の一つのエッセンスだという、そこに関係していると思いますし、また、モース自身の思考の昨日のお話ですと、反体系性といいますか、体系というものを目指すのではない、そうした思考と密接に関係しているというところにあると思います。

そうしたモースの考え方をある意味では本当に凝縮してあらわしていると思われる一節を最後に引用しておきたいと思うのですけれども、これはモースの政治論集というものの中のたしか私の記憶に間違いがなければ暴力についてという――これはロシア革命、それから同時代のファシズムについてのモースの評価ですが――そこでこういうことを言っています。かなりおおまかに訳して紹介します。

「社会現象のこれこれの一連の現象に優位性を与えるというソフィスムに挑戦しなければならないと。政治的なもの、道徳的なもの、経済的なものは、いかなる社会においてもそこで使われるアートに比べても支配的なものではあり得ない。」

「どれかのカテゴリーがドミナントつまり支配的で、それを明らかにすれば社会がわかるというものじゃない」のだという、そういうことなんだと思うんですが、これらはつまり「政治的なもの、道徳的なもの、経済的なもの、これらはまだわれわれの幼年期にある科学のカテゴリーでしかない。経済的なものである貨幣は、国家によって、つまり政治的なものである国家によって鋳造され、人々がそれに信用を託し、それによって成立している。つまり、経済的なものの最たるものだと思われている貨幣でさえも、政治的なものであり、また信用という問題がかかわっている、あるいは道徳がかかわっている。したがって、それを経済なり政治なり道徳といったあるカテゴリーだけで割り切ろうとする考え方自体がまだ幼年期にあるわれわれ――われわれというふうにここで言っているのは西欧の人文社会科学ということですけれども――、幼年期の科学の概念、カテゴリーでしかないんだ」という言い方をしている。

最後の結びの言葉が私にはたいへん感動的なものですけれども、「こうしたカテゴリー等々はともに生きるためのわざにほかならない」とモースは確認しています。「ともに生きるためのわざというのをわれわれはこれから探求していかなければならない」のだと。恐らくそれが人類学だと、あるいはさまざまな学なのだということをモースが言っている。

以上です。どうも長くなりました。

中山　ありがとうございました。ここで一度、カイエさんにコメントをいただきましょうか。

カイエ　もちろん私が今ここでコメントしても結構ですが、真島さんに先にやっていただきましょうか。

真島　真島でございます。私は、人類学、社会学の見方にたって二つの問題提起をしようと思います。

どちらの論点についても前提となるのは、功利主義、あるいは功利という発想そのものを批判する際には、功利主義の拡大を抑え込む最も強力な市場外要素の呼び名として、ヨーロッパではスコットランド啓蒙の時点から「モラル」とか「徳」とか「倫理」のような言葉が、常に語られてきた点です。ただし、日本語でこのことを考えるのには、なかなか厄介なところがあります。たとえばフランスの法律用語でいう法的な権利主体〈personne physique〉(個人)との対立におかれた〈personne morale〉(法人)という表現にあるような、何らかの社会結合を支える、目に見えない精神的なつながりという意味で「モラル」という言葉が使われるときに、それをうまく訳せる日本語は差し当たりないからです。実はこのこと自体がすでに大きな問題をはらんでいるのかもしれませんが、今日はその点は措くとして、私の問題提起は、二つともこの意味での「モラル」という言葉にかかわるものになります。

第一点ですが、カイエさんが「La Revue du M.A.U.S.S.」を創刊された一九八一年といえば、それはちょうど人類学者としての私のフィールドである西アフリカのコートディヴォワール共和国に対して、世界銀行が構造調整プログラムによる初の貸付を行った年に当たります。サブ゠サハラ・アフリカの国々が新自由主義の荒波に問答無用で巻き込まれていく幕開けとなったのが、この一九八〇年代初頭ということになるわけですが、他方で、既に当時の人類学にはモラル・エコノミーの概念が浸透を始めていました。

ちなみに、モラル・エコノミーという英語の「モラル」も先ほどと同じで、日本語に訳すとしても、市場外要素としての社会結合の原理とでもいう以外に翻訳できない言葉になります。

八〇年代以後の人類学は、もともとエドワード・トムスンがイギリス労働史研究の脈絡で使ったこ

の言葉を一方でたよりとしながら、同時に他方で、モラル・エコノミーのモラルの具体的な中身を考えるときには、マルセル・モースの『贈与論』を直接、間接の参照点にしてきたという言い方ができるかと思います。

とりわけ、構造調整プログラム以後のアフリカを対象にした人類学のモノグラフでは、単なる学問的な関心という次元を超えて、アフリカの村や都市に暮らす一般の人々が、社会保障などほとんど約束もしてくれないような国家の枠組みの中で、独自のモラル・エコノミーに基づいてどのように日常の生活を守っているのか、あるいは市場の暴力に立ち向かっているのかといった問いかけが、時を経るごとに深刻なテーマになってきました。

その点では現在もほぼ同じ状況が続いているわけですが、しかし、そうしたあれこれの人類学者の仕事に触れながら、私が感じてきた小さな問題が一つあります。

それは多様さの中の単調さとでも言えばいい事態かもしれません。個別のモノグラフが描き出すアフリカ各地のモラル・エコノミーのあり方は、一見、実に多様な姿をとるように見えます。しかしそうした財の流れの多様性も、あらためて眺めなおすと、互酬と再分配のさまざまな組み合わせでしかないように思えてくるからです。しかも、その根本の精神は、あえて言えば「相互扶助」の一言でおさまってしまうようにさえ見えてきます。

「相互扶助」という言葉を、たとえばここで試みに「利他主義」という言葉に置きかえたときに私が感じ始める不安というのは、昨日のカイエさんのご講演に続いて会場のどなたかが、ジャン゠ジャック・ルソーの思想にもすでにモース的な贈与への志向がはらまれていたのかどうかという、ひじょうに重要な質問をされていましたが、つまりモラル・エコノミーの具体的な姿にひとが見出しかねない単調さとは、本当にそうした経済を実践している人々の単調さなのか、それともそれを眺める側の思考の単調さにすぎないのかという問題です。

オルタナティブな経済の可能性という問題に引きつけて言えば、それは目の前でいま展開されつつある現実の中に、すでに芽生えているかもしれないオルタナティブの可能性なのか、それとも、これまでは「贈与」とか「互酬性」とか「利他主義」といった言葉に回収されるしかなかった社会現象を語るときの、新しい表現方法、新しい想像力のオルタナティブを探る試みなのか、どっちなんだろうという問題提起として、言い換えられるかと思います。これが第一点です。

第二の論点は、学史絡みの話で少し堅苦しくなりますが、いわゆる『社会学年報』学派にとってのモラル、特に叔父から甥へ、デュルケムからモースへと受け継がれていく「モラル」の系譜学の問題です。一九世紀末から二〇世紀初頭にかけて、この二人に抱かれていたモラルの概念は、仮にフランス一国の思想史としてだけ見れば、言うまでもなくコント、サン゠シモン以来の「社会の再組織化」をめぐる、当時としてはかなり緊急の課題に連動した言葉だったわけですが、ただ少なくともデュルケムについて言えば、市場外要素としてのモラルをめぐる彼の思想に、同時代ドイツの影響が少なからずあった点は否定できません。

普仏戦争に破れた後のフランスの文化政策のもとで、青年時代のデュルケムは、現に一八八五年から八六年にかけて国費でドイツ留学を果たして、戦勝国の社会思想、特に後期歴史学派の社会政策論や、国民経済論を積極的に吸収してくるわけです。

ローザンヌでもウィーンでもすでに限界革命が始まっていたこの時点で、彼はむしろ後期歴史学派に目をつける。それを踏まえながら来るべき産業社会を再組織化する手段として、たとえば職業集団とか、同業組合の連帯から生じる職業道徳を通じて、階級対立を超えた職業倫理が社会におのずとはぐくまれていくという、中間集団を軸とした社会再建のプロジェクトを構想したわけです。

そうなりますと、一方でイギリスの自由貿易主義の波を水際で食いとめるために、当時のドイツ国民経済論が練り上げた市場外要素としての「歴史」や「倫理」という主題と、他方でデュルケムが反功利主義、反アノミーの立場からまもなく主張をはじめる、同じく市場外要素としての「モラル」の主題が、理屈の上でつながれてもおかしくはなくなってきます。

たとえばシュンペーターは、かなり早い時点からデュルケムをシャルル・ジッドなどと並べながら、ドイツ歴史学派と密接な共通点を持つフランスの思想家として紹介していますし、人によっては、『社会学年報』学派のシミアンも、そうした群像のうちに数えることがあります。

これがマルセル・モースになりますと、たしかにドイツの影もデュルケムに比べれば一段と薄くなってきますし、そもそもデュルケムにとって大切だったのが産業社会に固有の職業倫理だったのに対して、モースの視線は、非ヨーロッパ世界の共同体や、過去のヨーロッパ文化におけるモラルのあり方に、ひとまずこだわるものだったという違いはあります。とはいえ二人とも最終的には、自国フランス第三共和国にとって望ましい社会的モラルは、いかにすれば醸成されるのかを探りあてようとする国家改良の夢、ないしは社会政策の構想を模索していた点では、軌を一にしていたと言ってよいのではないのかと思います。

たとえばモースが『贈与論』最終章で、国家の社会保障政策に言及し、あるいはデュルケム流の職業道徳に言及するときには、そこで語られている「モラル」の延長線上に、ドイツ国民経済論における「モラル」の影がかすかに垣間見えてもいることを無視すべきではないと思うわけです。

つまりここで送り返されてくるのは、かつてモースが描いた贈与のモラルに、たとえ今日の眼からすれば功利主義のレジームに抵抗するモラル・エコノミーのプロトタイプが見出せたとしても、そこにはやはり主体の政治学をめぐる両義性と言いますか、つまり抵抗する主体とは同時に防衛する主体であり、連帯する主体とはまた排除する主体でもあるという、そうした両義性が当の「モラル」の内側に書き込まれていることの可能性です。

「現代民族学の偉大な書物は、モースの『贈与論』であるよりは、むしろニーチェの『道徳の系譜』である。少なくとも、そうでなくてはならないだろう」。

これはもう四〇年近く前にドゥルーズ゠ガタリが記した一言ですが、たとえばカイエさんはこういったたぐいの言葉など物ともせずに、三〇年前に「La Revue du M.A.U.S.S.」を立ち上げました。同じく、この種の言葉など物ともせずに、私たち数名の日本人研究者が、数年前からマルセル・モース研究会を立ち上げました。

オルタナティブを目指してそうした物言いを乗り越える、あるいは迂回するためにも、マルセル・モースにおける「モラル」の系譜学を、いま一度洗い直す試みがあってもよいのではないだろうかというのが、第二の問題提起です。

この雑誌を長らく運営されてきたカイエさんですから、以上二つの論点のどちらにしても、おそらくは今まで何度となく耳にされてきた、実に平凡な質問かもしれませんが、この点についてはすでにご自身の著作のこれこれの箇所で触れてあるといった情報も含めて、お考えを教えていただければと思います。

中山　それではリプライをお願いいたします。

カイエ　渡辺さん、真島さん、ありがとうございます。マルセル・モースの読解としてひじょうに透徹し、かつ共感に満ちた指摘、またモース雑誌との関係でも重要な指摘をなさったと思います。提起された幾つかのポイントについてお答えをしたいと思います。

まず、渡辺さんのご発表についてですね。まず、モースと象徴主義の関係について付け加えておきたいと思います。これはあまり展開されなかったと思うんですけども、ひじょうに基本的で重要な点です。それは象徴主義のステータスの問題です。

われわれの仲間の一人が、『デュルケムからモースへ、象徴主義の発明』というとてもよい大著を書いたんですけども、この本は、象徴作用の重要性がモースの重要な発見の一つだということを示しました。ちょっと詳しく言う必要があるでしょう。デュルケムに既に象徴の問題は一定の場を占めていましたが、その表現は依然としていくらか二元論的なものでした。片方に現実があり、もう片方に象徴があると。象徴というのはもちろん重要だけれども、しかし、現実とは違うものなんだと。モースの偉大な発見というのは、一語で言えば、現実というのは内在的に既に象徴的なんだということです。現実があって象徴があるのではなくて、現実そのものがもう既に象徴的であると。

この考え方はレヴィ＝ストロースにもあります。レヴィ＝ストロースは、象徴はそれが象徴するところのものよりももっと現実的だ、ということを言っています。ただ、レヴィ＝ストロースは、この象徴ということに関して形式主義的な考え方をして、ひじょうに限定的なとらえ方をしていたということはただし書きとしてつけておきますけれども、しかし、モースにおける象徴の概念はひじょうに重要だということです。そこから初めて贈与と象徴とのたいへん深い関係が理解できるのです。

つまり現実はすべて象徴的だということです。けれども、渡辺さんはモースの思想の政治的ねらいの重要性を強調されました。これはとても重要です。というのも、あまり知られていませんから。たぶんそれは、マックス・ウェーバーの対極――そういう本をわれわれは出しましたが――とでも言えるでしょう。つまりモースは、学者であると同時に政治家でもあったわけです。ウェーバーの学問と政治に関する有名な講演がありますが、ウェーバーはそれについて、学問か政治かどちらかを選ばねばならないと言います。ところが、モースの場合にはそれは反対で、よい学問をすることができるのは、政治的なねらいを引き受けるときだと言います。また逆によい政治をするためには、知的・思想的な次元を引き受けなければならないと。

もっと具体的に言えば、モースは若いときはマルクス主義者だったわけですね。マルクスをたいへん賞賛していました。それから、ジャン・ジョレスの重要な同伴者でした。フランスの共和主義的な社会主義の創設者ですね。モースはそのジョレスの一番近い同伴者だったんですね。ですから、モースは社会主義者として全面的に行動し、とくに消費協同組合の活動に参画していました。だから、マルクスとエンゲルスが空想的社会主義と呼んだ伝統、むしろフランスの協同主義的な社会主義といった方がいいでしょうが、そういう伝統につながっているわけです。共同主義的社会主義というのは国家主導の社会主義ではなく、アソシエーションによる社会主義です。それがマルセル・モースが生涯にわたって抱いていた思想です。

まったくあなたの言われたように、こういうパースペクティヴの中で「贈与論」と、それから政治論、特にボルシェビキ革命論を理解しなければいけないわけです。一方は学問で、他方は政治論ですけれども。このボルシェヴィズムの社会主義的批判というのはすばらしいテキストで、これは最初の本格的な全体主義批判論として位置づけることができるものだと思います。全体主義というものが――マルセル・モースは「全体主義」という言葉は使っていませんけれども、いわゆる暴力による独裁体制、これは市場の全面的な否定によって成り立っている、ということを言ったわけですね。これは根本的な考えです。

さきほどの話題ともつながりますが、市場を完全に否定したり抑圧したりするのではなく、ただそれに限定を設けるということ、経済を複数化することによって、複数性を尊重することで制限するということですね。そういう発想がモースにあるわけです。だから、市場の廃絶ではないと。

それが、モースにおける市場と国家、そして市民社会の関係という、渡辺さんが提起した問題につながります。これはまさにあなたが理解されているように、われわれの政治的プロジェクトの中心にある課題です。それはいわば自由主義と、それから社会主義の伝統とを背中合わせに対決させることですね。この二世紀来、自由主義のディスクールと社会主義のディスクールが左右対立として今まで展開されてきたわけですけれども、この社会を市場に還元すること、これがネオリベラルに行き着くわけです。それから、逆に今度は、社会を国家に解消するというのが国家社会主義的な方向だったということです。

片方は市場のチャンピオン、もう片方は国家の――国家主義というか、国家主義的なチャンピオン、この二つのイデオロギー、これが近代の政治的な言説で、二つのイデオロギーは重要な言説であるわけですけども、しかし、国家と市場のほかに、もっと重要なものがある。それが社会だということです。だからものを考えるときにまず社会の観点から考えなければならない。これは国家を否定することでも、市場を否定することでもありません。そうではなく、国家と市場をさらに一般的な社会という枠の中に書き込み直さなければならないということです。

社会、アソシエーション――協同組合もその中に含まれるでしょうけども――の運動を通して表現されるような社会があります。このモースの政治的、政治経済学的企ての肝心なところは、アソシエーション主義的な市民社会の活性化と自律性を促進するということでした。

ここでは十分に展開する時間がありませんけれども、とりあえずつけ加えておきたいことは、このプロジェクト、これはたとえばルソーとの関係で昨日質問が出ましたけれども、これは決してナイーブな形で受け取ってはならない議論だと思います。国家の支配や市場の支配がなくなれば、このようなアソシエーション、このような社会が自然に花開くのかどうか、そんなふうに事態を考えてはならないと思うのですね。アソシエーションへの衝動があって、それが国家や市場によって限定されていると。それは部分的にはそうだけれども、部分的には間違っています。アソシエーション的世界というのは、放っておいてもすばらしいというわけではありません。それは個人の場合と同じです。

フランスの共和主義的企てのどれ一つ、というより共和主義的・ジョレス的社会主義——これは一九〇〇年ごろ生まれたわけですけども——これは今日では理解するのがとても難しくなっています。というのは、今日の政治哲学は、ただ単に自由主義と共同体主義を対立させているだけですね。ところが、このフランスの共和主義というのはまったく違って、ラジカルな個人主義であると同時に、またラジカルに共同体主義なんですね。そしてこれがアングロサクソンの個人主義と違うところなんですが、個人というのは自然に存在するものではないという考えがあるのです。つまり法の主体として自然に存在するものではないという考え方です。いわゆる市場中心の自由主義は個人をホモ・エコノミクスとして考えますね。しかしそういうものは存在しない。自律的個人というのは、何らかのかたちで国家によってつくり出されるというのです。国家は特に教育をとおして、国家に対して自律的な個人というものをつくり出すのだという考え方、これがフランス共和主義にあるわけです。

ですから、個人というのは出発点ではなく——この点がアングロサクソンの個人主義とは違うわけですが——、それは到達点であり、目的だということです。けれども、フランス共和主義のこのような観点、それを私は、今日一般化する必要があると思っています。目的としての個人というのはまた、結びついた（アソシエ）個人たちということでもあり、それはそのままアソシエーション主義的な市民社会でもあるということです。けれども、それに対して、国家や政治党派や知識人たちは、それが到来し、自立化してゆくための援助をする責任があるということです。

それから、真島さんの出された問いに関してですが、その問いはすべてマルセル・モースにおける「モラル」ということとの問題をめぐるものでしたね。

もちろんのこと、あなたの言われたように、エコノミー・モラル——これはトムソンの概念ですが——は、互酬性と再配分の交じり合ったもので、その点では同意しています。しかし、あなたが提起したもう一つの問題は、マルセル・モースが「贈与論」の最後のところで指摘したある根本的な問いかけに目を向けさせています。すべての「贈与論」の結論はこのモラル・エコノミーというところに結びついています。ただ、ひじょうに用心深く結論づけているわけですね。

その結論というのは、彼が当時発見したと考えたすべてについて、モースはたいへん慎重でした。その贈与と反対贈与のシステム、それは——モースが言っていることをそのまま引いて言えば——「永遠のモラルの岩盤だ」と言っています。あらゆる「モラル」のシステムは、この起源すなわち贈与と反対贈与から発しているのだ、と。そこからあなたの提起した問いに戻ることになります。あなたは西谷さんにかこつけて問いを出しましたね。それは、いつも同じことであると同時に、いつも違うということでしょう。あらゆるモラルのシステムは、義務に結びついています。これはマルセル・モースが言っているように、同一性から脱出するということですね。与え、そして受け取るという関係によって。けれども、それぞれの社会、それぞれの文化は、贈与と対抗贈与のシステムによって違ったふうに組織されています。どういうときに、どういう操作に関して、だれが借り手で、だれが貸し手であるか、ということを違ったふうに定義しているわけです。ですから、社会学的には、われわれは不変の要因と、それから歴史的な変化、それも大した変化ですが、それを同時に把握させてくれるような概念を必要としているということです。

それは、科学に固有のプログラムということで、そういえば、ここでは社会科学における反功利主義のことを議論しているわけですが、まさにそれがこの運動を幾つかの哲学的な伝統と区別しているところです。哲学一般ということではありません。ある種の哲学的伝統ということ。それは、たとえばあなたが最後に引いたドゥルーズ＝ガタリとか、デリダのことです。奇妙なことに両方ともモースに言及していますね。あなたのふれたドゥルーズ＝ガタリの引用は知りませんが、「モースよりニーチェのほうがいい」という言い方ですね。しかし、みごとなエッセイを書くことと、それからあらゆる科学的歴史的情報のデータを集めて検証するということとは違います。私は、どんなに天才的であろうと、自分の哲学を練り上げるためにあらゆる学問的な業績を否定するようなやり方には与しません。

同じように、デリダが真っ向からモースを批判したのにも、とても驚きました。彼は言っています。モースは贈与を除いてすべてを語っていると。つまり贈与について言っていることは無だ、と言うわけです。そして道徳的モラリストだと結論づけるんですね。というのも、モースは贈与に関してあきれるほど凡庸な観念しかもっていなかった、と言うわけです。それは計測され、他のものを計測する、プチブルジョア的なものだと、これはいただけません。デリダは違う形で贈与論を展開して、それはたしかに壮大なものですが、奇妙なものです。

ともかく、社会科学は哲学とりわけ政治哲学と不可分ですが、また逆に、哲学者も社会科学の学問的な成果というものを尊重しながら自分の思考を展開しなければいけないのであって、社会科学の学問的な成果を否定する形での哲学的思弁ではいけないというふうに私は思っています。以上です。

中山　ありがとうございます。日本でも一九八〇年代に、オルタナティブな運動が出ながらもポストモダニズムの波にのみ込まれていったことと、同じ時期に新自由主義の政策が支配的になったという事態に照らしてみても、とても示唆的ですね。

西谷　議論を展開するために一つつけ加えさせていただきますと、先ほど渡辺さんが少し触れられた市場と民主主義のつながりという問題ですね。

民主主義の問題というのは、昨日から実はちらほら出てきていて、なぜ市場のこと、経済のことを言っているのに民主主義の話になるのかというのは疑問をお持ちの方もおいでかと思いますが、まさにいわゆる新自由主義の流れというのは、あらゆる議論による決定を市場原理による決定に置きかえていって、そうすることで政治的なコンフリクトはマネージメントの中に解消されていくんだというような主張を含んでいるわけです。そのことによって政治的な要素が排除されていく一方で——だから、それが経済の専制というふうになるわけですけれど、同時にそれが最もデモクラティックなものだという政治的主張を伴っているという、こういうパラドックスがあるわけですね。

どうしてそれが民主的かというと、だれもがみんな購買者、あるいは消費者として同等であって、その同等の一人一人が市場の中のアクターとして機能すると。そして、みんなが自分の意思を主張することによって決定が出るのが市場だと。だから、市場が最もデモクラティックな決定のシステムであるという、そういう主張を伴っています。

市場と経済と政治の関係をこういう形で統合していく、あるいは溶解していくというところに今の主流の経済学の考え方は導いてきているわけです。だから、市場と民主主義の問題というのは、向こう側から強烈に提起されてきた問題であって、先ほど渡辺さんがモースに関してこの問題を社会という中間項を入れながら語られたというのは、マルセル・モースの主張の中においても、あるいは反功利主義運動の中においてもたいへんに重要な問題だと思いますので、この点、民主主義の方向についての議論をもう少しカイエさんに展開していただけたらと思いますが。

カイエ　渡辺さんが言われたように、市場と民主主義との相対的な独立性というのは、ポラニーの思想の重要な要素ですね。一方に、ネオリベラリズムに極まって、ワシントン・コンセンサスに集約されるような――まあ、これはポラニーの後ですが――民主主義は市場によって生まれる、といった考えがあります。それがIMFの基本的なドクトリンですね。まず、市場経済を世界に広めれば、あとで民主主義がついてくるというわけです。こういうのはまったくの幻想、まやかしです。

そういう考えのもっと手の込んだバージョンが、たとえばフランスではジャック・アタリですね。たしかに才気のある人ですけれども、彼の『21世紀の歴史――未来の人類から見た世界』（作品社）という本のなかでは、フェルナン・ブローデルの経済史観を引用しながら、民主主義というものが市場経済の構成の結果、もっと正確に言うなら金融の形成から生まれてくるということを自明視しています。金融の形成が市場の条件、民主主義の条件だというわけです。これは私に言わせれば、歴史的に間違っているし、思想的には危険な考えです。

歴史的に間違いだというのは、まったく反対の――これはフランスではジャン・ド・ベシュレールのような人がいますが、たいへん興味深い説があります。これは日本にも触れた仕事ですけれども、なぜ資本主義はヨーロッパに発展したのか、という古典的な問いがあります。市場経済はなぜ西ヨーロッパで発展したのか。ベシュレールの答えは、民主主義が西ヨーロッパで発明されたからだということです。なぜ民主主義は西ヨーロッパで作り出されて、他では生まれなかったのか。それは、日本も加えて西ヨーロッパだけが地球上で封建体制を、つまり中央権力が弱い体制を持っていたからだ、と彼は言います。その中央権力の弱さが、帝国的構造ということですが、それが台頭期のブルジョワジーと、形成途上の国家との同盟、地方の領主たちに対抗する同盟を可能にしたということです。要するに、市場の発展の起源は政治的条件のうちに求めなければならないということです。そこに市場と政治の二項対立はないわけです。

資本主義の自己形成ということも、そこにも市場の政治的起源というものがあるわけです。だから、民主主義の方が市場の自律性の条件なのです。歴史的に見ればこちらが真実です。しかし、残念なことに今日ではそれははっきりとは見えない。西谷さんが言ったように、それは一般的に認められているわけではないのです。もう一度ジャン・ベシュレールの考えを繰り返せば、民主主義が市場の発展の条件だったのですが、それがひっくり返ってしまったのです。今日では市場の発展に民主主義がなくても市場は発展できるようになっているわけですね。今日の市場が要求する唯一のものは、私的所有権を擁護する、守るということです。そしてベシュレールが言うように、権威主義的な政治体制の方が、民主主義よりも、私的所有権を保障するには有効なわけですね。その点からすれば、現在の中国のケースというのはものすごい例です。あの資本主義と共産主義との完璧な混合というのは。そして民主主義は全面的に拒否しているわけです。

そして、このような展開というのは、われわれにとってきわめて重要な問題を突きつけています。これは西谷さんの発言の重要なポイントだったと思いますが、このような摺り寄せ、かつての共産主義諸国における民主主義の棄却と市場経済の全般化が、民主主義という語のとほうもない過小評価に行き着いてしまったということです。その結果、その理念は、二〇世紀の全体主義と、現代のネオリベラリズムによって、ともどもに腐敗させられてしまっているということです。とはいえ、ともかくわれわれには民主主義の他の価値はないわけです。

だからそのために、さきほど私はパルセリタリズム（断片化傾向）という言い方をしましたが、そのときに言おうとしたことで、今日の現代の政治の体制が、確かにこの民主主義の残滓を保持しているということを示すのは大事なことだということです。民主主義のレトリックとか民主主義のある種の制度とかですね。しかし、肝心なところでは、それらはもはや民主主義の様態ではないということです。私が思うに、今日の民主主義というか、この三〇年前来、西ヨーロッパの政治体制は、先ほど言った逆転した全体主義のようなもののなかに落ち込んでいます。それは私が断片化傾向と言っているものですが、それは二〇世紀の全体主義と対称的で真反対の理由から生じているわけです。要するにわれわれは倒錯的な全体主義を生きているということです。全体主義にもいろいろありましたが、われわれがいま置かれているのは、民主主義的理念の倒錯形態だということです。

しかし、われわれがネオリベラリズムとか、市場の全般化というかたちで倒錯した民主主義の理念を生きているとしても、民主主義を放棄しなければいけないかというと、まったく反対です。ただ、現在の世界の広がりのなかで、と同時に二〇世紀の歴史的教訓を汲みながら、現代史を考え、考え直さなければなりません。

中山 ありがとうございました。今のカイエさんのリプライを受けて、論者のみなさまから、いかがでしょうか。

長尾 論じるのではなくて、カイエさんが今おっしゃったことに注をつけるんですけども、民主主義と市場経済というものは同時並行的にというか、民主主義から市場が生まれたという議論は、たとえば一八世紀のアダム・スミスとか、デイヴィッド・ヒュームの議論を見ると、彼らの議論の核心的なところは、それまでの――さっき真島さんが言われた「モラル」という言葉というのは一八世紀によく使われています。この場合のモラル、彼らが使ったモラルというのは、社会とか、倫理とか、全部一緒くたになっている言葉なんですね。それで真島さんはああいうことをおっしゃったと思います。

その場合のモラルを考える場合に、必ず政治体制と結びついているというのが一八世紀的だったんです。政治体制が共和主義なのか、君主制なのかという議論ですね。古い議論です。スミスやヒュームの革新的なのは、それと経済は関係がないと。つまり政治体制と関係なしに市場が議論できる。だから、イギリスは確かに王政ですけれども、混合政体と当時言っていまして、君主があり、議会があり、裁判所とかそういうのがありますね。そういう政体ですが、イギリスの政策はフランスでもできる。当時の絶対王政のフランスでもできるというのがむしろ彼らの発想であるので、そういう普遍的な政治体制にかかわりなくとることができる内政の原理として――内政というのは国内の政治ですね――経済政策というのを考えたというのがむしろ彼らの特徴であったと思います。

そういう点から考えると、自由民主主義という――その場合の自由は経済的な自由というのも含むと思うんですけども、そういう考えはひじょうに新しいと思うんですね。一九世紀のリベラリズムから二〇世紀にかけて生まれてきたけれども、一九世紀はまだ現代的なものではないので、恐らく二〇世紀ぐらいではないかというふうに思うので、それを一つの注としてつけておきたい。

それから、一つだけどうしても質問したくなりました。

モースのことは本当に勉強になりましたが、モースと現代思想のある意味でひじょうに元祖的なバタイユの関係がどうなっているのかということについては、もう少し詳しく知りたいんですが。

西谷　そんなに詳しくは展開しませんけれど、私は大変バタイユに負うところが多くて、戦争論もやりましたし、それから世界戦争という形でグローバル化が実現する、そのような事態にまで世界を導いてきた運動――西洋によって始められた運動によって世界化はもたらされるわけですけど――、その運動を駆動させる軸であり枠組みになったのがユニバーサル・ヒストリーつまり世界史という観念だと思っているわけです。そのユニバーサル・ヒストリーというのが世界を統一的に、普遍的なある共通の時間軸に従って一方向に進むという時間観念のもとに包括していくヴィジョンだと考えているわけですけれども、そのことも私はバタイユから着想しました。

そして世界戦争というのを、いってみれば人類のエクスタシー、つまり内的体験というか、インプロージョンといったものとして考えるという発想もバタイユから受けました。また、その後のテロリズムに関する考えも、それから今やっている経済に関するアプローチも、ほとんどバタイユから着想を得ています。

そのバタイユが教えてくれた一番重要なことは、単一、あるいはユニットとしての主体というのは不可能だということで、われわれは死を越えてしかそういうふうにはなれないと。そのことを理論的に補強してくれたのがモーリス・ブランショであり、エマニュエル・レヴィナスであったわけです。だから、私の基本的な発想は、二〇世紀の全体化した世界において完結した主体というのは成立たないということにあります。完結した主体であり得ないということは、ごく平たく言えば、人はだれも自分一人で生まれることもできなければ、自分一人で死ぬこともできないということに示されています。まさに死というのはオブジェクティブにあるもの、物としてあるものではなくて、人間にとっては共同の出来事としてしか意味を持たないと、そういうことから、私のすべての仕事は出発しています。

そうすると、その中にいわゆるポストモダンと括られるドゥルーズもガタリもデリダも入ってきません。だから、別にバタイユから、あるいはブランショから、デリダやガタリやドゥルーズに行かなくちゃならないという理由は一切ないということです。

中山　モースとバタイユの関係についてはいかがでしょうか。

西谷　やっぱりバタイユは自分の極めて個人的な、ある種の神秘体験が基本になっています。けれども、神という最終的なリフェランスを持って意味づけられる形ではなく、それを拒絶してもなお人間が得てしまうというか、出会ってしまう、そういう体験というのをどう位置づけるかということを考えたときに、一方で哲学の道をたどり――ヘーゲルの絶対知の哲学ですね――、そしてもう一方で、その経験の社会的意味というのに当たりをつけるために、それを社会的意味と関連づけるそのきっかけになったのがモースなんですね。

彼はあるとき、わっと錯乱してしまうわけです。それは錯乱というきわめてネガティヴな体験で、人を精神病院に入れてしまうようなものです。おまえ、狂っているんじゃないの、医者に行ったら、といって。でも、そういうことが人間に起こるとしたら、そしてそれが無視し得ない強烈な経験だとしたら、ではこのような体験は、この種のことを病気としてネガティヴにしか位置づけられない近代の実証的な知の体制とどういう関係に立つものなのか、それは通常の論理との関係でどう表現されるのか。それがバタイユの課題だったわけです。

それのまず一つのヒントになったのがヘーゲルの絶対知で、人間がすべてを知ってしまったとしたら、そのすべてを知っていることには何の意味もない。というのは、結局全体ができあがって閉じてしまうと、その全体を根拠づけるものは何もないわけですから。

そしてもう一つは、では、人間の知性はいっしょうけんめいすべてを知ろうとして構築する。それは意味の生産と蓄積のような作業ですが、それが最終的に何のためかわからなくなる。つまり宙に浮いてしまう。その意味のパラドクサルな論理は、実は近代社会の個的な主体をベースにした生産と蓄積の論理とパラレルになっている。その論理を逆から照らし出すのが「消費の概念」であり、あらゆる生産過程は最終的な無目的の消費に向けられている、というのがバタイユの考えです。その発想を社会性の方に開いてゆくときに、蓄積とはまったく逆の消費、それも不条理なまでの蕩尽として露出するアズテクの風習がバタイユに強烈なインパクトを与えたわけです。その風習をバタイユは、友人のアルフレッド・メトローに誘われてモースの講義に出て知ったということです。もちろん『贈与論』も読むわけですが。とくにモースの影響は、「一般経済論」と題した『呪われた部分』の論理の骨子に関わるかたちででています。

バタイユというのはきわめて特異な突出した思想家ですが、そこで出された問題は、だいたいは凡庸なテーマのうちに解消されるわけです。そして、凡庸なものがいわゆる「現代思想」とかいうもののメインストリームになるわけです。そういう意味では、バタイユは今でもマージナルだというふうに私は考えています。すみません、すっかり私の話になってしまって。

けれども、どうして私などが経済の問題にまた関心を持つようになったかというと、バタイユの生きた時代が終わって、その後でまた、近代のエコノミーという観念をもう一度問い直さなければならないというような状況になってきて、バタイユの提起した問題が再び浮かび上がってきたということだと思います。それを今度は自分たちの問題としてもっと具体的に精緻に考えなければいけないのだけど、そのときにカイエさんとかＭＡＵＳＳの人たちのやってきた仕事が別の面から照明を与えている。そのようなつながりで、今日ここにこういう会合が持たれているんだと思います。

中山　ありがとうございました。さて、そろそろ皆様からのご質問の時間に入りたく存じます。なるべくたくさんの方にと思いますので、手短にお願いいたします。

会場発言者　明星大学の経済学部で教えている近藤と申します。二つこの機会にカイエさんに伺いたかったんですが、一つは、カイエさんの体系にジャック・エリュルはどういう位置を占めているんでしょうか。まったく関係のない存在なんでしょうか。

今日の議論を伺っていると、たとえばジャック・エリュルの『社会的秩序』という本に書いてあることとひじょうに重なっていることが多いように思いました。

それからもう一つ、ジャック・アタリですけれども、アタリは『友愛』という本の中で——私、たまたまその本の日本語訳の訳者なもので、ジャック・アタリにも関心がありまして——、彼は、デモクラシーというのは豊かな少数者を罰し、市場というのは貧しい多数者を罰するんだということを言っていまして、市場とデモクラシーがひじょうに矛盾する可能性があるということを、その本の中では指摘していたように思います。それは先ほどおっしゃったこととちょっと違っておりますので、ジャック・アタリもひじょうに頭のいい人で、いろんなたくさんの本を書いて、それぞれ違うことを言っているのかもしれませんけれども、ちょっと伺いたいと思います。

中山　ではカイエさん、お願いします。

カイエ　ジャック・エリュルについてはあまりお答えすることがありません。五〇年前からもうほとんど読まれなくなった経済学者ですけども。先ほどお話したリップマン会議に参加した人で、その当時のネオリベラリズムに近い人です。極めてソーシャルなネオリベラリズムの人だったと思います。ジャック・アタリの『友愛』という本も読んでいませんので、答えに戸惑うのですが。ただ、アタリの問題は、彼は極めてブリリアントな人ですけれども、しかし、ほとんど毎月、あるいは二ヵ月毎に、平気で前に言ったことと違うこと言うという特技をもっているんですね。でも、この最新作は読んでいませんので、ちょっとお答えしかねます。

会場発言者（中野）　デモクラタイゼーションについて二つ質問があります。僕の質問は、セルジュ・ラトゥーシュさんと似ているんですけども、一つは、現在のこの世界においてデモクラシーを再生するのに近代の枠組みを超える必要があるのか、それとも近代の中でデモクラシーをもっと急進化していく必要があるのか、これが一点目です。

二点目は、アラン・カイエさんの贈与の論理がどの水準で最も実践に移されるか。ローカルな水準か、たとえばメゾレベルな水準か、それとももっとグローバルなアソシエーションで達成されるのか、どのようにお考えでしょうか。

カイエ　ひじょうに長いお答えになってしまいますので、簡略に。

まず、セルジュ・ラトゥーシュのデクロワサンスに関係して、デモクラシーと近代との関係についてのご質問ですけれども、私が友人のセルジュ・ラトゥーシュの考え方にあまり賛成できないのは、彼がこのデモクラシーの問題を、私から見ればきちんと考えていないのではないかと思います。

ある言い方のなかで考察されている社会モデルは、小さな村のデモクラシー・モデルの回帰です。それは自給自足的だと想定されているんですね。ところが、もう何千という自給自足的な小さな村の単位というもので思考することは今はできないでしょう。それは私にはまったく非現実的なと思われます。だから、これは意図的に選ばれた極めて反近代的な発想です。もちろんこの近代というものをよりよい方向に展開させていくことは、私は必要だと思いますが、しかし、近代以前に回帰するという形で近代の問題を解決することはできないというふうに考えているわけです。

われわれの挑戦は、たしかに経済の限界の感覚、資本主義の限界を見出すということですが、それは民主主義の理想というものの遺産を継承しながらやっていかねばなりません。もちろん民主主義の理想のいわば堕落というか脱線というものを考えなければいけないわけですが、しかし、近代の中でデモクラシーは考えていかなければなりません。

このことはもう一つの質問につながります。つまり民主主義とも関係して、「贈与」をどのレベルで考えるのかということですね。

それをあらゆるレベルで考えるのは難しいと思います。まず、贈与ということを語るとき、それは人と人との関係においてです。いわばミクロ社会学的なレベルです。もちろん他のレベルもあります。

アソシエーション、アソシエーション主義的な市民社会、メゾ・ソシオロジックなレベルですね。そのレベルでは、人びとは他の人びとと管理の手段を与え合います。

もう一つの古典的なレベルが政治のレベルです。私は国家を政治的共同体として考えなければいけないと思います。つまり成員の間の贈与の総体によって構造化された共同体ということですね。それがほかの国に対して、国家という共同体が、あるひとつの連帯の範囲というものが、政治的な共同体として定義されるわけです。近代の政治的共同体は国民国家と同一視されています。明らかに、今日なお国民国家は死んでいないし、死なないと思います。ただ、それはもはや政治的構成体として自足的ではなくなっていて、国民国家の下のレベルの現実と、それから上のレベルの現実があるわけです。

ですから、今日のもうひとつの大きな政治的課題は――それがあなたの質問の意味だと思いますが――、この連帯というものを国というレベル、ネーションのレベルで組織しようとしたのが、古い共和主義的な社会主義だったわけですが、そうではなく、国際的なレベルでそれをどういうふうに組織していくかということです。だれもこれについての回答は持っていない。これを解決するには時間がかかるでしょう。しかし、具体的な展開のベースになる二つの大きなスローガンというか、原則というものがあると思います。

大きな二つの原則を、国際的なレベルで、それからナショナルレベルでも考えていかなければならない。一つはまず、この悲惨な状態、貧困というものは許しがたい、どんな社会も貧困を許容してはならないということ。したがって、ミニマム収入が必要なのだということ。どのようなレベルでそれを設定するかは別にして、いかなる人間も最低限の生活以下に置かれてはならないということ。

それと対称的になりますが、あらゆる世界の逸脱の原因、金融崩壊であれ、エコロジー的な逸脱であれ、そのあらゆる原因は不平等にある。だからそれと対称的に掲げられるスローガンは、富裕が一定のレベルを超えたら介入するということです。

これはちょっとびっくりするほどの状況になっているので、具体的な例をあげてみましょう。七〇年代アメリカでは、一〇〇人の社長に関して、社長と従業員の所得格差は一対三九だった。それが今では一対一〇〇〇になっているんですね。つまり、二五倍に不均衡が拡大しているということです。七〇年代のアメリカは共産主義社会だったわけではありませんが、平等主義的な社会だったと言えます。不平等といっても受け入れられる限度の一対四〇だった。この不平等が一対一〇〇〇だというようなことが今は世界規模に拡大している、これは大きな問題です。

アンベール　今言われたことに追加させていただけば、一つは、オペレーショナルであるかどうか、つまり使えるかどうかという問題があります。今、理論は構築されつつあるわけですけども、このような恐るべき社会にあって、誰もが経済学者のことを信じている。みんなエコノミストの言うことを信じているわけですね。これは奇妙なことです。

まず、信じる理由があるんでしょうけれども、しかし、信じることはできない面も今となってはたくさん出てきているわけで、幾つかの使えるかどうか、機能するのかどうかという点で、経済学者が言う理論は実現不可能になってきています。たとえば最低所得保障という制度がフランスにはありますけれども、これは最大所得の制限ということとやはり連動しているということです。

それからもう一つ、二つ目のコメントですけども、もちろんさまざまなレベルでの実施可能性、たとえば贈与のさまざまな実施可能性というものがあると思います。もちろん第一次的な社会性のレベル、それからアソシエーションというレベルでは容易でしょう。けれでもたとえば一億の小さな村というもの、それの間に連帯をつくり出すというのは難しい。それぞれのレベルでつくることはできるかもしれませんが。

そこで私がやっている「ＰＥＫＥＡ」という研究グループのことを紹介したいのですけれども、これには二つのプロジェクトがあります。一つは、ミクロのレベルで追求すること。

それに関するドキュメントをこの一〇月に釜山で出して、これはＯＥＣＤの会議でもって正式の承認を得ました。われわれは、はっきりした研究プロジェクトを提出しましたが、これはＭＡＵＳＳとの連携のもとにです。

成長に対するオルタナティブに関するスティグリッツの考えというのも随分議論されておりますけれども、しかし、妥当な形で人々の生活の質を保障していく、しかも、それをトップダウンではなくてデモクラティックな形でやっていくにはどうすればいいのか。

それには一定の集団的な審議ということ、討議が必要であると、それはアラン・カイエが説明したとおりです。何百万という人たちがちゃんとした議論をすることは難しいですけれども、まず民主的な議論が必要です。これはフランスではミッシェル・ルノーがやっておりますけれども、国際的なフォーラムをＯＥＣＤのもとに開くということがあります。われわれのプロジェクトがそこで賞を受けたということですね。

二つ目のプログラムは、ここで雨宮裕子がやっているものです。どういうふうに別な形でこのような交換を実現するのか――たとえばローカルな農産物の流通をアソシエーションという形でもって行う。フランスではAMAPというのがありますけれども、来週神戸で地方連帯契約のテーマをめぐる、生産者と消費者の間のローカルなレベルでの連帯をどうやってつくっていくかというテーマの会議が行われます。

こちらは個人というレベルですが、ただし、その個人は個々ばらばらの個人ではなくて、シトワイヤンつまり市民としてですね。単に消費者としてではなくて市民として同じ船に乗って、分断された個人を超えた集団的なものというか、あるいは共同体というものがつくれるんだと、それが単なる個人ではない市民という考え方ですね。

日本でも雨宮裕子から生きがいの問題が提起されていますけれども、それは西洋の社会では承認という問題と結びついていると思います。承認という問題と結びついた「生きがい」ですね。これをダイナミックな形で、そして十全な形でもって機能させ実施させてゆくということを考えていかなければいけない。そこから始めていくことができると思います。

釜山で提出したペンベル合意の文面を皆さんにお配りしましたけれども、これはだれの所有物でもない、皆さんのものです。共通の希望というものをどうやってつくっていくか、多様な試みが行われていますが、しかし、共通の希望というものが――さっき岩盤という言い方をしましたけれども、モラルの岩盤、これはモースの発想ですけれども、それに基づいてもしわれわれが民主主義というものをさらに続けていくためには、一種の倫理というものがなければいけない。そのためには共通の希望というものがなければいけない。それを実現可能なものにしていかなければいけないということです。実施可能性についてお話ししましたが、私は中野さんの提起した問題にもお答えする形で、ラトゥーシュと同じように、この連帯というものを村という単位からスタートしなければいけないと思っています。

中山　ありがとうございます。時間が過ぎておりますので、企画者の西谷さんにお返ししてまとめていただきます。

西谷　昨日、今日と、アラン・カイエさんをお迎えして、〝経済〟を問い直す、ということで議論をしてきましたが、このことを、われわれがこの日本という場で受けとめるときの一つの条件を喚起してまとめに代えさせていただきたいと思います。近代の経済的な知とその周辺の知を組み立てるひとつのベースになってきたのは、昨日から話題になっている「ホモ・エコノミクス」という人間の考え方ですね。

ホモ・エコノミクスというのは、分断され孤立して、飢えを恐れ、自分が利益を得て食いはぐれのないように合理的に計算して行動するという、そういう人間のモデルです。そのような人間が、それぞれ勝手に利己的に、かつ合理的に行動する。すると、そういう人間が大勢市場のプレーヤーとして動けば、誰も他人のことなど考えなくても、市場が自己調節的に働いて全体の富を増やし、社会全体にとっては最大効率につながる、それが近代経済学の公理でした。

ところが、日本で——私などはもちろん戦後生まれですが、それでも田舎の生まれですから、かなり昔の状況が残っているような環境で育ってきました。そういう者の感覚からいいますと、たとえば物心ついたころに、人間とはこういうものだ、孤立した個人で、利得を求めて合理的に行動するものだ、そして経済学はそれをもとに社会のことを考えるんだ、というふうに言われたとしたら、えっ、ばかげためちゃくちゃな考え方だな、と思ったでしょうね。要するに、人間がもともと孤立して完結した個人だなんて、そしてだからこそ自由だなんて、そんなふうにはまったく思って

いなかったわけです。

つまり、私などの人生経験と、考え方のもとになっているところには、ホモ・エコノミクスのような理念はとても抽象的で現実的でない、むしろ根強い反感を買うような、そういう理念だったわけです。

日本の近代を考えてみますと、特に日本人の意識の進化を、近代化という枠の中で考えてみますと、明治時代からそうだし、特に戦後もそうですが、近代化しなければいけない、市民意識を育てなくちゃいけない、自立した個人にならなければならないというふうに言われて、それが正しいこととして、ついこの間まで受け容れられ、そうやってきたということです。

つまりは、みんなしっかりホモ・エコノミクスになれよ、そうすることで日本は自由で豊かな社会

になるんだと、こういうふうに言われてきたわけですね。戦後民主主義の丸山眞男からネオリベ・オーケーの小泉まで、というと無駄に誤解を誘うでしょうが。としてみると、そういう考えに対して反発を抱いた、あるいはそういう考えが極めて偏頗だと思ったことは、今になってみるとある意味ではまっとうなことだったというふうに気がつかされる。

とは言うものの、そうなると、最近、ネオリベを標榜していた経済学者がころっと転向して、古きよき日本の伝統とか清貧とか、そういうことを言い出したりするケースがあります。ジャック・アタリは二ヵ月前とまったく違うことを言うのが特技かもしれませんが、この人たちはもっとドラスティックな変わり身をするわけで、こういうふうに〝経済〟というタームを主軸に考えられた近代の流れをわれわれが批判的にとらえ直そうというときに陥りやすい罠というのが、単純に昔に戻ればいいという反動だということですね。

ところが、実際は、われわれが今こういう会議を開くことができるのも、それぞれが、個人個人が自由な主張をすることができるのも、まさに近代化があったからで、われわれは同時にそれを享受してもいるわけです。だから、後戻りはできない。先に進むしかない。ただ、どういう「先」かということがあります。そこで、もしわれわれに多少のアドバンテージがあるとしたら、ホモ・エコノミクスのようなものを原理とするような考え方に生まれたときからある違和をもってそれを受けとめてきたということ、その違和――まさにそれに関して真島さんが重要なことを指摘されてきたんですが――、そういう違和というものは、市場外的要素とか、非合理なものとか、あるいは習慣とかいうような形でしかなかなか記述されてこなかったんですね。

合理的に概念化して、ポジティヴに提示できる論理というのは常に効果的で、役に立つ、それこそオペラショネルに働くわけですが、ここで問題になっていることをわれわれはなかなかそういうふうに語り得ない。だから、市場外的要素とか、非合理的なものとか、つまり「……ではないもの」というふうにネガティヴにしか表現ができない。けれども、そういうものが確実に働いているということ、それをベースにして合理性や効率の追求に向けて組み立てられていく論理をわれわれは相対化し、あるいは撓めてゆくということを、これからやっていかなければならないということだと思います。ついでに言わせていただければ、実はそれがバタイユの思考の要諦でもあります。

こういうコンテクストというか、要するに西洋化を経験してきた日本の条件ですけれども、そういう歴史・地理的な条件の中にもう一度、昨日からの話題を置き直してみると、また少し味わいのある受けとめ方ができるのではないかと思います。

とにかく限られた時間で――人の一生は限られていますから、死ぬ前に何かやらなくてはならない。それは死後のためではなくて、生きている今のため、あるいはこれから生きる人たちのためにということでもありますけれど、この会議も限られた時間でやるわけです。その限られた時間が、それでも充実したものであってほしいという願いを、主催者の側として勝手に抱いております。そして、この会合の後に、皆さん一人ひとりでこれを受けとめて展開していただけることを期待しております。

これも今回はひとえに、アラン・カイエさんのおかげです。カイエさんは一二時間の長旅の後、おとといの夜一〇時にここに着いたんですが、翌日の昼には――時差のために、なかなか夜寝つかれなかったとうかがいました――私にたたき起こされて外大まで連れていかれ、そしてまた戻ってきて、少し休んでくれと言いながら、すぐにトントントンとドアをノックしたら、どうも寝ているらしい。ぶっ倒れているんですね。それをまたたたき起こして講演をしてもらい、夕べも夜、一緒に食事をして、それで今朝は、もう一二時には降りてこいと言っておいたから降りてきていただいて、この四時間の会議です。もうそろそろ限界だろうと思います。そんな条件のなか、実に中身のある議論を展開していただいたアラン・カイエさんにもう一度お礼をして、この場を閉めさせていただきたいと思います。（拍手）

それと最後に、入試や学期末試験の都合でわれわれの大学でうまく教室がとれなかったということもあるんですが、比較的皆さんにお運びいただきやすいこの恵比寿の日仏会館に場を提供していただいたフランス事務所代表のマルク・アンベールさんにもお礼を申し上げたいと思います。（拍手）

アラン・カイエ関連論文1

運命に抗して――『経済を〝消費〟する』*序文　アラン・カイエ　藤岡俊博・訳

Alain Caillé: *À contre-destin — Introduction à Dé-penser l'économique* (2005)

［経済的］必要性のなかで生きることはつらい。しかるに、必要性のなかで生きることを強いるものはなにもないのである。

エピクロス

われわれにとって、運命の力は、かつてないほどに経済的必要性という相のもとで現れている。どうにもならないほどの力である。解雇、生産拠点の海外移転、大量失業、投機、株価の大暴落《クラック》、突如として不況に陥った地域・国家全体の経済崩壊、汚職、ブラックマネー、マフィアおよび犯罪者の組織網の急増、地球環境の破滅……。この運命がもたらした災禍のリストにはきりがない。そしてまた、安価な労働力の過剰搾取に基づいて頭角を現している新しい経済大国間の競争、あるいは原油の稀少化の衝撃を受けて、往時はあれほど繁栄していた西洋が自らの経済・社会システムの大部分のあっけない崩壊に見舞われる危険があるということについても、もはや誰も目をつぶることはできない。そのとき、既得権、身分保障、多種多様な社会的取り決めや調停はいかなる重みを持つことになるのだろうか――かつてはこれらによって、いかなるときも平均的に、誰もがおよそ自分のいるべき場所を見出すことができたのだが。かつては誰もが、少なくとも一つの場所を見出すことができた。そこで生きていくことができる場所を、である。

しかし運命には、ヤヌス神のように二つの顔がある。われわれが運命の持つ陰鬱な顔を黙認し、甘受するのは、運命のもう一つの顔が約束してくれるものを諦める準備ができていないからである。すなわち、ますます安価で豊富に与えられる製品、さらにはより深い意味で、未曾有のものに見えるほどの個人の行動力の増大である。ひとがなにかを欲するとき、もはや不可能なものや禁じられたもの、手に届かないものはなにもないように見える。インターネットのおかげで、誰もが世界に接続し、各人の分と尺度とに応じて、世界の主人にして所有者となることができる――あるいは今後すぐにそうなる。われわれの身体や、子孫、愛までもが、個人の自由な選択の対象となっている。あるいは、意志の対象となっている。われわれの意志の対象である。このような、大多数の人間にもたらされた個人的自由の目もくらむような増大は、民主主義の理想の頂点ではないだろうか。そして、経済的運命が持つ陰鬱な側面はこの理想の実現のために払われる代償を表しているのだ――われわれは、さまざまな経路を通じて、そのように納得させられている。

しかし、この代償はあまりにも高く、あまりにも破滅的で、あまりにも危険なものではないだろうか。おそらくはそうである。しかしわれわれに選択の余地はあるのだろうか。見たところわれわれには選択の余地がない――そこに問題のすべてがある。われわれの個人的自由が明らかに爆発的な仕方で増大するのに伴って、われわれの集団的自由は相関的に失われている。集団的自由、すなわち賛否両論を天秤にかけ、われわれの運命を一緒に選択する可能性である。一緒に選択する？　しかしそれはどのような《一緒に》なのだろうか。誰と《一緒に》なのだろう。そもそも、誰が誰とともにあり、誰が誰に抗しているのだろう。問題は次のことだ。つまり、このような賭けにやってみるだけの価値があるのかという問い、そして、自らの個人的自由を守るために経済の非人称的な強制力に服従していることの代償を払う準備が本当にできているのかという問いを、われわれはもはや問うことができないし、問うすべを知らないということである。われわれにできるのはせいぜい、その日その日でこの強制力に適応していくことだけである。現今のあらゆる政党がしているのもそのことであり、またそうすることしかできない。そうは見えないとしても、それはあくまでも見かけのうえでのことである。このような点で、経済はわれわれの運命となったのである。選択されたわけではないがゆえにどうすることもできないこの運命は、不可抗力の具現化である。程度の差はあれ俗流のマルクス主義は、「最後の審級」においては《経済的なもの》(l'économique)が決定力を持つのだと主張してきた。せめていまでも最後の審級においてであればよいのに！　最後の審級において、ということはつまり、他の審級がまだ残っているということだからだ。しかるに、いまや《経済的なもの》は、最後の審級においてのみならず、第一の、第二の、第三の、さらにはすべての審級において決定力を持っているように思われる。一体なにが、なおも《経済的なもの》から逃れ、それに抵抗するというのだろうか。

そういうわけで、《経済的なもの》がわれわれの運命をかたどり、われわれの実存の本質的部分を決定していることにはなんの疑いもない。しかし、なぜそうなっているのだろうか。われわれは《経済的なもの》のこの全能性を一つの自然法則として、すなわち、台風やハリケーン、砂漠化や海面上昇と同様の自然現象ないし自然災害として考えるべきなのだろうか。この運命の力を織りなしているものはなんであろうか。それは間違いなく、ひじょうに現実的で手で触れることのできる事物、原料や自然資源、夥しい数の機械と道具、物理的ないし潜在的《ヴァーチャル》な資本の堆積、それらを保護する軍隊、満たされるべき欲求、対立しあう利害、ぶつかりあう欲望である。とはいえ、見て分かるとおり、これらの多様な要因はすべてが同じ次元に属しているわけではない。それらのなかのどれをとっても、純粋な物質性に還元されるものは一つもない――知られていない自然資源、調査されていない自然資源、既存の技術では開発できない自然資源、あるいは、技術者なき機械にいったいなんの価値があるだろうか。しかし、後ろの方で挙げた要因は、最初の方で挙げた要因よりも、より多くの想念〔想像界〕や信念を体内化し、それらを動員している。《経済的なもの》の現実性、まさに現実的な現実性もまた、そしておそらくはまず第一に、《経済的なもの》の現実性、すなわち欲求や技術的必要性、利害や欲望といったものの現実性への信念から出来上がっている。おそらくは、《経済的なもの》におけるこのような非経済的な次元、そして、《経済的なもの》の中心にある信念の部分を理解することのうちに、われわれの宿命に対するなんらかの支配を取り戻す唯一のチャンスが、そして、世界が大股で入り込みつつある悲劇的な流れとは異なる流れを納得できるかたちで想像する唯一のチャンスがあるのである。

《経済的なもの》に関する従来の批判の不十分さ

このように、不可避的で議論の余地がないと見えるものの方向を転換し、流れに逆らって、運命に逆らって進んでいく試みは、したがって、かなり特殊な類の理論的努力を含意している。そして、この理論的努力の本性と地位、その争点ははじめから容易に同定されうるわけではない。どうしてわれわれはこのような場所にいるのか、すなわち、なぜ世界はあまねく広まった経済主義のうちに落ち込んでいるのかと言うと、それは明らかに、この二世紀来繰り広げられてきた数え切れないほどの経済批判、経済学批判が、大きく的を外していたからである。それゆえ、不十分であることがすでに明らかになっているものを今一度やり直したところで——さらにはより良い仕方でやり直したところで——、そして批判に批判を上乗せしたところで——説教じみた批判、科学的な批判、批判的な批判等々——大した役には立たないだろう。マルクス主義は、経済に対するずば抜けて強力な批判的潮流を代表したことになるだろうが、結局のところ、自らを構成する次のような曖昧さを払拭できなかった点で無力だった。つまり、経済学批判は、ブルジョワ経済学よりも科学的な経済学を生み出すために展開されるべきなのか、それとも、経済学とその反政治的な科学主義を乗り越えるために展開されるべきなのか。そしてまた、《経済的なもの》が最後の審級において決定力を持つのだという主張、《経済的なもの》が唯一の現実界、社会の真の下部構造を構成するのだという主張は、ブルジョワ的思考の観念論——現実を見ようとしない観念論——に対する批判として理解されるべきなのか、それとも反対に、この観念論のもっともラディカルな表現として理解されるべきなのか（結局のところ、《経済万能主義》の王者である新自由主義は、マルクス主義とは正反対の結論を引き出すことになるとはいえ、根底において異なることを言っているのだろうか。新自由主義もまた、最後の審級において決定力を持つ《経済的なもの》にすべてを委ねているのではないだろうか）。社会主義ないし共産主義は、合理的な経済を実現して物質的富を増大するために樹立されるべきなのか、それとも、経済の天下を脱して経済的必要性の支配から抜け出るために樹立されるべきなのか。

批判に批判を上乗せしたところで決定的には大して役には立たないだろうと言ったとしても、それがなんの役にも立たないというわけではない。その逆である。単一的な経済的思考の覇権《ヘゲモニー》を前にしたとき、さまざまな形態の非正統的な経済思想ないし経済学は、古いものも新しいものもすべて貴重なものであり、どこまでも受け止めるべき価値を持っている。ジョセフ・スティグリッツ〔一九四三年生まれのアメリカの経済学者。二〇〇一年にノーベル経済学賞を受賞〕によるケインズ主義および制度主義の現代化は、国際通貨基金（IMF）の破滅的な活動に対するラディカルな批判を可能にし、その方向転換に貢献した。アメリカの新制度主義およびフランスのコンヴァンション学派は、経済秩序は自足的ないし自己一貫的ではありえないこと、そして、経済秩序が有効であるためには、狭義の市場的秩序を逃れる諸動因間の調整規則から出発して組織化されることが必要だということ——一言でいえば、市場の不完全性の証明である——を明らかにした。これらすべてのことは、経済理論における支配的な信念からなるあまりにも堅牢な世界のなかに、注目すべき突破口を開いているのである。

一方、レギュラシオン学派の側では、この三〇年来、雄弁に、また説得的な仕方で次のような主張がなされている。すなわち、現実的な経済システム——抽象的理論が言うところの経済システムではなく——はまず第一に、社会階級間のある種の調停を制度化するような政治システムとして考えられるべきであり、そしてまた、この調停それ自体は歴史的な用語でもって分析されるべきだというのである。そして、経済（および経済学）の真の目的は、単に物質的富を増加させることに留まってはならず、より深い意味で最大多数の人間の行動力——潜在能力（capabilities）——を増大させることであるべきだと主張した点で、ノーベル経済学賞のアマルティア・セン〔一九三三年生まれのインドの経済学者。一九六八年にノーベル経済学賞を受賞〕が展開した新しい道徳的・政治的経済学は疑いの余地なく正当なものである。他方、マーク・グラノヴェッター〔スタンフォード大学社会学教授〕および彼を踏襲した多くの論者たちが推進した新しい経済社会学は、経済学者たちの言う抽象的な市場——すなわち、匿名の売り手の一群と、同じく匿名の買い手の一群とを向かい合わせるものとされる市場——がいかなる現実性も持っていないことをわれわれに納得させるのに大いに貢献した。というのも、もっとも抽象的な市場である株式市場をも含むこれらの市場はすべて、実際にはつねに人間どうしの社会的関係の網の目を土台として組織化されているからだ、というのである[1]。

つまり、これらすべてのことは、十分に受け止めるべきものであるし、さらに発展させるべきものだ。しかし、われわれを待つ運命とは異なる運命に信憑性を与えるために、これらすべてのアプローチ——それらは歓迎すべきものなのだが——には一体なにが欠けているのだろうか。第一に、これらのアプローチに欠けているのは間違いなく、それが、かならずしもつねに必要とはいえない学派間の論争（あるいは相互の無知）のうちに精根を使い果たしてしまうかわりに、一つの方向に向かって総合し、共同戦線を張ることであり、分析的批判の作業から規範的・政治的な帰結をあまねく引き出すことである。そしてまた、おそらくはさらに深い意味において、経済的現実のただなかに存在している信念の次元、すなわち想像界および象徴界が果たす役割を明確に認めることである。もっと言えば——そしてこれを把握するのがいちばん難しいのだが——経済の現実およびその体系性を見誤ることなく（極左的ないし社会学主義的な批判はそうする傾向があるのだが）、それでも経済的な諸事実の自然性と客観性を過剰評価しないこと、である。経済的な諸事実は、「最後の審級においては」、つねにさまざまな社会的決定に送り返されるからである。

いましがた言及したさまざまな批判的アプローチのなかで、なにがなおも問題として残っているのかを簡単に定式化してみよう。新制度主義、レギュラシオン主義、コンヴァンション主義の経済学派が度合いの差はあれ生み出している第一の問題は、まさにこれらの学派が自らを経済的なアプローチとして捉えることに固執している点にある。すなわち、経済学に対して正当的であったり離反的であったりする程度はさまざまだが、それでもこれらの学派は経済学の変異体《ヴァリアント》として自らを捉えることに固執しているのである。一見するとそれは当然のことである。というのも、これらの多様な潮流を引き合いに出す著者はすべて、実際には経済学というディシプリンの枠内で養成されたのであり、そこから自分たちの思考の道具立ての大部分を取り出してくると同時に、そこに自分たちの対話相手や賛同者の本質的部分を見出しているからだ。しかし、次のことも同様に真である。すなわち、経済における支配的な言説――ディシプリンとしての同一性《アイデンティティ》の原型を定義する言説――が経済秩序の自然性、客観性、独立性、自己準拠的な自閉性への確信に依拠するやいなや、経済学の旗印のもとに含まれるすべての言説は、経済学を批判するときでさえ、実際には経済学に信用を付与し、経済学を構成する命題的核心が持つ深遠な真理への信念を強化することになってしまうのである。

そういうわけで、ケインズ主義的なマクロ経済学が、支配的なミクロ経済学に対する真の自律を一度も獲得することができなかったことを指摘するのは意義深いことである。そして、それと同様に驚くべきことに、レギュラシオン主義の論者たちもコンヴァンション主義の論者たちも彼らの知的な軌跡の果てに、経済秩序の下部において、あるいはその前段階において決定力を持つのが、さまざまな慣例《コンヴァンシヨン》や規範、規則、信念——分からないがそのようなもの——であると、つまり一言でいえば《政治的なもの》(*le politique*) および《象徴的なもの》(*le symbolique*) と呼んで差し支えないすべてのものであると判断するに至っている。したがって、その深い内実に関して言うならば、彼らの業績は、狭義の経済学の枠内よりも、政治哲学ないし一般社会学の枠内に含まれている方がはるかにふさわしいものなのである。だからこそ狭義の経済学においては、彼らの業績は必然的に無理解に直面するのである。だとすれば、経済主義を本当に乗り越えたいと願うのであれば、経済中心主義的でないような経済のヴィジョン、最終的には経済学のものとは異なるような経済のヴィジョンを実際に練り上げなければならないのではないだろうか。

反対に、新しい経済社会学における業績には——それらは他方ではひじょうに輝かしいものなのだが——経済が持っているマクロな次元、システムとしての経済の一般的な広がりを過小評価しているという欠点がある。一言でいえば、行為者間で結ばれる人間どうしの関係のみに焦点を当てたミクロ社会学に訴えるだけでは、フランス経済やイタリア経済の機能——ましてや世界化《グローバリゼーション》——を説明することはできないのである。同様に、たとえばピエール・ブルデューが経済についての最近の著作において行っているように、市場で定まった財やサービスの価格(この場合には私宅の価格であるが)は実際には国家公務員と専門家とが連繫して決定した政治的価格であること——つまりは、どんな財やサービスであれ、結局は好きな価格を定められるということ——を示唆して済ますわけにもいかない。たしかにそこには幾分かの真理があるのだが、あくまでも部分的な真理である。市場は一つの現実を持っており、それ独自《スイゲネリス》の論理に従っている。この論理は、さまざまな社交性《ソシアビリテ》の網の目や、国家の諸機関の機能のなかに簡単に解消されるようなものではないのである。

経済的自然主義に抗して

したがって、われわれを至るところで脅かしている経済中心主義的運命に実効的な仕方で抵抗するためには、経済的思考を打ち立てている信念を決定的に断ち切り、言わば経済を〝消費〟する（*dépenser l'économique*）ことを開始しなければならない。すなわち、われわれを統御している思考の条件反射を少しずつ払拭していかなければならない。これらの条件反射は、われわれがそれにほとんど気づかないだけに、より一層われわれを統御している。もしそれらが明確化されるとしたら、われわれは即座に、そんなものは信じていないと言うだろう。しかしわれわれは、それらを信じることなく、そしてそのことを大して知ることもないままにそれらを信じているのである。それでは、経済主義を打ち立てているこの信念とはなんだろうか。それを同定することはそれほど難しいことではない。この信念は、われわれはすべて自分自身の根底において《経済人《ホモ・エコノミクス》》であるという確信、あるいは、ともかくもわれわれがすべて《経済人》であると仮定してつねに推論を行うのがよいという確信のうちに存している。《経済人》とはすなわち、本性からしてそもそも他者に対しては無関心であり、快と苦、手段と目的、費用と利益といった合理的計算を介して、あらゆる事柄において自分自身の利益を最大化しようとする主体のことである。

《経済人》という表現を十分かつ全面的な仕方で真剣に受け止める経済学者は一人もいないのだが、それでもこの表現は、あらゆる経済的分析において幾度となく繰り返される基礎を構成している。つまり経済的分析は、人間のある種の類型――マックス・ウェーバー的な語法を用いるならば人間性(Menschentum)――の永遠性、普遍性、自然性を主張するような、多少なりとも潜在的な人類学に依拠しているのである。ところで、このような人間のヴィジョンがあまりにも単純なものであるとか、このヴィジョンはせいぜい方法論上の人工物にすぎないなどと認めたとしても――そんなことはどんな経済学者であれ、いつでも認める用意ができているだろう――それは十分ではない。そうではなく、示さなければならないのは、このような人間のヴィジョンが誤りであるということ、そして、人間たちが自らを《経済人》であると信じ、結果として本当に経済人となったのが――マルセル・モースが述べたように――ひじょうに最近の出来事にすぎないということ、である。そしてそのためには、人類学的・歴史的パースペクティヴに訴えることが必要不可欠である。ただしそれは、経済学者やある種の哲学者が好むような想像上の人類学、純粋に思弁的な人類学の類ではない。そうではなく、人類の多様性に実際に直面した民族学者や歴史家たちの仕事からなる人類学である。

《経済人》はつねに存在していたわけではないということ、《経済人》はつねに至るところに見られるわけではないということ、あるいはむしろ、そしてより正確には、《経済人》が、今日そうであるように、つねに至るところで勝利を収めたわけではないということ――この確認事項が自らの射程をあまねく収めるためには、それはもう一つの確認事項と背中合わせに結びつけられなければならない。すなわち、市場それ自体も、つねに至るところに見られるわけではない、というのがそれである。あるいはむしろ、そしてより正確には、市場はつねに至るところで勝利を収めたわけではない、ということである。なぜならば、市場のうえで、あるいはさまざまな市場からなる体系の枠内で行動し、機能し、相互作用を行う人間でないとしたら、《経済人》とはなんであろうか？　つまるところ、経済の言説を構成している《経済人》の自然性仮説は、市場の自然性仮説と絶対的に分離不可能なのである。そして逆もまたしかり、なのだ。

それでは資本主義はどうであろうか。ここでわれわれは、これもまたしばしば暗黙裡のものではあるが絶えず繰り返されている中心的な議論に触れることになる。実際、社会主義の信奉者たちが「別の経済」とか「別の世界化《グローバリゼーション》」に対してさまざまな形で抱いている希望の本質的部分は、彼らが行っている市場と資本主義との強力な区別を避けては通れないものだ。実際のさまざまな社会主義の瓦解によって、資本主義の代わりとして計画経済を機能させようとするあらゆる希望が声をひそめてしまっただけに、見たところこの区別は貴重なものである。それではほかになにがあるというのだろう。そういうわけで、資本主義は撤廃しなければならないとしても、市場は守らなければならないのだ——左翼の至るところからこのような声が聞こえてくる。

しかるに、単なるお題目としてではなく、現実的に歩を進めていくためには、われわれはこのような解決策および治療法がまやかしの部分を含んでいるということを悟らなければならない。少なくとも二つの理由においてそうである。第一に理論的次元においては、商業資本家であれ職人資本家であれ、産業資本家であれ金融資本家であれ、いかなる資本家もなしに機能できるような一つの市場、すなわち市場のメカニズム——カール・ポラニー〔一八八六—一九六四年。ハンガリー生まれの経済人類学者〕であれば自己調整的市場と言うだろう——を構想することは実際には不可能だからである。というのも、このような資本家だけが、包括的《グローバル》な需要や供給の形成を可能にするからである。しかるに、包括的な需要も供給もなければ、市場のメカニズムも存在しないのである。また、別の観点から次のことを見て取ることが必要である。すなわち、市場をより良い仕方で保存するために資本主義を撤廃するという見かけ上ラディカルなこの立場をもってしても、経済学および現実経済の根底にある自然主義と袂を分かつことはまったくできない、ということである。むしろこのような立場は、言わば悪しき《経済人》――資本家――と良き《経済人》――永遠かつ遍在的な市場経済的主体へと普遍化された、資本家以外のすべての人間主体――との区別を提案することによって、この自然主義を強化しているのである。

したがって、本書が読者諸賢に提案する思考の道程に独創性があるとすれば、それは、経済人という市場および資本主義の支配的表現を、この表現が持つ偶然性の次元を明るみに出してくれるような人類学的かつ歴史的な眼差しのもとに位置づけることにある。とはいえ、この偶然性という概念そのものについても理解がなされなければならない。西洋における《経済人》、市場、そして資本主義の勝利は起こらないこともありえたのだと述べること、あるいは、(世界の別の地域ではそうだったように)異なる形態のもとで、より穏やかな仕方で生じることもありえたのだと述べることは、この勝利が無から生まれたのだとか、どこでもないところからやってきたのだと言うことには帰着しない。コルネリウス・カストリアディスが提起した《ラディカルな想像界〔想念〕》の概念の助けを借りて経済主義の勝利を考えようと申し立てるひとたちはそのように理解させようとしているのだが、そうではないのである。この概念の擁護者たちにとって、この概念の良いところは、それが次のことを期待させてくれる点にある。すなわちこの概念は、このような経済主義の勝利がまさに一種のサイコロの一振りの結果であるとすれば、もう一度サイコロを振ってみることによって最初に出た目が打ち消され、あたかも魔法の杖を振ったかのように、われわれを経済主義の彼方、あるいは別のところに、すなわち、まったく異なる心的・社会的世界へと移行させてくれることを期待させてくれるのである。しかし、歴史はサイコロの目で決められるわけではないし、偶然性と恣意性とを混同してはならない。たしかに、経済および経済学が作り出されないということはありえたし、実際とは異なる仕方で作り出されることもありえた。しかし、深い意味において経済および経済学は、より広大でより古い腐植土に根ざしているのであり、この腐植土がそれらの可能性の条件および培養土として役立ったのである。実のところ《経済的なもの》は、少なくとも二五〇〇年来西洋において（西洋以外においても）存在してきた功利主義的想像界の――さらに言えば、世界に対する道具主義的な関係の――公理化、自律化、凝縮化の結果として考えられなければならない。《経済的なもの》は勝利を収めないことがありえたし、かならずしも今日と同じ形態において勝利を収めないということがありえた――しかし、それは無から生まれたわけではないのである。

《経済人》および市場には自然性がないということ、そして市場、資本主義、功利主義は共外延的であるということ――本書の第一部は、これらの主題を人類学的・歴史的パースペクティヴにおいて取り扱っている。

《経済的なもの》には、《まったき他者》も《まったく別の場所》も存在しない

しかし、このパースペクティヴの地位それ自体を明確にしなければならない。このパースペクティヴが書き込まれている思考の枠組み、すなわち『MAUSS《モース》』雑誌（MAUSS＝社会科学における反功利主義的運動）によって、および同誌を中心にして率いられた集団的知的作業がこの二十五年来素描してきている枠組みがひじょうにしばしば誤解されてきただけに、より一層そうである。われわれが自分たちを「反功利主義者（anti-utilitariste）」であると言うとき、われわれを批判するひとたちの多くは――意図的であったりそうでなかったり、注意深かったりそうでなかったりするのだが――それを「非功利主義者（an-utilitariste）」と理解することを望み、またそう理解したと信じている。彼らの言によると、われわれは、功利性〔効用〕ないし個人的利益の満足はいささかも人間活動のなかに介入してはいないし、また介入してはならないと声高に主張しているのだとされている。われわれが言っているのは反対に、功利性は人間活動のなかに強力に介入しているのだが、しかしそれは、社会科学においてひじょうに中心的な役割を演じている一般化された経済モデルが前提としているよりもはるかに多様な仕方で介入しているということだ。なぜならば、個人的利益、自己のための利益というものは、さまざまな割合と、同じく多様な様態に応じて、他者のための利益（友愛、連帯、愛、[2]等々）、社会的責務、自由と創造性の喜びによって和らげられ、変調させられ、あるいは妨げられるからである。つまり、《有用なもの》や利益に十分な余地を与えつつも、活動における他の三つの次元のためにも同様に場所を空けておくのを忘れないことが肝要である。したがってわれわれは、いささかも功利性の斟酌を撤廃したり、功利主義を軽蔑するように促しているわけではなく、それらは乗り越えられるべきであり、別の諸目的に従属させられるべきだと言っているのだ。そしてまた、持続可能で再生産可能な社会的関係が樹立されているところではどこであれ、そもそも必然的にそうなっているのだと言っているのである。なぜならば、《功利的なもの》のこのような従属化こそがまさに、この種の関係を構築するための必要不可欠な条件だからである。

ここでわれわれは、MAUSSの知的歩みに関して頻発している誤解の第二の源泉に合流する。われわれはマルセル・モース『贈与論』を踏襲しつつ、社会はそもそものはじめから契約や商品交換、ギブ・アンド・テイクを土台として構成され制度化されたのではなく、モースが《与える・受ける・返す》の三重の義務と呼んでいたもの（そして精神分析家が象徴界と呼んでいたもの）から出発して構成され制度化されたのだと主張しているのだが、そのとき、われわれが述べているのは駄弁にすぎないと信じ込ませるのに熱心な幾人かの読者は（これは考えることを少しばかり節約《エコノミー》するための最良の方法だ）、われわれが太古の社会を理想化しており、完全にキリスト教的な意味での慈愛によってのみ動かされる《良き野蛮人》を至るところに見ているということを、好んでそこから結論づけてきた。ここでもまた、反功利主義的な贈与のヴィジョンと、その非功利主義的な表現（あるいはその理想化）——たとえば、全面的な無償性、および個人的利益のラディカルな犠牲がある場合にしか贈与について語ってはならないとする、かのジャック・デリダが言うような贈与の非功利主義的な表現——とが混同されていたのである。ところで、反功利主義的な考え方からこれほど離れたものはほかにはない。反対にこの考え方は贈与のうちに、諸主体が贈与者[3]としての自らの同一性《アイデンティティ》を主張しそれを承認させるために競い合い、かくして社会的関係を——換言すれば集団的同一性《アイデンティティ》を——創り出すような象徴的空間を見て取るものだ。このような社会的関係の枠内において、諸主体はまさに、そしてこの迂回のおかげで、各人がおのおのの利益を満たすことができるのである。

反功利主義を、功利主義に対するラディカルな代案《オールタナティヴ》として考えることはできない——反功利主義は功利主義の反対物であると同時に、その弁証法的な補完物である——のと同様に、贈与もまた、市場ないし契約の《まったき他者》ではない。そもそも贈与は、いかなる仕方であれ、それだけで明確に取り出すことのできる一つの本質には還元されない。「中間考察」と題された本書第二部でわれわれが示唆しているのは次のことである。すなわち贈与は、《与える・受ける・返す》という一つの円環《サイクル》の契機として考えられた場合にのみ存在し、知解可能であるということ、そして、贈与は、ひとが《与える・受ける・返す》のうちのどの契機によってこの円環に入り込むのかにしたがって、まったく異なる形態と意義を持つのだ、ということである。他方で、与えることのうちにも《取ること》が存在しているし（たとえば恋愛関係を考えてみればよい）、より一般的に言って、モースが取り出した贈与の円環は——それは善（善行）の円環でもありうるし、悪（悪行）の円環でもありうるものだ——それ自体が、贈与の反対物である《取る・拒む・留める》の円環との関係においてのみ理解可能なものなのである。

　贈与とは、それ自体として両義的なものであり、（同毒療法的《ホメオパシー》な様態で）両義性によって両義性を働かせたり、縮減させたりするものだ。というのも、最終的には誰が贈与し、誰が受領し、誰が取得するというのだろうか？　この問いが決して完全な仕方では解決されえないということは、贈与の論理に属している事柄であり、贈与は経済的交換の——反転された像ではあるが——《まったき他者》ではないのである。というのも、契約のなかにも贈与があるのと同様に、贈与のなかにも契約があるからだ。背景になにかしらの《経済人》が存在しているのでなければ、《贈与人《ホモ・ドナトール》》も存在しない。そして逆もまたしかり、である。ここではすべてが、錯綜した主調《ドミナント》と階層関係の問題なのだ。

《中庸の道》vs.《想像的革命》

いましがた行ったいくつかの指摘によって、われわれが本書第三部で提出する、さまざまなより現在的《アクチュアル》な分析の地位が明らかになる。これらの分析はすべて、《経済を〝消費〟する》という同一の関心から想を得ている。連帯経済と呼ばれる経験を論じるときであれ、持続可能な発展ないし自立共生的《コンヴィヴィアル》な脱成長といったスローガンを論じるときであれ、さらには、別の経済的世界化《グローバリゼーション》に関するさまざまなパースペクティヴを論じるときであれ、そのつどわれわれは次のことを示そうと試みている。すなわち、これらの経験、理想、パースペクティヴは、経済的な解決を受け付けるような経済的問題として考えるのを止めたときにのみ十全な意味を持つのだということ、また、実際には、そして最終的には、それらは政治秩序（ここでもまた《政治的なもの》という意味での政治秩序）に属する問題だということを納得すべきだ、ということだ。より正確に言うならば、これらの経験、理想、パースペクティヴはいずれも、民主主義的な理想および冒険が孕む、つねに問題含みであり必然的に問題含みであるような性格を例証するものである。ところで、近現代の民主主義的理想が、大部分において功利主義的な思考の枠内で錬成されたことを見誤ることは論外である。したがって、民主主義的理想を拒否することも、軽蔑することもできない――われわれは、民主主義の理想以外に、手の届く理想を持っていないからだ。しかし、ここでもまた、この理想がより潤沢な泉に遡ることができるために、それを乗り越えるすべを学ばなければならない。元来、民主主義の理想は、自由、平等、連帯への深遠な希求と手を取り合っていたのだが、いまやあまりにも大規模な仕方で、この希求の経済中心主義的な分身《アバター》およびその結晶化と混ざり合ってしまっている。この意味で、こんにち民主主義的精神における功利主義の源泉は、とっくに枯渇しているのだ。

新しく生じる曖昧さや、起こりうる誤解を避けておこう。連帯経済や持続可能な発展、代替的《オールタナティヴ》な世界化《グローバリゼーション》といった諸問題を《政治的なもの》および民主主義的想像力という極へ送り返したとしても、それはいささかも、一九六八年のあとで「すべては政治的だ」と言われたのと同じような仕方で、《経済的なもの》を《政治的なもの》のうちに解消させることにはならないし、経済的な問題というものは存在しないのであって存在するのはただ政治的な問題だけなのだと主張することにもならない。まったく反対である。[4] 問題となるのはただ、われわれの理論的・イデオロギー的な地図を洗練させることであり、目的と敵とを見誤らないことである。先述の諸問題について真であることが、あらゆる経済的問題においても真であるとは限らないのである。

すでに言及した《経済的なもの》の批判の歴史的失敗に立ち返るとき、この失敗の理由を理解するためには、この批判が絶えず次の二つのもののあいだで揺れ動いていたことを見て取ることが重要である。第一にはマルクス主義によって支えられた革命至上主義的なパースペクティヴ――これは、大惨事や殺戮をもたらすか、ほとんど効果がないかのどちらかであった――であり、第二に、その対蹠点にある、しばしばあまりにも寛大で、いずれにしても堅固で確実な理論的土台をあまりにも欠いた改良主義――この改良主義がいくつかの大規模かつ重要な事柄を実現したことは、その功績として数え上げられることができるとしても――である。この改良主義は、ほとんど気持ちを高揚させはしないし、ひとを動かす力を持たないものである。

善き道とはおそらく――いずれにしてもそれが、本書が採用することを提案する手続きを賦活している賭けなのだが――中庸の道である。これはいかなる点においても折衷的な道ではなく、その反対である。[5] これは、市場の諸法則によって自らの運命を指図されることのないようにという、さまざまな反功利主義的な希求を調和させることのできる道であり、《実効的可能性》の意味を知っている道である。奇妙なことではあるが、実効的なラディカリズムの道とはおそらく、ラディカルな態度《ポーズ》や姿勢、言葉や見かけのうえでのラディカリズムを一切放棄するものである。なぜならば、実効的なラディカリズムの道は、顕著な広がりをもった変化や全面的な転覆といったものが、ほんのわずかなことから生じうることを理解しているからである。すなわち、考え方や問題の立て方を変えてみたり、現実に対する眼差しを不意に変えてみたり、分岐点での進む方向を変えてみたり、といったことだ。

たとえば、ひとがそれについてどのような定義を取り上げるにしても、「連帯経済」と呼ばれるものは――そしてそこに連帯経済の企図の核心があるのだが――連合《アソシエーション》的な原理の枠組みのうちにある活力や善意志を動員し、個人的な利潤ないし利得の探求および行政的次元のさまざまな配慮を、ある種の集団性の倫理的意味に従属させることによって、経済的次元の諸問題を解決することを望んでいる。この倫理的意味を言い換えるならば、それは、各人が自分自身で受け取るよりも先に(そして自分自身で受け取るために)、他者に贈与し提供しようとするような贈与の精神である。したがって、このような贈与と互助の精神に基づいた諸連合《アソシエーション》の世界と、企業と行政機関の世界――そこではそれぞれ、私的利潤と、強制された公的規則が支配している――とを混同することはできないだろう。とはいえ、今日ラテン・アメリカにおいてしばしばそうであるように、連帯経済が単純に資本主義ないし国家に取って代わることができ、また取って代わらなければならないと希望し、信じるとすれば、それは計り知れないほどに誤りであろう。それがなぜ誤りであるかといえば、まず第一に――本書でより詳細に示すことになるが――連帯経済はそれ自体としては経済的なものではありえない――連帯経済は経済秩序のうちには自らの団結原理を見出すことができないという意味で――からであり、また第二に、連帯経済は市場ないし国家に対する根本的《ラディカル》な他者性のうちに構成されることはできないからである。

事実、贈与のうちにも契約と交換とが存在する。規則や階層関係も同様である。ということはつまり、さまざまな連合《アソシエーション》やNGOがつねに至るところで、原理上それらを構成している互助的で相互的な原理にどこまでも従っていると保証してくれるものはなにもない、ということだ。いずれにしても、これらの連合《アソシエーション》やNGOは自発的に、あるいは本性上、本質上、この原理に従っているわけではないのである。出発点において実際にはそうではなかった連合《アソシエーション》やNGOが、事実上の企業ないし国家機関と化してしまう例には枚挙の暇がない。対称的に、大企業であれ小企業であれ、自らの利となるような仕方で贈与的な活力や雇用者の忠誠心を結集することなしに機能しうる資本主義的企業は存在しないことを示すのは可能である。法や規則の尊重が個人的利害や連合的論理に対して階層的に優位に立っている行政機関に関しても、このことはあてはまる。とはいえ、有効な行政機関とはそもそも、真の意味での公的サービス――すなわち国民規模に拡大された贈与の精神――が支配しているような機関なのではないだろうか。

そういうわけで、連帯経済や持続可能な発展、別の世界化《グローバリゼーション》が、資本主義(あるいは市場)や国家の対蹠点にあるものだと想像するのは止めにしよう。そして、純粋なものとされる連合《アソシエーション》を、つねに不純であるとされる企業や必然的に抑圧的なものである行政機関に対立させたり、善き無償労働者や清廉な活動家を、極悪の資本家や俗悪な公務員に対立させるのも止めにしよう——かつてはそのような仕方で、国家や市場の撤廃が夢想されていたのだが。それがどういう結果に終わったのかは、知られているとおりである。

しかし——とひとは言うだろう——それは《不可避的なもの》を甘受し、不毛でほとんど気乗りのしない折衷主義のうちですべてを受け入れることを余儀なくされることではないだろうか。そして、資本家も活動家も官僚も、山師も下劣漢も善意志の持ち主もいっしょくたにして、同時にすべてを混ぜ合わせ、すべてを非難し、すべてを赦免することを余儀なくされることではないだろうか。われわれの考えでは、まったく反対である。連合《アソシエーション》に属する活動家や政治活動家たちが、自分たちは他のひとよりもア・プリオリに純粋であるわけでも有徳であるわけでもないし、本性上ないし予定説的に神聖であるわけでも清潔であるわけでもないことを深く納得したとき、また、正当な権利をもって告発している資本主義企業や国家装置の逸脱に対して、自分たちをいつでも守ってくれるものなどなにもないのだということを深く納得したときにはじめて、彼らはいくばくかの成功のチャンスとともに、理想によって賦活された連合《アソシエーション》ないし政党がその反対物——すなわち、希望を打ち砕く機械——に変わることがないために用いるべき方法がなんであるのかを——この方法はいつでも容易に見つかるものではない——自問しはじめることができるのである。この条件のもとでのみ彼らは、自分たちを生み出した民主主義的希求を守り、生きながらえさせ、実りあるものにすることのできる実効的な方法を——

その方法は決して、あらかじめ知られているものでも確かなものでもない――探しはじめることができるのである。このことは具体的には次のことを含意する。すなわちさまざまな連合《アソシエーション》が、市場における有効性や補助金獲得のための有効性、さらには経営技術を追い求めるのではなく、それよりも民主主義的かつ情熱的な技術《テクノロジー》に没頭する、ということである。この技術とはすなわち、マックス・ウェーバーが分析した避けがたい「カリスマの慣習化《ルーチン》」が、もともとの計画や当初の民主主義的期待の記憶までをも忘れさせてしまうことのないように、それを制限し妨げるための方法である。

このような観念論およびイデオロギーの最小化は意気をそぐもののように映るかもしれないが、それはあくまでも最初だけであり、最初の反応にすぎない。このような最小化は、望みうるものに制限を与えることにはなるが、この最小化によって《実効的可能性》の役割が増大し、突如として大きな変化が実現可能なものとなるのである。絶えず期待されてはいたものの、決して到達することのなかった大きな変化が、である。というのも、ますます生きづらいものとなりそうなこの世界、《経済万能主義》のみが統べているこの世界とは異なる世界は、反功利主義的な情熱や、実際に本来のものであり本来のものであり続けるような連合《アソシエーション》や、あるいは――民主主義的理想を官僚主義に利する仕方でわがものとし、それを道具化するのではなく――民主主義的理想に実際に身を捧げる政党が増加した世界でないとしたら、実効的には一体どのようなものになるというのだろう。民主主義的理想に身を捧げる政党とはすなわち、民主主義を食い物にして生きるのではなく、実効的に民主主義のために生きるような政党である。ところで、実はこのような世界はいまにも生まれようとしているのではないだろうか。そしてこのような世界が開花するためには、あらん限りの声で歌うような《偉大なる夕べ》や《偉大なる夜明け》は必要ないのではないだろうか。

　実のところ、運命に逆らって進むためにはおそらく、眼差しの方向を変えること、《経済を〝消費〟する》こと、そして、そうすることによってこれまでは閉ざされていた可能性、あるいは禁じられていた可能性を開くことで十分だろう（あるいはそうすることが第一に必要だろう）。ご覧のとおり、これはいかなるものについても予断を下すものではない。そもそも《経済を〝消費〟する》ことはすべての事柄を現状のままにしておくのであって、対立しあう経済的・社会的政治が取りうる数限りない道のなかから、ア・プリオリにして確信に満ちた仕方で裁断を下すことのできるようないかなる魔法の表現も与えるものではない。だから、これでは足りない、足りなすぎると判断するひとも多いだろう。[7]しかし、ひょっとすると、これがそれなりのものだと考えるひともいるだろう。あるいは、適切な措置だと考えるひともいるだろう。これらのひとたちが、この別の可能な世界に関する理論的可能性の輪郭と条件とを描こうとした本書にいくばくかの関心を抱いてくれることを願うばかりである。この別の世界は、われわれの世界のすぐ近くにあるのだが、われわれの世界とはひじょうに異なった世界である。一見すると、この世界は根本的に到達不可能なものである。しかし、ひょっとするとこの世界は、われわれの手の届くところにあるのだ。

＊ 注

このフランス語タイトルの卓抜な言葉遊びはどう転んでも日本語に訳出できないため、仮に「経済を〝消費〟する」として我慢した。その義は、経済的なものを「消費しかつ考え崩す」といったことになる。（編者記）

1　考えた結果、われわれはこの序文では書誌情報を挙げないことに決めた。これは、本書そのものに先だって、序文が一冊の本になってしまうのを避けるためである。書誌情報については、これから読まれる各章の進行に応じて、十分に指示することができるだろう。

2　われわれは『贈与の人類学』(*Anthropologie du don*) のなかで、それを愛の磁力 (*aimance*) と呼ぶことを提案している。

3　労働者、生産者、創作者は、贈与者という形象の個別的かつ特定の形態およびその具体化として理解されるべきである。この点に関しては次を参照のこと。*Revue du* ＭＡＵＳＳ *semestrielle*, n° 23, « De la reconnaissance. Don, identité et estime de soi », 1er semestre 2004.

4　かくしてわれわれは、穏健な反資本主義陣営をも含む多くの最近の論者――ドミニク・メダ、パトリック・ヴィヴレ、ジャン・ガドレイら――よりもはるかに、たとえば経済的現実主義および《経済的なもの》の現実への信念を示しているのだと考える。彼らは、国民総生産（ＧＮＰ）を用いた計量可能かつ統計的な富の定義とは異なる、富の社会的定義を提起することが望ましいと考えている。われわれはこの提案を動機づけている多くのことを理解しているし、それを共有してもいるのだが、この提案は他のいくつかの点で幻想的であるように思われる。富の定義を変えることは、服を着替えるのとは違う。そして、商業に基づいた富が多くの点においてかぎりなく批判可能なものであることは間違いとしても、それでもこの富は相変わらずひじょうに現実的なものであり続けるのである。

5　折衷主義者（あるいは「中道主義者」）は、そのときどきの御都合主義的な利害関係に応じて、すべてに、すべてのひとに同意する。アリストテレスやブッダ等々のあとに従って中庸の道を支持するひとは、「徳」――道《タオ》――がなにに存するのかを知っており、譲歩することなく「徳」を追い求めるのだ。しかし中庸の道の支持者はまた、状況や場所、時機によって道が決して同じではないということ、ひとは不足によっても過剰によっても破綻しうるということ、そして、天使を作ろうとして獣を作り出してしまうことはままあるのだということを知っている。

6　ひじょうに奇妙なことであるが、ここでわれわれが簡潔に輪郭を素描した世界は、想像されるのとは異なって、『帝国』（二〇〇四年）のトニ・ネグリや『マルチチュード』（二〇〇四年）のマイケル・ハート、あるいはミゲル・ベナサイヤグといった、見たところわれわれよりもはるかに「ラディカル」な論者たちが描き出す世界とそれほどかけ離れてはいない。事実、彼らは、多種多様な抵抗の網の目、換言すれば夥しい数の連合《アソシエーション》に利するように、「システム」や《帝国》、あるいは《経済的なもの》を正面から攻撃することを放棄する（もっとも、われわれの考えでは、彼らはあまりにも、あまりにも性急にそうしてしまうのだが）。われわれと彼らとの差異は、彼らが革命至上主義的なレトリックやその至福千年説的なパトスを――それらの反対物へと転換させたり、弱化させたりするとはいえ――放棄することを望んでおらず、また《政治的なもの》および権力の問いをバツ印で消すことができると信じている点にある。

7　このことをよく考えてみると、われわれの立場は同毒療法的《ホメオパシー》医学の立場を思い起こさずにはいない。逆症療法《アロパシー》の専門医たち（および学会員たち）、あるいは、手術をして肉にメスを入れることをつねに望む外科医たちの言うことにしたがうならば、同毒療法医学はほとんどなんの動きも与えることがない。だから、次のことを喚起しておくことはおそらく無駄ではないだろう――同毒療法は教条主義的ではないのであり、それゆえ必要があれば、同毒療法が抗生物質や外科に訴えることを禁じるものはなにもないのだと……。

アラン・カイエ関連論文2

カール・ポラニーの現代性──『ポラニー論集』へのあとがき

アラン・カイエ／ジャン＝ルイ・ラヴィル　藤岡俊博・訳

Alain Caillé et Jean-Louis Laville: Actualité de Karl Polanyi — Postface à *Essais* de Karl Polanyi (2008)

カール・ポラニーという形象が社会科学にとっても政治思想にとっても有している重要性を否定することはできないだろう。実際、ポラニーは次のような論者たち──結局のところそれほど多くはないのだが──のなかに数えられる。すなわち、彼らの学術的著作はそれ自体として独特のものであるのだが、この著作はそれが打ち立てようとしている倫理的・政治的企図の光に照らされて読まれる場合にのみ意味を持つ、といった論者のなかにである。反対に、その政治的狙いもまた、それ自体が独創的なものでありながらも、それが頼りにしている一般的人類学、すなわち、狭義の学術的作業が裏付けようと試みる一般的人類学に結びつけられる場合にのみ首肯しうるものであるように見える。〔この『論集』の編者である〕ミケル・カンジャーニとジェローム・モクランが提案したテクストの選択が持つ大きな利点は、ポラニーの思想における学術的契機と倫理的契機のあいだのこの密接な連帯を証拠立ているところにある。この連帯は、ポラニーの思想の強さと弱さをなしている。弱さというのは、彼の思想の学術的な失敗や、反駁された経験的命題によって、そのつど全体的な企図が弱体化されるからである。しかしまた強さもある。なぜならば、カール・マルクスやマックス・ウェーバーにおけるのと同様、この企図が持つ広がりそのものによって、細部にこだわった反駁に対する免疫が与えられているからである。

1　人類学者にして歴史家であるポラニー

マルクス、ウェーバー、ポラニー

マルクスとウェーバー――ここでこの二人の名前を挙げるのは、もちろん偶然ではない。実際、ポラニーはいくつもの点において、彼らのもっとも独創的な継承者であると見なされることができる。ただしポラニーは、一方に依拠することで他方を乗り越えたり、含み込もうとしているという意味で、交差した継承者である。この三人の論者に共通しているのは――そのことで彼らは広く非現代的であるとともに、より一層貴重なものとなっているのだが――彼らが《経済人《ホモ・エコノミクス》》の自然性に疑いを投げかけている点にある。たしかに、そうしたのは彼らだけではない。しかし、マルセル・モースを除くと、同等の力でもってこのことを行った論者はほとんど見られないのである。《経済人》の自然性を疑うことがいかなる争点を持っているのかを、まずは簡潔に位置づけなければならない。実際こんにちでは、政治学、経済学、歴史学、社会学の言説、そして支配的な常識といったほぼ至るところで、人間主体は自然的に、そしていつの時代にも経済的人間であった――すなわち、自分自身の効用〔功利性〕を最大化することだけを考える計算的主体であった――という確信のようなものが定着している。換言すれば、経済的人間とは、同類たちとの関係の全体において、財やサービスの市場での消費者や投資家と同じように振る舞い、そこから、自分の財貨や、より一般的には自分が消費するエネルギーの対価として可能なかぎりの効用を得ようと試みるような主体である。この真理が今日まで明確に現れてこなかったのは――と、臆見《ドクサ》は想定する――過去の社会においては、宗教や幻想、まやかしや支配力が重くのしかかり、それによって人間主体における計算的な本質が十分に顕現するのが妨げられていたからだ、という。しかし、近現代《モデルニテ》がこのような幻想のヴェールを引き裂き、それとともに民主主義と市場とを――これらはたがいがたがいの条件である――推し進めた、というのである。

しかるに、このようにかなりの程度まで確実視されているヴィジョン――とはいえそれは、ひじょうにしばしば暗黙裡に確実視されているのだが――が、端的に誤りだとしたらどうだろうか。〈人間〉が《経済人》ではないとしたら、あるいは単に《経済人》であるわけではないとしたらどうだろうか。そしてまた、〈人間〉がその起源から、生まれつき《経済人》であったどころか、複雑な歴史的構築と生成の果てにはじめて、そのように現れ始めたのだとしたらどうだろうか。そうだとしたら、どのように歴史の流れを思考するのがふさわしいのだろうか。また、われわれはそこからいかなる政治的結論を引き出すことができるのだろうか。これこそ、われわれが挙げた三人の論者がそれぞれのやり方で提起している中心的な問いである。

いかにして〈人間〉は――モースの表現を引き継ぐならば――「経済的動物」となるのだろうか。マルクスとウェーバーの答えは知られているとおりである。マルクスにとって、類としての〈人間〉の存在、その類的本質（Gattungswesen）は、社会性であって経済性ではない。〈人間〉は原始共産主義においては完全に社会的であったわけだが、終極的な共産主義とともにふたたび社会的にならなければならない。そのようにして〈人間〉は、言わば経済的動物の《手前》から経済的動物の《彼方》へと移行していくのである。原始共産主義が終わりを迎えたときから、すでに小規模の商品生産――つまりは市場――は存在していた。それによって、経済的な計算と合理性の萌芽が導入される。ただし、それは限定的なものであった。というのも、ある特定の商品――単なる使用価値としての商品（M）――が市場のうちに入ることによって引き起こされる商業の円環《サイクル》は、交換によって得られる貨幣（A）が別の商品へと――すなわち、消費に当てられる別の使用価値としての価値しか持たない商品へと――再転換されるとすぐに完了するからである。「利己的《エゴイスト》な計算の冷水」に浸った《経済人》は、資本主義の出現とともにはじめて十全な仕方で到来する。資本主義は、貨幣の獲得を経済の真の動因――経済のアルファにしてオメガ、経済の「〈法〉にして預言者」――とすることによって、《M-A-M》という円環を《A-M-A》という円環へと変形するのである。古代においても、商業的・金融的な資本主義の痕跡は見られるのだが、賃労働の出現によって特徴づけられる厳密な意味での資本主義的な生産様態が幅を利かせるようになるのは、せいぜい一六世紀のヨーロッパにおいてである。

　ウェーバーによると、金儲けの誘惑、富の渇望は、伝統的な社会秩序においては近隣関係や家族関係にしみ込んだ相互性のエートスによって制限を与えられているとはいえ、それでも太古の昔から存在しているモティーフである。それゆえ、商業的ないし金融的な資本主義、さらには職人的ないし前産業的な資本主義のある種の形態さえもが古代に存在していたのであり、さらには西洋以外においてさえも存在していたのである。近現代《モデルニテ》および西洋の特異性をなしているのは、したがって資本主義それ自体の出現ではなく、資本主義の合理化とシステム化ということになろう。資本主義の合理化とシステム化は、営利の精神を統べる究極的な動機の根本的《ラディカル》な転覆と対になっている。つまり、合理化された資本主義とともに、問題となるのはもはや、つくりあげた財産を豪華に、見せびらかすように消費することではなく、財産を無際限に増大させていくことになったのである。富の蓄積それ自体が自己目的となったのである。周知のように、このような特異な人間の類型（このような人間性（Menschentum））の出現が金儲けの誘惑の自然性から機械的に生じたのではなく、救済の方途を反転させ変革した宗教革命から生じたのを示したことがウェーバーの独創性であった。

　このように、マルクスにおいてもウェーバーにおいても、資本主義と市場経済には、自由主義《リベラル》経済学者たちが与えている自然性ではないにせよ、少なくともかなりの古さと広汎な普遍性が認められている。したがって《経済人》という形象に関しても事情は同じである。

　ポラニーはというと、彼は《経済人》の自然性仮説を脱構築するにあたって、よりラディカルな姿勢を取っている。ポラニーによると、決定的な歴史的転覆が起こった契機は、小規模の商品生産から資本主義的な生産様態への移行ないし、消費する資本主義から蓄積する資本主義への移行ではない。そもそも、ポラニーは資本主義について語ることがないし、語るとしてもひじょうにわずかでしかない。マルクスは賃労働に基づいた資本主義に、そしてウェーバーは資本主義の合理化に歴史的特異性を与えていたのだったが、ポラニーが歴史的特異性を帰するのは資本主義の出現ではなく自己調整的市場の出現に対してである。自己調整的市場こそが、人間主体が本当に経済理論のいう《経済人》に似たものとなりはじめる唯一の審級なのだ。そうだとすれば、歴史をもっと遡り、経済的近現代《モデルニテ》と《経済人》の支配をさらに顕著な仕方で拡大しなければならないのではないかと思われるかもしれない。なぜなら、マルクスやウェーバーを信じるならば、市場ないし小規模の商品生産は大昔からすでに存在していたからである。しかし、事態はまったく逆である、とポラニーは主張する。というのも――と彼は言う――〈市場〉とさまざまな《市場《いちば》》(market places)を混同してはならないからである。さらには、さまざまな《市場《いちば》》で実践される交換は必然的に、経済学が理論化している市場のメカニズムにしたがって展開されていると考えてもならない。より一般的には、商業と市場とを同一視してはならない。実際に人類とほぼ同じくらい古いのは商業という実践である。しかし商業は、必然的に、そしてつねに取引や売買のモデルに則って組織化されているどころか、実際にはひじょうにしばしば互酬(réciprocité)の論理――すなわち贈与と対抗贈与――あるいは財産ないし身分の再分配(redistribution)の論理に従っている。商業は、贈与による商業でもありうるし、行政管理された商業でも、市場的な商業でもありうる。そしてまた、市場的な商業というこの最後の形象においても、次の二つの市場を区別すべきである。すなわち、あらかじめ定められた価格――慣習的なものであれ、行政による決定の対象であれ――で交換が行われる市場と、価格は交換に先立って存在してはおらず需要と供給に応じて変動するのだという、経済理論に従った市場である。

　このような仕方で理解された市場原理は、経済的交換の一般規則をなすどころか、むしろ歴史的な例外と見なされる。ポラニーによると、市場原理が幅を利かせるようになるのは、歴史的には、正確に特定された次の三つの時期においてのみである。第一に、紀元前四世紀から三世紀のヘレニズム期において、人類史上はじめて商人という自律した中産階級が形成される。第二に、中世の末期において、黎明期の国民国家の庇護のもと、それまでは小規模の域内商業と大規模の遠方貿易との分離が支配的であったところに、地域的市場、次いで、統合された国家的市場が形成される。最後に、一種の最低所得をその言葉が生まれる以前に打ち立てていたスピーナムランド法が一八三四年に廃止されたのち、経済的自由主義《リベラリズム》の世紀が到来し、あらゆる経済生活を、金儲けの誘惑と餓死の恐怖という交差したモティーフのみに依拠させることとなった。実のところ、このような自己一貫的な経済システムの創設は、このようにして自律化されて伝統的な社会関係から「脱埋め込み化された」(disembedded)市場経済が、一つの市場社会の枠組みのなかに書き込まれることを前提としている。この市場社会においては、商品として生産されたわけではない労働、土地(またの名は〈自然〉)、貨幣という三つの本質的財が、それにもかかわらず商品であるかのように取り扱われるのである。

乱暴にテーゼを要約してみよう。市場および経済的人間は、普遍的であるどころか例外なのだ、と。自然的かつ自発的に生み出されたどころか——たとえばかのフリードリヒ・ハイエクはそう考えるのだが——それらはある歴史的構築の結果なのだ。すなわち人工物ということである。〈市場〉とは、〈自然〉の嫡出子なのではなく、《政治的なもの》の私生児なのである。

ポラニーの分析における真に倫理的・政治的含意の次元に関しては、その本質的部分はかなり簡潔に言い表すことができる。結局のところ問題となっているのは、ウェーバーの諦念したペシミズムとマルクスのメシア的な主意主義のあいだの一種の中庸の道を見つけ、それを定義することである。実際、ウェーバーにとっては、市場の発展を介して、また、官僚制度というすぐれて合理的な組織の発展を介して経済がひとたび形式的に合理化されると、物質的な正義――訴訟的な正義ではなく――の至上命令に従おうとするあらゆる試みは挫折に導かざるをえない。これは物質的な正義を希求している、もっとも不利な境遇に置かれた社会層に対してもそうである。絶えず治療薬の方が病気よりも悪い影響を及ぼすことになるのである。それゆえ、世界の脱呪術化と、社会的実存の形式的合理化に内在する魂の喪失を甘受しなければならないのだ。ポラニーはこのような無力さを覚悟することはできない。しかし彼はまた、市場を単純に撤廃してそれを社会および国家のうちに解消しようとするマルクス主義的な狙いを受け入れることもできないのである。

このように性格づけられたポラニー主義は、一種の人間主義の顔をもったマルクス主義として、すなわち、社会科学においてラディカルな社会-民主主義的思想を基礎づけ豊かにすることのできる、規模の大きな唯一の一般的理論化として現れる。マルクス主義に失望したひとたちや、経済的自由主義に落胆したひとたちに対して、ポラニーは一つの人間的社会を打ち立てるという希望を提供している。この社会は、慎ましくも自らを統御し、政治ないし商業の全能性という幻想に屈することのない社会である。本書でご覧になったように、ポラニーの社会主義は、連合主義的な社会主義（socialisme associationniste）なのである。

この連合主義的な社会主義に対してポラニーがもたらした特別な寄与はどのようなものだろうか。社会主義計算（comptabilité socialiste）に関する彼の古いテクスト群は二方面に対して――すなわちソ連の中央集権的な計画経済、および、一切の計画経済と社会主義計算の不可能性についてとりわけルートヴィッヒ・フォン・ミーゼス〔一八八一―一九三七年。オーストリアの経済学者〕が述べていた自由主義的な宣告に対して――闘っているものであるが、今日ではこれらのテクストはもはや歴史的およびアカデミックな関心しか提示していないように見える。これらのテクストは、直接的に信頼に足るものであり続けるためにはあまりにも合理的で組織化的な中央集権国家というイメージに譲歩している。ここでもまた学術的研究と政治的考察との交差点において第一に記憶に留めておくべきは、おそらく次の四つの決定的主題である。

(1)一方でポラニーの努力の一切は、民主主義が市場から生まれたわけではないこと、民主主義は市場よりも先に、市場なしに形成されており、再生産されることができるのを示そうとしたものだということになろう。彼のアリストテレス再読やギリシアに関する業績の主要な教えはその点にある。合理的思考の到来、市場の出現、民主主義の発明といったギリシアの驚異のなかで、なにが最初のものなのだろうか。今日もっとも頻繁にかつ自然発生的になされる回答は、市場の誕生と自律化を自由な思考と民主主義の条件とするものだろう。ところで――ポラニーが正しいとすれば――まだ存在していなかった市場経済の理論をアリストテレスが組み立てていないのにもかかわらず、アテネにはすでに古くから民主主義が創設されているとすれば、民主主義が形成され発展していくために市場は必要ではないことが明らかとなる。そしてギリシア人たちのこの教えは、ポラニーにおける他の大きな諸説によって確かめられる。

(2)市場の創設において国家は能動的な役割を果たしており、そして

条件を作り出す。

⑶自己調整的市場の根本的な《ラディカル》自律化は、全体主義——すなわち民主主義の瓦解——の希求への心的条件を作り出す。

⑷民主主義の心的条件について語ることによって、われわれはポラニーにおける第四の大きな政治的主題——この主題はこれまであまり知られてこなかったものだが、本書にまとめられたテクストがそれを強力に照らし出している——へと差し向けられる。カンジャーニとモクランが述べているように、「諸制度の変容は［ポラニーにとっては］必然的に各個人の変化に左右される」のであり、「一種の『信』(foi)」を含意しているのである。

つまり、ポラニーの政治思想の固有性を数語で要約しなければならないとすれば、おそらくわれわれは、彼の政治思想は一人の経済史家の所業であると言ってよいだろう。ポラニーはあらゆる歴史家のなかで、さまざまな経済的決定論の重みをもっとも軽く見積もった歴史家であり——このことはとりわけ「時代遅れの市場志向」と、より明確には「経済的決定論を信じるべきか」という本書の二章が証立てている——そうすることで彼は、反対に《政治的なもの》および《倫理的なもの》の方に大きな決定的役割を与えているのである。

このような立場は維持できるものなのだろうか。維持できる、とはつまり、学術的に適切であるとともに、首肯しうる仕方で現代の政治的議論をなおも照らし出すことができるものなのだろうか。

ポランニー経済史に対するさまざまな批判

ポランニーの諸説は、当初の新鮮さにおいてはひとを興奮させるなにかを持っていた。歴史家の大多数は、およそ至るところに、そして太古の昔から、近代市場——経済学者たちの言う市場——が完全な仕方で形成されているのが見られると信じていたのだが、それに対しポランニーは、そこにあったのは目の錯覚にすぎず、ひとは近代中心主義的バイアスの被害者として、テクストを誤読し、原資料を歪曲していたのだと述べる。そして彼は、市場が存在したと見立てられたあらゆるところ——あるいは、およそあらゆるところ——に実際に存在していたのは、贈与による商業、行政管理された商業、国家の商業、あるいは、せいぜいあらかじめ定められ調整された価格に基づいた商業にすぎなかったのだと述べる。このことは、歴史の流れを逆転させようという希望を可能にし、また、市場社会の乗り越えを確かなものとし、容易にすること——市場社会が特異で、真の歴史的な例外として現れれば現れるほど、その乗り越えはより一層確かで、容易となるから——を可能にしていた。歴史的な例外とはつまり、反自然ではないにせよ、少なくとも反社会であり、言わば反社会的自然である。

しかし、今日では資料によって裏付けられている明白な事実に従わなければならない。価格決定市場は、ポランニーが考えていたよりもはるかに古くから存在していた。そもそもポランニー自身、『人間の暮らし』(*The Livelihood of Man*)〔邦訳書名は『人間の経済』〕にまとめられた遺稿の一編のなかで、自己調整的市場の誕生を紀元前五世紀のギリシアにまで遡らせている。レイモン・デスカ[1]はアリストテレスを再読しつつ、自己調整的市場が——ただしそれは第一には政治制度としてであるが——紀元前六世紀に生まれるのを見て取っている。確かな原資料が証立てているところによれば、自由市場は中国ではすでに紀元前七世紀から戦国時代のあいだには十分に知られていたという。

ポランニーの諸説にとってある意味ではより重大なことに、アッシリア学やバビロニア学の諸研究によってポランニーにおける中心的な考えが深刻に問いただされている。つまり、バビロニアの商業は徹頭徹尾、そしてもっぱら、価格の駆け引きを知らない行政管理された商業であり、自らの社会的地位のみに気を配り貨幣的利潤には気を配らない役人によって保証された商業であった、というのがその考えである。この問題に関する最良の専門家の一人であるヨハネス・レンガーは、ポランニーに執拗な称賛を浴びせつつも、ポランニーが農村経済と都市経済のあいだの区別とそれらの重なり合い、そして前者に対する後者の影響を無視していたと結論づけている。[2] モーリス・シルヴァーはと言うと、彼はバビロニアの市場において自由な価格決定がなされていた痕跡を数多く取り上げている。[3] しかし、このような自由市場は全体としての経済のなかではいかなる位置を占めているのだろうか。これは、次のことを思い起こすときにより一層立てられることになる問いである。すなわち、公的交易人（カルム）たちが行うすべての商業活動は、交易人たちの長である公的代書人（タムカルム）のもとで記録されていたのであり、このタムカルムの第一の責務は財を「専売」「供託」「自由」という三つの範疇に分類することであった、ということである。[4] どうやら、この第三の範疇に属する商業において、商人たちは私的な貨幣的利潤を実現することができたようである。

われわれはポランニーの議論が提起するさまざまな困難をこうして駆け足で検討したわけであるが、次のことを指摘することでこの検討を締めくくることにしよう。すなわち、ポランニーも彼の弟子たちもローマ経済についてはなにも書かなかったのだが、それは結局は奇妙なことである、ということだ。

たしかに、そこには選択による挑戦があった。というのも、彼らの主要な論敵の一人であるミハイル・イヴァノヴィチ・ロストフツェフ〔一八七〇―一九五二年。ロシアの古代史家〕は、ローマ経済が帝国時代の初期から完全な仕方で商業的であり近代的なものだったと見なしていたからである。このテーゼは、アラン・ブレッソンおよびフランソワ・ブレッソンの業績によって興味深い仕方で裏付けられている。[5] 彼らが示しているところによると、複式簿記がローマに存在していなかったことは、商業的合理性の欠損をいささかも証明するものではなく、一方で信用が占める位置の些少さと、他方で奴隷制に基づいた古代経済が二部門的であったという事実――すなわち、生産は市場の外部でなされ、あらゆる必需品は領域内で「無償」で生産されていた――によって完全に説明される。その結果、カトーによって定められた「可能なかぎり少なく買い、可能なかぎり多く売る」という金科玉条が絶対的に幅を利かせ、会計の必要性を財貨の出入記録のみに限定していたのだ、という。西洋中世末期における信用の到来をまってはじめて、生産のブラックボックスのうちに入りはじめることと、内部の投入資源に対して少しずつ会計上の貨幣価値を負わせていくことが課せられるようになるのである。[6]

　知られているように、ウェーバーは複式簿記の到来のうちに、信用の出現と不可分である近代資本主義の本質的かつ決定的な特徴の一つを見ている。しかし、複式簿記が存在していないからといって、そこから資本主義そのものが存在していないと結論づけることはまったく可能ではない。「したがって、もし――と彼は述べる――この概念のなかにさまざまな社会的決定を導入せず、所有されたり交換された対象を諸個人が交換経済のなかでの獲得という目的のために利用している至るところで、この概念が純粋に経済的な内実をもって効力を有していることを受け入れるとするならば、古代史の諸時代全体における広く『資本主義的』な性格はまったく確かなものであるように見える」[7]。しかしウェーバーはこう付け加える。「誇張にも気をつけなければならない」。

この引用と、先ほど集めてきたいくつかの所見に照らし合わせて読まれた場合、ポラニーは一人の制度主義的な論者として現れる。すなわち彼は、市場（またの名は資本主義）の定義そのもののなかに過度の「社会的考察」を導入し、市場に枠組みを与える社会制度がそれ自体は明確に商業的でないときには――換言すれば、市場社会が十全な仕方で構成されていないときには――市場の存在に反駁を加えるまでに至っているというのである。

この批判は、さらにほかの多くの例、とりわけ人類学者ジャック・グッディによって彼の著作『西洋における東洋』[8]に集められた資料全体によって充実されることができるだろう。この著作は、反ウェーバー的かつ反ポラニー的理論に基づく真の大規模兵器であり、合理的思考から複式簿記および市場にまで至る西洋近代のすべての構成要素がはるか以前から中東ないし極東（そしてとりわけインド）に見られる様子を示すことで、西洋近代の歴史的特異性というテーゼを決定的に崩壊させることを目指している[9]。

ポラニーの学術的成果

しかしながら、このような批判によって学術的成果を無効にさせたままでおいてはならないだろう。実際にはポラニーの理論化の本質的な部分、すなわち反経済中心主義の次元の一切は、彼による年代決定の問い直しの影響を受けないばかりか、それによって堅固にされてさえいるのである。実際、ギリシアや近代ヨーロッパの外部で市場が誕生した日付を新しく見つけていけばいくほど、市場が民主主義の母型でないことがますます明らかになっていく。いずれにしても、市場の誕生と民主主義の出現とのあいだには、単純かつ機械的な因果関係はまったく存在していないのである。[10] より一般的に言って、そこでは反対に市場の政治的な――つまり人工的な――発生というテーゼが強固にされる。これが、古代ギリシアに関するデスカのはっきりとしたテーゼである。しかしこれはまた、ハーマン・M・シュワルツといった論者においても見出されるテーゼであり、彼は、一五世紀から一六世紀の国際的な大規模貿易が自己調整的市場の論理に従って機能していることを主張することでポラニーを論駁していると考えている。このことについて議論することもできるが、本質的な点は、シュワルツがこの時代に絶対的であった国際市場と地域諸市場――地域諸市場はいささかも自己調整のモデルに基づいて機能してはいない――との分離というポラニーのテーゼを完全に確証しているということである。むしろ、形成途上にあった国家こそが、自らの軍隊に出資するために金利収入の貨幣化を課すことで、それまでは互いに無関係であった大規模な遠方貿易と地域的な小規模商業の交流を促進したのである。この大規模な貿易はそれだけでは地域的市場、次いで国家的市場を産み出すだけの十分な力は持っていなかった。[11]

とはいえ、ポラニーによる市場の年代決定に対する批判に立ち返ってみよう。そしてその批判を相対化するまえに、それを一般化してみよう。[12] 自己調整的市場ははるかに早い時期に、より多くの場所に生まれたのであり、まったく最近のことである近現代《モデルニテ》が訪れるよりもまえに、ポラニーが考えていた以上にはるかに長く続いていた。たとえば人類学者ジョナサン・フリードマンの言うところを信じるならば、自己調整的市場は三回生まれたのではなく、少なくともおよそ二〇回は生まれたのだとされる[13]。しかしこのことは、自己調整的市場がどの程度まで、その多様な相において多少とも経済学者の言う市場に近づいたのか――財やサービスを生産したり購入した人間の社会的価値よりも実際には他の財やサービスの経済的価値を反映した、つねに変動しうる価格を形成するに至るまで――についてはいかなる点においても予断を下すものではないし、とりわけ、自己調整的市場が日々の物質的生活、人口の大多数の《暮らし》のなかで占めてきた役割についてはいささかも予断を下すものではないのである。

ポランニーにおいて並外れて根強いものであり続けているのは、多くの経済史家たちの衝動的な商業中心主義に対する批判である。経済史家たちは、古文書、商人たちの報告、市場の規則、標準価格表といった書かれた原資料のみを手にしているのだが、彼らはこれらを研究する際に市場は至るところに存在していると信じ、市場の重要性を著しく過剰評価する傾向を有している。しかしながら、彼らの原資料をもう少し詳しく分析してみて気づくことは――これは、ブローデルのように市場の絶対的な自然性と準普遍性を信じる歴史家においてさえそうなのだが――たとえばフランスにおいては八〇パーセント以上の人口がいまだ農村的生活を送っていた一九世紀末に至るまで、市場と貨幣取引を介した消費ないし生産の役割は驚くほどに脆弱なものであり続けている、ということである[14]。

かくしてわれわれは、ナタリー・ゼーモン・デーヴィスといった著者がその称賛すべき著作『贈与の文化史　一六世紀フランスにおける』のなかで、当時はいかにして、社会関係を織りなすさまざまな交換の大部分が市場の管域ではなく贈与と対抗贈与の管域で考えられていたのかを示しえたことをより良く理解することができる。そして、そこで問題になっているのはいささかも、市場の現実的な全能性を覆い隠すような一つのイデオロギー——あるいは、一つの時代の支配的な想像界を定めているといった、この語の純粋に描写的な意味においてのイデオロギー——なのではない。そうではなく、たとえ市場の現実に疑いの余地がなかったとしても、市場はいまだ大部分において周縁的ないし間隙的な仕方で作用しているということなのだ。さらにそれは、強力に調整され、統御された市場——ブローデルは公的市場と言っていた——なのである。

結局のところ、経済史家にして経済人類学者としてのポラニーの著作に対する批判は必要なものではあるけれども、それはいささかも、過剰なまでの彼の反商業主義ないし非商業主義を、市場および《経済人》の普遍主義的な自然化という真逆の過剰さのうちに突き落とすまでには至らない。市場はあらゆる社会に潜在的な状態で存在しており、多くの社会や多くの歴史的時期においては自己調整的市場として形成されている。しかし、多かれ少なかれ散発的で点在的な諸市場の存在から、それらが相互に結びついた真の市場システムの形成へとつねに移行していくというようなことはまったくないのである。それゆえ、ポラニーから直接的な着想を受けた類型論《ティポロジー》であれば、互酬と再分配を結びつけた流通の経済構造のなかに次のものを区別することができるかもしれない。すなわち、物々交換と（あらかじめ定められた価格による）調整市場の飛び地が存在するもの、これらの飛び地が散発的な自由市場と対になっているもの、そして、これらの市場が相互に依存し、非商業的にせよ商業的にせよなんらかの社会規範に従属しているもの、といったさまざまな経済構造である。

他方で、労働過程が資本主義に依存している多様な度合いを描写するためにマルクスが鍛え上げた諸概念を移し替えることによって、日常生活が市場に依存している多様な度合いとその形態を類型論的な仕方で定めることが必要であるように思われる。ここでは、なんらかの商業財をまったく散発的な仕方でしか商品化したり購入したりしない場合――一種の奢侈品の場合――あるいは、生産活動の一部が市場に向かってはいるが日々の物質的生活の再生産は大部分において自給自足的なものに留まっている場合、そして、反対に物質的生活の全体が市場への組み込みに左右されている場合といったそれぞれの場合に応じて、市場に対する社会的実存の偶然的、形式的、現実的な包摂を区別することができるかもしれない。

2　著作の現代性

このことはすでに、マルクスとウェーバーが示していた。新しい事態、西洋近現代《モデルニテ》――すなわち一六世紀以来――を作り上げているものとは、すでに古代においてもよく知られていた資本主義の出現なのではなく、資本主義における二つの新しい様態の――程度の多少はあれそれらが結合した――形成である。手工業資本主義、次いで産業資本主義――マルクスが特に強調していたもの――は大量生産を許すことによって、手工業生産された必要財が、職人的な仕方で多かれ少なかれ自給自足的に生産された財に徐々に取って代わることを可能にする。この資本主義によって、市場内への物質的実存の偶然的包摂が、形式的包摂へ、次いで現実的包摂へと移行するのである。しかし、この産業化された資本主義は合理化された資本主義なのであって、そこにわれわれはウェーバーと、彼が強調している世帯と企業の会計分離や複式簿記の発明、そして無際限の蓄積に対する宗教的正当化を見出すことになる。さらに、これらすべてのことは信用と金融の発明という決定的衝撃と関係づけられなければならない[15]。現今の社会が大部分において金融化され、そこでは経済がもはや、多かれ少なかれ産業化された財やサービスの市場ではなく自己調整的な金融自由市場に従属するに至るまでに、信用と金融は産業活動を真に増殖させていくものとなるのである。ところで、財の市場の金融的・金利的・投機的市場へのこの従属とともに、この二世紀における階級闘争が推進させていた歴史と同一であるとともにまったく異なる歴史が演じられる[16]。

見て分かるとおり、ポラニーの著作は単に歴史的な考察としては読まれることができないだろう。彼が採用している人類学的なパースペクティヴがどれほどその現代性に貢献しているのかを強調しておくのは重要である。それは、市場が勝利を収めているように見える時代においては逆説的な現代性である。しかしながら、現在の理解に際した適切さをポラニーに一切認めないという目的のためだけに彼に一つの場所をあてがうような順応主義から離れ、また、ポラニーの主張を過去の社会の分析のみに閉じ込めることでその射程を骨抜きにするようなアカデミズムに抗して、ポラニーが経済の定義に関して推進した現代的議論へと立ち返ることが肝要である。

ポラニーによると、ある型の人間活動を名指すためにしばしば用いられる《経済的なもの》という語はたがいに無関係である二つの意義の極のあいだで揺れ動いているのだということを思い起こしておこう。第一の意味、形式的な意味は、「節約する」(économise)と「会計・節約の」(économe)という語におけるように、目的と手段のあいだの関係の論理的性格から生じる。稀少性と関連した《経済的なもの》の定義は、この形式的な意味から生じるのである。第二の意味、あるいは実体的な意味は、人間たちは相互に関係を取り結ぶことなしには、また生存手段を与えてくれる自然環境と関係を取り結ぶことなしには生き続けることはできないという基本的事実を強調するものである。《経済的なもの》の実体的な定義はそこから生じるのである。実体的な意味は、明らかに人間たちは自らの生存のために、自然および他の人間たちに依存しているということから生じる。稀少性に関連した《経済的なもの》の定義と、人間相互および環境との関係に関連した《経済的なもの》の定義のあいだのこのような区別は、新古典派経済学の創始者であるカール・メンガー〔一八四〇―一九二一年。オーストリアの経済学者〕の『国民経済学原理』の死後刊行版のなかで取り上げられていた。彼は経済における補完的な二つの方向を指示している。一つは、手段の不十分さに対応するために節約する必要性に基づいたものであり、彼が「技術‐経済的」方向と呼んでいたもう一つは、手段の豊富さないし不十分さとは関係のない、生産の物理的要請から生じるものである。人間の経済が向かいうるこの二つの方向は、「本質的に異なる源泉から」生じており、「いずれも第一次的で基本的な」ものである。[17] この分析は忘れられてしまっており、新古典派経済学のいかなる紹介のなかにもふたたび取り上げられることがなかった。それは、メンガーによる価格理論の諸結果に焦点が合わせられることによって、彼の後継者たちが《経済的なもの》の形式的な意味のみを考慮に入れるように促されたからであり、そのことはメンガーの死後刊行版の英訳が存在していないことによって強められている。[18] ポラニーは、経済思想の領野のこのような還元によって《経済的なもの》と《生きているもの》とのあいだの全面的な断絶が引き起こされたのだと示唆している。これは、自らの科学の認識論的考察に気を配っている経済学者たちのあいだで共有されている考えである[19]。経済の定義に立ち返ることで、ポラニーはまた経済活動のアプローチに関して、新古典派理論に批判的な社会学者や経済学者と同じ方向に向かっている[20]。彼らと同様にポラニーは、合理的活動は目的合理的活動に限定されると見なす経済的合理主義が、どれほどまで手段の稀少性という仮説に論理的に従っているのかを示している。経済的独我論は目的合理的活動を絶対視することに存しているのであり、そこから、《政治的なもの》の思考の不在と、政治的諸問題が利害という問題系のうちに功利主義的な仕方で融解することとが生じてくる。そこからはまた経済的な還元主義が結果として生じるのだが、それは二つのたがいに切り離せない特徴によって要約されることができる。

(1)第一の特徴を構成するのは、市場と同化した経済的領域の自律化である。経済の実体的な意味の隠蔽は、経済と商業経済とのあいだの混同へと通じていく。経済が、稀少性の状況における手段の割り当てに中心化されて、ただの富の科学と化すやいなや、この同化は可能となる。かくして、そのときには現実的な経済の大部分が隠蔽される。ブローデルはこのことを十分に強調していた。市場経済はより広い総体の一断片にすぎないのであり、市場経済のみに排他的に焦点を合わせることは「物質的な生活」を見えなくしてしまう、というのである。ポラニーはさらにより根底的な仕方で、市場をすぐれた経済的原理そのものと見なすことは自己実現的な預言に属するものだと詳説している。実際において、人間社会はこのような原理をいくつも動員してきた。市場だけではなく、再分配や互酬がそれである。再分配の原理にしたがうならば、生産管理は生産を配分する責任を有したある中心的な権力機関に委ねられるのであり、そのことは、課税と充当の諸規則を定義するような手続きを前提としている。互酬はというと、それは、当事者間の社会的紐帯を表明するという意志においてのみ意味をもつような給付のおかげで、さまざまな集団どうし、人間どうしのあいだに築かれる関係に対応することになる。

(2)第二の特徴を構成するのは、すべての市場と自己調整する市場との同一化である。人間行動に関する合理主義的かつ原子論的なさまざまな仮説は、市場の加護に基づいた個人の行動の凝集による演繹的方法から出発した経済の研究を可能にするのだが、そこでは制度的枠組みが――個人の行動はそのなかで形を取っている――考慮に入れられていない。市場を自己調整的なものと見なすこと、すなわち、価格によって需要と供給を関係づけるメカニズムと見なすことは、市場が到来するために必要であった制度的変化について口を閉ざし、市場を可能にしている制度的構造を忘れさせるに至るものである。利益の最大化によって市場行動を説明してしまうと、市場行動が制度化された過程に属していることが覆い隠されてしまうのである。

経済社会学および政治経済学への概念的寄与

ポラニーが強調しているのは、つまるところ、自己調整する市場への経済的信仰によって経済がフォーマット化されてきたという事実である。たとえば彼は、生産や交換、流通や融資といった活動を、市場という媒体《プリズム》においてのみ研究するあらゆる目論見を指弾している。このような理由からポラニーは、制度主義的な筋道を引いている社会‐経済学に着想を与えた主要人物の一人なのである。彼の立場が持っている発見的な効果は、統合のモデルの多様性を考慮に入れながら人間社会における経済の流動的位置を検討する政治経済学にとって否定できないものである。正統的な経済学の補助として役立つことでは満足できない経済社会学にとっても同様である。

この観点からすると、《埋め込み》の比喩に訴える際のマーク・グラノヴェッターとポラニーにおける相違は象徴的なものと見なされうるし、ポラニーの特殊性を強調するものである。埋め込みの概念は、まず最初にポラニーによって産み出され、グラノヴェッターによって普及した。この普及がある転位によって二重化されたことに困難の一切が存している。両者の語意を突き合わせるために、まずグラノヴェッターの議論を取り上げ、それからポラニーの議論との比較を行ってみよう。

新制度主義経済学の近年の展開をも含めた正統的な経済学は功利主義から発しており、そのとき正統的な経済学は既存の諸制度を、有効性を理由として行われた選択に起因するものと捉える。グラノヴェッターによれば、経済社会学とはまさに、社会構造の詳細な分析——それは諸制度の発生を理解するためには不可欠なのだが——の意気を削ぐものであるこの機能主義に異議を申し立てるものである。諸制度は、能率の問題に与えられた唯一的でやむを得ない解決であるどころか、人類の歴史の産物であり、それ自体として歴史的な偶然性に従っている。それゆえ、ある制度が表している社会現象を捉えるためには、この制度が由来している歴史的過程を研究することが必要である。ある制度の起源にはいくつもの歴史的可能事が存在しているのであり、制度はいくつもの個別の人間どうしの関係が結晶化した結果として生じてくる。グラノヴェッターが言うところの《埋め込み》は、経済活動が人間相互の社会関係の網の目のなかに組み込まれていることを考慮に入れるものであり、このような社会関係の網の目はそれらの構造の研究から出発して輪郭づけられなければならない。経済活動が社会的な網の目のうえに支えられていることによって、たとえば、さまざまな企業がその発展において辿る道程を説明することができる。とはいえ、このような道のりが商業経済のうちに最終目的を定めていることには変わりがない。それゆえグラノヴェッターは、すでにそこにある自明なものとみなされた商業経済のただなかにおけるいくつかの軌道を説明することを提案するのである。

ポラニーにとっては、より大きな問いを扱うことが問題となっている。経済は、自然および同胞に対する人間の依存から派生するさまざまな活動の総体を包含している。ポラニーは《埋め込み》によって、このように定義された経済が、生産および財とサービスの流通のいくつかの形態を統べる社会的・文化的・政治的な諸規則のなかに書き込まれていることを名指している。前資本主義的な社会において市場は限定的なものであり、経済現象の大部分は、それらよりも先に存在しそれらに形を与える規範および制度のなかに書き込まれる対象となっている。近現代《モデルニテ》の経済は、民主主義的近現代と経済とのあいだの緊張によって特異化される。ポラニーによると、自己調整する市場と同化した経済は、自分自身の経済のメカニズムに根付いた社会という企図の原因となる。市場経済は、制限を与えられなければ、市場社会へと通じていく。この社会においては、社会を組織化するためには市場だけで十分であると見なされるのである。自己調整する市場というこのユートピアの不意の出現によって、民主主義的近現代《モデルニテ》とその他の人間社会とが差異化される。これらの社会においても市場の諸要素は存在していたのだが、そこではそれらを自律したシステムとして配置することは目指されていないのである。

そもそも、《埋め込み》のこれらの語意は、対立させられるのではなく補完的に考えられることもできる。これはグラノヴェッターが、「分析的な」ポラニーの寄与を認めるために「論争的な」ポラニーに対する自分の批判をできるだけ小さくしようとする際に、われわれに促しているとおりである[21]。市場経済は、関係的・制度的な枠組み――それらがなければ市場経済は展開しえないだろう――を加えることによって研究されることができる。労働市場のようないくつかの市場を理解するために決定的なものである関係的な網の目は、いくつかの戦略を説明することができる。人間相互の契約のこのような支えを超えたところにおいては、既存の市場の大部分はとりわけ社会的ないし環境的な諸規則を練り上げる諸制度によって枠組みを与えられている。さまざまな市場とこれらの制度との重なり合いは、市場経済を構成している規制《レギュラシオン》と規制緩和とのあいだの歴史的緊張という枠組みのなかに置き直されることができる。

したがってポラニーのアプローチは、商業的関係が諸関係の網の目のうえに支えられていることの否定をいささかも含意してはいない。とはいえ、彼にとって《埋め込み》がまったく異なる管域に属しており、グラノヴェッターが無視している問題を提起していることには変わりがない。すなわち、現実の行為遂行的な表象としての市場への信仰という問題である。制度化された過程として経済を構想するとき、ポラニーは、現代社会における経済活動の自律化がどれほど政治的な企図となっているのかを示している。そこから浮かび上がってくるのは、形式的経済に対する公権力の偏愛から帰結するものと考えられる「脱埋め込み」のアプローチである。かくして、経済の「脱埋め込み」は、経済のもっぱら形式的な表象に属するような実践を特権視する政治的な《埋め込み》の個別な一様態として現れる。経済のもっぱら形式的な表象の有効性は、それが、経済の実体的な表象に関係づけられるさまざまな現実を見えなくすることに由来している。言い換えれば、経済が別の秩序に属する諸目的に貢献する一つの手段となっているようなさまざまな活動を、である。ウェーバーはそれを、経済的な方向付けを持った活動と名付けている。

したがって、何人かの論者がそこに批判を一極集中させてきたのとは反対に、市場社会のあれやこれやの歴史的位相の年代決定に関して論争することは二次的なことである。ポラニーの意図は、(「政治的」という語の広い意味における) 政治的な《埋め込み》の問題に中心化されているのである。実際、市場社会が民主主義を脅かしていると見なすのであれば、経済が政治的枠組みのなかに書き込まれていることの研究に優先性を与えるのは論理的当然である。そもそも、シャロン・ズーキンやポール・ディマジオ[22]といった幾人かの論者はこの政治的な《埋め込み》を強調し、《埋め込み》の概念を社会的網の目に還元することを批判してきた。このような理論的パースペクティヴにおいては、経済社会学は経済に応用された社会学的見地として理解されることができる。そこで経済は市場経済のみに還元されるわけではないし、市場は自己調整する市場に還元されるわけではないのである。

ポラニーへの回帰によって、経済と社会のあいだの諸関係に関する考察を豊かにすることができる。これは創始者たちの経済社会学においては中心的主題であったのだが、「グラノヴェッター的」ヴァージョンにおける新しい経済社会学に特有なミクロ社会学的パースペクティヴによって、いささかなおざりにされているのである。

民主主義、経済、多元性

すでに述べたように、ポラニーの分析は倫理 - 政治的企図と不可分である。それゆえ、彼の分析の現代性は最後に、この企図の内容を——彼が執筆したのとは異なる文脈のなかで——問うことへと導かれる。

この点に関するポラニーの結論は、議会制民主主義と市場との結合が導くとされるあの「歴史の終わり」を言祝ぐような、ひとを安堵させる考察とは際だった対照をなしている。うえに挙げた三番目の大きなテーゼによると、市場システムは、経済活動の非社会化と非人間化に到達するがゆえに、心的には耐え難いものであるとポラニーは言う。つまり市場システムは、幻想的な再社会化——さまざまな全体主義はそのために腐心している——に帰着することがありうるのである。これは歴史が教えていることだ。〈啓蒙〉の政治的理想と市場社会の狙いとのあいだの矛盾は、ファシズムと共産主義に帰着したのである。

ファシズムにとって、民主主義は一つの時代錯誤である。なぜならば、権威主義的国家のみが資本主義に内在するさまざまな混乱を阻むことを可能にするからである。ファシズムは、個人のうちに意識的かつ断固とした共同体への探求がある可能性を認めず、共同体への希求の一切をカリスマ的な依存のうちに閉じ込める。元首の崇拝が個人的自律に取って代わり、生産の諸部門が経済的権力の受託者となるような技術的秩序を称賛する同業組合的教義と結びつく。したがって、ファシズムの目的は民主主義を撤廃し、不変の階層関係によって構造化された経済システムに益するように社会を組織化することである。共産主義体制の野望は反対である。すなわち、民主主義を経済システムへと拡大することである。しかし共産主義体制は、法権利および代議制民主主義を蔑視しつつ——それは形式的既得権であったのだとか、ブルジョワの覇権を表す上部構造であったのだという理由で——経済的民主主義を生産手段の所有権の変更へと同化させるのである。

全体主義の災厄は資本主義の再正当化に大いに貢献した。新自由主義の攻勢——これは、持続性のある代替案《オールタナティヴ》など存在しないのだというスローガンを有効なものとした共産主義体制の崩壊によって強化された——は、市場経済の潜在力は麻痺作用を持つ諸規則の総体によって阻害されているとする仮説に依拠している。しかし、昨日確認されたことは今日でも有効なままである。すなわち、市場社会と民主主義は両立不可能であり続ける、というのがそれである。それ以後、社会を脅かすもの、耐え難い非人間化を産み出すもの——ポラニーによればこの非人間化が全体主義へと導いたのだが——は、もはや財の自己調整的市場ではない。そうではなく、ますます地面から離れ、租税回避地（les paradis fiscaux）という商業港の変異体のうちに避難した金融の自己調整的・脱調整的市場である。ところで、ポラニーを信じるならば——あらゆる点から見て彼は正しいのだが——金融のこのような《脱埋め込み》は長期にわたって維持されうるものではないだろう。この二一世紀のはじめにあって、二〇世紀のさまざまな教訓を記憶に留めておくことが肝要である。二〇世紀において、資本主義を乗り越えようという試みは全体主義の袋小路であった。しかし、そもそも新自由主義は、市場の教条主義という長大な歴史へと差し向けているのである——その帰結が惨憺たるものであることはすでに明らかになっている。

民主主義的な反駁が持つ内実は、社会の生成にとって決定的であることが判明している。それがなければ、われわれはたとえば――バーバーの比喩に富んだ語をふたたび取り上げるとすれば[23]――「マックワールド」と「ジハード」のあいだの衝突に立ち会うことしかできないだろう。市場の世界化《グローバリゼーション》と、以前は及んでいなかったさまざまな領域への市場の拡大は、宗教的原理主義の台頭を当然の結果として引き起こすことになるだろう。その危険は現実的なものであるし、さまざまな悲劇的な出来事によって確認されている。

しかしながら、市場原理の優位のうちに疑いの余地のない困難があるからといって、それが経済的決定主義の新しいヴァージョンへと導くことがあってはならない。新しい大転換〔『大転換』はポラニーの一九四四年の著作〕が不可避のものとなるだろう。しかし、このような対抗運動が独裁的な形態すなわち新全体主義的な形態を帯びることも、あるいは反対に民主主義的形態を帯びることもありうる。この後者の解決策のチャンスはどのようなものなのだろうか。

ここでもまたポラニーは、ウェーバー的なペシミズム――形式的および物質的な二つの合理化の永続性を強調しながらも、単に形式的ではないような実体的な合理性の諸要請を引き立たせることは不可能であると考えるペシミズム――の方向を変えている。確たる答えを与えてはいないものの、ポラニーは民主主義的な変容のためのいくつかの拠り所を示唆している。そのうちの二つを挙げてみよう。

(1)すでに言及したように本書のテクスト群は、人間の精神と意志の転換力――人間は自らのうちに、正義、法権利、自由の理想をふたたび具体化することのできる能力を有している――を前景に出している。文化や集団的社会性に割り当てられた役割はそこに由来しているのだが、それによってポラニーは、ジャン＝ジャック・ルソーを引き継ぎ、複雑な社会における民主主義の節点であり続けている自由と平等との接合を問うに至っている。彼は方法論的個人主義に対立する関係的理論を提案しており、また、原子論に対する彼の拒絶は、社会的な諸実践や教育、集団的な社会参加《アンガジュマン》へと向けられる関心の原因となっている。

⑵問題となっているのはまさに、行動のなかで世界のヴィジョンを感得するさまざまな仕方を発展させることである。生きられた現実へのこのような呼びかけは、アクセル・ホネットの言う社会闘争の文法を思い起こさずにはいない。そして、経済組織が生きられた現実を具現化するようにという配慮とともに、エドワード・P・トムスンの道徳経済学が頭に浮かぶ。重要なのは、行動する方法を、そしてまた「論証の体制《レジーム》」[24]を——すなわち、理論的探求と経験的探求とを結びつけながらさまざまな経験を概念化するような思考の方法を——生み出すことである。

世界の経済的なヴィジョンは、それが自己目的と化すときには、民主主義的過程に人間的な意味と企図とを定義する権利があることを認めない。この権利こそ、漸次的な再所有の対象となりうるものである。ポラニーが検討しているさまざまな様態は「赤いウィーン」に固有の熱狂にこだまを返している。それはまた、G・D・H・コールや、ギルド社会主義の理論家であったウェッブ夫妻、あるいはビアトリスおよびシドニー・ウェッブの賛美者であったモースらのさまざまな奨励策に近づく。モースは市場によって生産された富を再分配する課題を国家に与えているが、それはとりわけ、社会の生きた血肉を形成している生産者および消費者の諸連合《アソシエーション》の総体を生きさせ、それに活力を与えるためである。この社会は今日であれば市民社会と呼ばれるものかもしれない。モースとの一致はとりわけ顕著である。この一致は経済の分析に関わっている。両者における市場の支配の告発が依拠しているのは、現実は自然的秩序の表現とされるような経済の組織化の一様相を示しているのではなく、生産と流通の諸論理と諸形態の総体を示しているという考えである。この一致はまた、民主主義的変容のヴィジョンにも関わっている。この変容はいささかも「あの革命的でラディカルな代替案、二つの矛盾した社会形態のあいだのあの乱暴な選択」を経由するのではなく、「旧来のものの傍らに、またそれらの下に位置づけられるような新しい諸集団や諸制度の構築の手続きを通じて［なされ、またなされるだろう］」[25]。

言い換えれば、解放を目指すさまざまな社会的実践は、いかに必要不可欠なものであるとしても、真の変容を推進させるには十分ではありえないということだ。これらの社会的実践が凡庸化や周縁化を免れることができるのは、それらが公的な政治に影響を与えることができる場合だけである。現在有効である法の枠組みおよび政治を転換することを目指す公的活動へと通じるような個人的かつ集団的な取り組みのみが、「経済的民主化という制度化された過程」[26]に貢献することができる。それらは、尊重すべき社会的・環境的な諸規則を打ち立てることによって市場に枠組みを与えることができる。それらは平行して、互酬と再分配という別の原理に場を与えることによって市場を制限することを可能にするのである。

かくしてわれわれは、二つの相互補完的な形態を帯びた民主主義的連帯の力学に合流する。一つは、自由意志による社会的紐帯――それによって自由かつ平等な市民は共通の善のために行動する――に対応した互酬的形態である。もう一つは、さまざまな規範と給付――それらによって公的権力は社会的団結を強化し不平等を軽減する――を示すような再分配的形態である。われわれのものよりも古い経済の諸形態のなかで実践されていたような系列に沿って互酬と再分配のあいだの接近が行われていけばいくほど、市場原理への服従はより一層問いに付されることができる。[27]そのとき、われわれの時代に適合したラディカルな社会‐民主主義としてうえで名指されていたものの方途が正確に定まる。このラディカルな社会‐民主主義はとりわけ、市場による富の創出の独占という考えを阻止することを前提としている。連帯は、伝統的な社会‐民主主義によって認可された商業的増大への依存でもって満足することはできない。ユルゲン・ハーバーマスが主張しているように、この社会‐民主主義はそれ自体として、制度化する潜勢力であり、社会的統合の力なのである。[28]

　生活水準を改善したり、個人化の過程を促進する市場の能力をポラニーが過小評価したことは本当であるとしても、それでもやはり、彼は市場の「馴化」のために論陣を張ったのであって、市場の撤廃のためでは決してない、ということには変わりがない。ルートヴィッヒ・フォン・ミーゼスとのやり取りのなかで、彼は市場と社会主義の両立可能性を主張していた。[29]彼は、社会の不可欠な自己防衛という考えを擁護しながら、規制緩和の圧力に対してはつねに、市場の機能を民主主義的規則に従属させようとする社会制度上のイニシアティヴが反駁するのだということを示していた。

　市場に対するこのような規制と平行して決定的なことは、さまざまな商業的メカニズムは「生産された財の価値を承認する唯一の様相ではない[30]」ということ、そして、非商業的かつ非貨幣的な経済の諸次元が強められている、ということである。実際、商業経済とは異なる極もまた民主主義的近現代《モデルニテ》を構成している。すなわち、財とサービスの分配が再分配へと委ねられているような諸部門《セクター》に対応する非商業的な経済の極である。商業経済は、それが担っていた社会的調和の約束を実現することができなかった。反対に、社会問題の台頭とともに、商業経済の破壊的効果を阻むことのできる諸制度を促進する必要性が現れた。つまりは、商業的交換とは異なる経済原理——すなわち再分配——が、社会的国家を誕生させるための公的活動を通じて動員されたのである。この国家は市民に個人的権利を授けるものであり、それによって市民は、社会的リスクをカバーする保証、あるいは、もっとも不利な境遇に置かれたひとびとに対する最終的な救いとなるような援助を享受する。かくして公的サービスとは、再分配の次元を帯びた財ないしサービスの給付によって定義されるのであり、この再分配の規則は、民主主義的統制（コントロール）に服した公的な権力機関によって発布される。

他方、商業的な極および非商業的な極の双方に内在する貨幣化によって、貨幣化に抵抗し非貨幣的経済の諸形態のなかに表現されるような極性が根強く存在していることが忘れられてはならない。それは贈与および互酬に関わる一切の次元であって、近現代の社会においてはこの次元によって《道具的なもの》および《戦略的なもの》の管域を超え出ることが可能になる。この次元は相互理解というパースペクティヴのうちに位置づけられるものであり、他者を単なる手段に還元するようなことはない。開かれた新しい経済社会学の諸潮流——われわれはそれに結びついているのだが——はまさに贈与と互酬とを、経済と社会とのあいだの諸関係の分析のうちに組み込もうとする配慮を有しているのである。

社会科学における反功利主義的運動〔MAUSS《モース》〕の歩みは、人間活動の総体を個人的利益の探求によって説明しようとする一般化された功利主義に対抗しようという野心を持っている。無償性を特権視するような逆向きの過剰さに堕することなく、MAUSSは《与える・受ける・返す》の義務が持つある種の独創性を思考しようと努めている。この義務はアルカイックな社会のみに割り当てられているのではなく、現代社会にも拡大されるものだ[31]。重要なのは、原初的社会における互酬の力の隠蔽と、この原理の神話化とを同時に回避することである。この原理の神話化は、仮説的な贈与の経済――市場に対する幻想的な代替案《オールタナティヴ》――を称揚することに至るだろう。

反対に、連帯経済のアプローチが明記しているように、利害と再分配の管域を互酬と結びつけることによって、《経済的なもの》と《社会的なもの》のあいだの諸関係を再構成するさまざまな実践の描写的かつ包括的な分析を進めていくことが可能である。家族のような旧来の諸共同体を超えて、現代民主主義において対となっている政治的共同体の創設と個人の承認によって、ある積極的な自由が可能となる。それは、自由意志による社会参加から発した互酬的活動と協同的実践の展開のなかに表現されるものだ。経済のなかで《行動する力》の要求や、資本の保持に左右されないイニシアティヴの正当化の要請といったものが、連合主義の多様な形態のなかで明らかになっている。そのとき、諸連合《アソシエーション》の革新の能力は、それらが自己反省する能力に依っている。この能力は同様に、さまざまに異なる経済的極を交雑させる能力、言い換えれば、(非貨幣的、非商業的、そして商業的な)諸資源を計画の論理に応じて――計画の論理に外生した論理に応じてではなく――動員する能力にも依っている[32]。非資本主義的な企業の存在に焦点が当てられていた社会経済学の以前の潮流に対して[33]、連帯経済は、経済的諸原理の多元性というポラニー的な問題系を導入している。

したがって、いま立てられている問いは、民主主義的な枠組みのなかに組み入れるような仕方で——このことは、物質的な利得の論理が唯一的で無制限のものとなっているときには許されないことである——経済の多元化を保証することのできるさまざまな制度をいかに出現させるのかを知ることである。この問いに対する回答は、さまざまな社会的実践に根ざした制度的創意から出発したときにのみ探し求められることができる。このような社会的実践こそが、民主主義的な規範のなかに経済をふたたび組み入れ、ふたたび《埋め込む》ための方途を指し示すことができるのである。以前になされていたような妥協を復興させることは間違いなく失敗に陥るのであって、今日の社会から生じるさまざまな反応を考慮に入れることによってでしか平等と自由に関する考察は前進しえないのである。

正確を期すために述べておこう。多極的経済の承認と正当化という目的は、それらの関係と均衡についての穏やかで平和的なヴィジョンも、商業の支配の忘却もまったく前提としてはいない。反対に問題となるのは、市場社会に内在する調和というひとを安堵させる幻想に反発することであり、それは、さまざまに異なる経済原理のなかに闘争性を再導入すること、つまりはさまざまに異なった経済的選択についての民主主義的討論を推進することによってなされる。見て分かるとおり、そうすることによって経済と社会のあいだの関係は多元的経済というパースペクティヴにおいて扱われることができる。これは、普遍的な和解ではなく、公的領域におけるさまざまな選択の明白化を目指すような討議的民主主義の当事者かつその構成部分として考えられた多元的経済である。このような討議的民主主義は、シャンタル・ムフの表現を用いるならば「闘争的民主主義[34]」でもある。

このような、断固として民主主義的な多元的経済の制度化というパースペクティヴのなかにおいてこそ、ポラニーが残した考察と分析の遺産はそのまったき意味を獲得するのである。

注

1 Raymond Descat, « Remarques sur la naissance du marché en Grèce archäique », *in* Pierre Rouillard (dir.), *Autour de Polanyi. Vocabulaires, théories et modalités des échanges*, Paris, De Boccard, 2005.

2 Johannes Renger, « K. Polanyi and the economy of ancient Mesopotamia », *in* P. Rouillard, *Autour de Polanyi*, *op. cit.*, p. 55.

3 Morris Silver, *Economic Structures of Antiquity,* Westport, Greenwood Press, 1995.

4 Philippe Norel, *L'Invention du marché. Une histoire économique de la mondialisation*, Paris, Éd. du Seuil, 2004, p. 77.

5 Alain et François Bresson, « Max Weber, la comptabilité rationnelle et l'économie du monde gréco-romain », *Cahiers du Centre de recherche historique*, n° 34, *Sociologie économique et économie de l'Antiquité*, octobre 2004. また Alain Bresson, « Économie et institution. Bilan critique des thèses polanyiennes et propositions nouvelles », *in* P. Rouillard (dir.), *Autour de Polanyi, op. cit.*, p. 97-111 も参照。

6 領域内、職人的な小企業内、あるいは家庭内で行われる夫役の非貨幣化のうちに、それらが生きのびることの条件と秘密が存している。奴隷、農奴、あるいは家内の多様な成員によって行われる「無償」の夫役に対して市場価格で給与を支払わなければならなくなるやいなや、購入できるために十分に売らなければならないし、借金をしなければならず、そうすれば破産はすぐさま訪れる。この主題に関しては、次の二冊が重要な著作である。Witold

Kula, *Théorie économique du système féodal*, Paris-La Haye, Mouton, 1970 ; Alexandre Tchayanov, *L'Organisation de l'économie paysanne* [1966], trad. fr. d'Alexis Berelowitch, Paris, Librairie du Regard, 1990.

7　Max Weber, *Économie et société dans l'Antiquité*, Paris, La Découverte, 1998, p. 101.

8　Jack Goody, *L'Orient en Occident*, Paris, Éd. du Seuil, 1999.

9　実のところ、この批判はウェーバーよりもポラニーに対して明確に向けられている。今しがた見たように、ウェーバーは資本主義一般の歴史的独創性をいささかも過剰評価していないからである。

10　したがって、ブローデルから強い着想を得つつジャック・アタリが『簡潔な未来史』（*Une brève histoire de l'avenir*, Paris, Fayard, 2006）のなかで提案している年代的記述は——他面では興味をそそるものではあるのだが——まったく裏返しに読まなければならない。そこで彼は、市場の拡大と民主主義の拡大はつねに対をなしていたのだと主張し、商業的な中心の創設が民主主義の形成と拡大の条件であることを示唆している。このような因果的なヴィジョンを念頭に置いてしまうと、資本主義を民主主義化しようとする計画を擁護することや、商業的な世界化《グローバリゼーション》の災禍に立ち向かうことのできる倫理‐政治的手段を見つけることは困難になってしまう。

11　Herman M. Schwartz, *States versus Markets*, New York, St Martin's Press, 1994 (rééd., 2000), cité *in* P. Norel, *L'invention du marché, op. cit.*, p. 48-49. すでにジャン・ベシュレルは資本主義経済の経済的発生の不可能性を示し、その形成における政治的諸条件を取り出していた（Jean Baechler, *Les Origines du capitalisme*, Paris, Gallimard, coll. « Idées », 1971）。

12　ポラニーが提案した年代決定のいくつかに対する反駁、最終的には彼の直弟子たちによって成し遂げられることになる脆弱な歴史的作業——こうしたすべては、ポラニーのひじょうに婉曲的な読解を魅力的に見せるかもしれない。すなわち、ポラニーのまさしく学術的・歴史的な企図は重要性を持たないものであって、彼は単に、純粋な市場社会という理念がどれほどまで生育力のない危険な虚構であるのかをより良く示すためだけにこの企図に着手したのだ、と主張するような読解である。これは、あまりにもこの企図の価値を貶めることであるとわれわれは考える。たしかに、ポランニーの多くの概念を正確なものとし、彼が依拠できると信じていた原資料を再検討し、批判しなければならないが、それでも、市場、再分配、互酬のそれぞれが占める場所を明確に位置づける包括的な経済史という企図は、その重要性と価値とを完全に保ち続けているのだ。

13　Jonathan Friedman, *Plus ça change ? On not learning from History*, *in* Jonathan Friedman et Christopher Chase-Dunn (dir.), *Hegemonic Declines : Past and Present*, Boulder, Paradigm Press, 2004, *passim* ; Jacques Attali, *Une brève histoire de l'avenir*, *op. cit.*, 2006.

14　経済史家一般、特にフェルナン・ブローデルにおけるこのような近代‐商業中心主義に対する批判は Alain Caillé, *Dé-penser l'économique*, Paris, La Découverte/MAUSS, 2005 を参照のこと。とりわけ、伝統的な日々の物質的生活における市場の商業の脆弱な役割については八二頁以下。より一般的に言って、この著書は、マルクス、ウェーバー、ポランニー、ブローデルの著作の交差点において進められた、《経済人》という形象の歴史性と偶然性に関する考察として読まれることができる。ここで十分に長く論じることができなかった本質的争点の一つは、市場と資本主義の分離可能性および分離不可能性の度合いに関わる。ウェーバーとポランニーに従い、ブローデルに抗して、そしてある程度はマルクスに抗したものであるこの著書は、市場と資本主義の概念的な分離不可能性というテーゼから生じる社会学的・政治的（広い意味での）な帰結をあまねく引き出そうと試みている。一九世紀末のフランスにおける、いまだひじょうに飛び地的で貧しく、自給自足的な――つまりは広く非‐市場的な――性格に関しては Eugen Weber, *La Fin des terroirs*, trad. fr. d'Antoine Berman et Bernard Géniès, Paris, Fayard, 1983 を参照。

15　そして信用と金融もまた、重要な宗教的土台を有している。たとえばポール・ジョリオンは、いかにしてアメリカの経済活動が、借金をするという道徳的かつ愛国的な一種の義務によって大規模に支えられているのかを示している。借金をしないことは、信の欠如および道徳的に有責な楽天主義を表しているのだとされる。Cf. Paul Jorion, *La Crise du capitalisme américain*, Paris, La Découverte/ＭＡＵＳＳ, 2006.

16　ルドルフ・ヒルファーディング〔1877-1941年。ドイツの経済学者〕を再読すると納得できることだが、金融資本主義がそれ自体としてはまったく新しいものではないとしてもそうなのである。

17　Carl Menger, *Grundsätze der Volkswirtschaftslehre*, Vienne, Éd. Karl Menger, 1923, p. 77.

18　ポランニーが触れているように、ハイエクはメンガーのこの手稿を「断片的で無秩序な」ものと形容することで、その信用を失墜させようとする編集上の操作に身を委ね、かくしてこの手稿が翻訳されないことを正当化していた。

19　Henri Bartoli, *Économie et création collective*, Paris, Economica, 1977 ; Jean-Paul Maréchal, *Humaniser l'économie*, Paris, Desclée de Brouwer, 2001 ; René Passet, *L'Économique et le Vivant*, Paris, Economica, 1996 ; François Perroux, « Les conceptualisations implicitement normatives et les limites de la modélisation en économie », *Économies et sociétés, Cahiers de l'ISEA*, vol. IV, n° 12, décembre 1970.

20　Jean-Jacques Gislain et Philippe Steiner, *La Sociologie économique, 1890-1920*, Paris, Presses universitaires de France, 1995.

21　Mark Granovetter, *Le Marché autrement*, Paris, Desclée de Brouwer, 2000, p. 39.

22　Sharon Zukin et Paul DiMaggio (dir.), *Structures of Capital : The Social Organization of the Economy*, Cambridge, Cambridge University Press, 1990.

23　Benjamin Barber, *Djihad versus McWorld. Mondialisme et intégrisme contre la démocratie*, Paris, Desclée de Brouwer, 1996.

24　David Harvey, *Spaces of Hope*, Berkeley, University of California Press, 2000による。以下に引用。Marguerite Mendell, « Karl Polanyi et le processus institué de démocratisation économique », *Interventions économiques*, n° 033, 1/2006 : <www.teluq.uquebec.ca/interventionseconomiques>.

25 Marcel Mauss, *Écrits politiques*, textes réunis et présentés par Marcel Fournier, Paris, Fayard, 1997, p. 265. カール・ポラニーとマルセル・モースのさまざまな一致に関する詳述としては、Jean-Louis Laville, « Avec Mauss et Polanyi : vers une théorie de l'économie plurielle », *Revue du Mauss semestrielle*, n° 21, 2003を参照。これは次に再録されている。*Problèmes économiques*, n° 2821, Paris, La Documentation française, septembre 2003.

26 M. Mendell, *loc. cit.*

27 Cf. Jean-Michel Servet, « Le principe de réciprocité chez Karl Polanyi. Contribution à une définition de l'économie solidaire », *Tiers Monde*, n° 189, *L'Économie solidaire : des initiatives à l'action publique*, juillet-septembre 2007.

28 Jürgen Habermas, *Écrits politiques*, trad. fr. de Christian Bouchindhomme et Rainer Rochlitz, Paris, Éd. du Cerf, 1990.

29 これはJean-Michel Servet, *Une relecture de Karl Polanyi*, IUED Genève et IRD（謄写版）が喚起しているとおりである。

30 エマニュエル・ルノーの議論による。彼にとって「市場批判は市場の馴化という形態を取ることしかできない」。Cf. E. Renault, *L'Expérience de l'injustice. Reconnaissance et clinique de l'injustice*, Paris, La Découverte, 2004, p. 215-219.

31 現代社会のただなかにおける贈与の関係の根強い存在とその力に関しては、とりわけジャック・ゴドブーの仕事を参照。Cf. Jacques Godbout, *L'Esprit du don* (avec Alain Caillé) [1992], Paris, La Découverte-poche, 2007 ; *Le Don, la Dette et l'Identité*, Paris, La Découverte/ＭＡＵＳＳ, 2000 ; *Ce qui circule entre nous*, Paris, Éd. du

Seuil, 2007.

32 形式的な定義に対応しないような経済の諸形態に関する主要な理論的指標の紹介は Jean-Louis Laville et Antonio David Cattani, *Dictionnaire de l'autre économie*, Paris, Gallimard, coll. « Folio/Actuel », 2006 に見られる。いくつかの地域に見られる諸現実の包括的アプローチに基づいた連帯経済のパースペクティヴをフランス語で紹介したものとしては、たとえば以下を参照。Jean-Louis Laville, *L'Économie solidaire, une perspective internationale*, Paris, Hachette, coll. « Pluriel », 2007 ; Jean-Louis Laville, Jean-Philippe Magnen, Genauto Carvalho de Franca Filho et Alzira Medeiros, *Action publique et économie solidaire*, Ramonville, Érès, 2006.

33 この潮流の総括としては Claude Vienney, *L'Économie sociale*, Paris, La Découverte, 1994 を参照。

34 Chantal Mouffe, *The Democratic Paradox*, Londres, Verso, 2000 ; *Le Politique et ses Enjeux*, Paris, La Découverte/Mauss, 1994 ; « Pour un pluralisme *agonistique* », *Revue du Mauss semestrielle*, n° 2, 1993 ; « La "fin du politique" et le défi du populisme de droite », *Revue du Mauss semestrielle*, n° 20, 2002.

付記

(1) 巻頭の「経済学は何をしてきたのか――経済-産業技術システムの興隆と破綻」は、雑誌『現代思想』(青土社) 二〇〇九年八月号 (経済学の使用法) に、「経済学の倒錯」のタイトルで掲載された文章に大幅に手を加えたものである。

(2) 講演&シンポジウム『ウォール・クラッシュのさなかに――金子勝氏を迎えて』は、二〇〇九年二月一四日 (土) に東京外国語大学で三時間にわたって行われた。討論参加者は西谷修、土佐弘之、真島一郎、米谷匡史、中山智香子 (司会兼)。

(3) 『〝経済〟を審問する――MAUSSとともに』は、二〇一〇年二月一二 (金)、一三 (土) の両日、東京日仏会館ホールと会議室を借りて行われた。初日はアラン・カイエ講演と質疑応答、二日目は二部四時間にわたるラウンドテーブル。討論参加者は、長尾伸一、渡辺公三、西谷修、真島一郎、中山智香子 (司会兼)。ラウンドテーブルの同時通訳は三浦信孝、カトリーヌ・アンスローのお二人のお世話になった。

なお、⑵、⑶の企画は科学研究費補助研究「戦争・経済・メディアからみるグローバル世界秩序の複合的研究」（基盤研究B）の一環として行ったもので、その記録は、二〇〇九年九月二九日（火）に、東京外国語大学本郷サテライトで行ったもうひとつの企画、「ドイツ新自由主義思想の源流と国家の位置」（講演、ハウケ・ヤンセン氏：ドイツ・シュピーゲル誌経済担当、雨宮昭彦首都大学東京教授、司会：中山智香子）のドイツ語版記録とともに、科研グループ（東京外国語大学大学院グローバルスタディーズ・ラボラトリー：GSL）によって二〇一〇年三月に記録集『グローバル・クライシスと〝経済〟の審問』としてまとめられた。

本書に収録した部分はこの記録集をもとにしているが、本書を作製するにあたって、討論参加者にはあらためて討論記録に整理加筆訂正をお願いした。また、アラン・カイエ氏の発言に関しては録音テープから新たに訳し起こして整理した。

なお、カイエ氏の二論文（うちひとつは共著）については、カイエ氏の業績から今回の企画趣旨に直接関わると思われるものを選び、氏およびMAUSSの思想の紹介をかねて、企画資料として会場で配布したものであり、出版にあたっては訳者の藤岡俊博氏に改訂をお願いした。

これらの作業のため、ご多忙のなかで時間を割いていただいた方々に、あらためて感謝の意を記しておきたい。

真島一郎（まじま　いちろう）
1962年生まれ。専攻・民族誌学、人類学。東京大学大学院総合文化研究科（文化人類学）博士課程単位取得退学。現在・在セネガル日本大使館・参事官（東京外国語大学より2012年まで出向）。
著書：『20世紀〈アフリカ〉の個体形成』（編著、平凡社、2011）、『マルセル・モースの世界』（共著、平凡社、近刊）他。

米谷匡史（よねたに　まさふみ）
1967年生まれ。専攻・日本思想史、社会思想史。東京大学大学院総合文化研究科博士後期課程中退。現在・東京外国語大学大学院総合国際学研究院准教授。
著書：『アジア／日本』（岩波書店、2006）、共著・編著『一九三〇年代のアジア社会論』（社会評論社、2010）、『谷川雁セレクション』全2巻（日本経済評論社、2009）、『尾崎秀実時評集』（平凡社・東洋文庫、2004）、『沖縄／暴力論』（未来社、2008）、『ポスト〈東アジア〉』（作品社、2006）、『〈歴史認識〉論争』（作品社、2002）他。

土佐弘之（とさ　ひろゆき）
1959年生まれ。専攻・国際関係論、政治社会学。東京大学大学院総合文化研究科修士課程修了。現在・神戸大学大学院国際協力研究科教授。
著書　『安全保障という逆説』（青土社、2003）、『アナーキカル・ガヴァナンス』（御茶の水書房、2006）他。

中山智香子（なかやま　ちかこ）
1964年生まれ。専攻・現代経済思想。ウィーン大学大学院経済学研究科博士課程修了（経済学博士）。現在・東京外国語大学大学院総合国際学研究院教授。
著書：『経済戦争の理論――大戦間期ウィーンとゲーム理論』（勁草書房、2010）。
訳書：エドワード・メルツ『シュンペーターのウィーン』（日本経済評論社、1998）、ジョヴァンニ・アリギ『北京のアダム・スミス』（作品社、2011）他。

藤岡俊博（ふじおか　としひろ）
1979年生まれ。専攻・フランス哲学、ヨーロッパ思想史。東京大学大学院総合文化研究科博士課程満期退学。現在・日本大学ほか非常勤講師。
訳書：アラン・カイエ『功利的理性批判』（以文社、2011）。

発言者紹介

金子 勝（かねこ　まさる）
1952年東京生まれ。東京大学大学院経済学研究科博士課程修了。専攻・財政学、制度経済学、地方財政論。現在・慶應義塾大学経済学部教授。
著書：『市場と制度の政治経済学』（東京大学出版会、1997）、『セーフティーネットの政治経済学』（ちくま新書、1999）、『長期停滞』（ちくま新書、2002）、『閉塞経済』（ちくま新書、2008）、『粉飾国家』（講談社現代新書、2004）、『新・反グローバリズム――金融資本主義を超えて』（岩波現代文庫、2010）、『日本再生の国家戦略を急げ』（共著、小学館、2010）、『新興衰退国ニッポン』（共著、講談社、2010）他。

アラン・カイエ（Alain Caillé）
1944年パリ生まれ。社会学・経済学博士。レイモン・アロンの下で計画経済イデオロギーに関する論文を書き（1967年）、クロード・ルフォールの助手となる。1981年に「社会科学における反功利主義運動（MAUSS）」を組織、以後、近代経済学とそれを支える功利主義のラジカルな批判を展開。社会科学に浸透する経済学モデルに対抗して、反功利主義的科学のあり方を多分野の研究者たちとともに模索し実践してきた。その成果は雑誌『モース誌』として四半世紀にわたって刊行されている。現在、パリ第10大学（ナンテール校）社会学教授、「経済・組織・社会」の博士課程を指導するとともに、SOPHIPOL（政治的・社会学／哲学／人類学ラボラトリー）の共同主任を務める。
著書：『功利的理性批判』（以文社、2010年、原著、2003年）、『経済を“消費”する』（2004年）、『贈与の人類学、第三のパラダイム』（1996年）、『行為の反功利主義理論――一般社会学断章』（2009年、以上すべてラ・デクーヴェルト社）、その他、民主主義やアソシアシオンに関する共著など多数がある。なお、『モース誌』の公式ウェブサイトは La Revue du M.A.U.S.S. http://www.revuedumauss.com

渡辺公三（わたなべ　こうぞう）
1949年生まれ。専攻・文化人類学、アフリカ研究、人類学史。東京大学社会学研究科博士課程単位取得退学。現在・立命館大学大学院先端総合学術研究科教授。
著書：『闘うレヴィ=ストロース』（平凡社新書、2009）、『アフリカのからだ――身体・歴史・人類学 I』『西欧の眼――身体・歴史・人類学 II』（言叢社、2009）、『司法的同一性の誕生』（言叢社、2003）、レヴィ=ストロース『神話論理III――食卓作法の起源』（共訳、みすず書房、2007）、デュモン『ホモ・ヒエラルキクス』（共訳、みすず書房、2001）他。

長尾伸一（ながお　しんいち）
1955年生まれ。専攻・近代思想とニュートン主義、エコロジー的構造転換。京都大学経済学研究科博士課程修了、経済学博士。現在・名古屋大学大学院経済学研究科教授
著書：『EC経済統合とヨーロッパ政治の変容』（共著、河合出版、1992）、『ニュートン主義とスコットランド啓蒙――不完全な機械の喩』（名古屋大学出版会、2001）、『トマス・リード　実在論・幾何学・ユートピア』（名古屋大学出版会、2004）、『EU経済統合の地域的次元――クロスボーダー・コーペレーションの最前線』（共著、ミネルヴァ書房、2007）『緑の産業革命』（昭和堂、2011、刊行予定）。他、訳書多数。

編著者紹介

西谷 修（にしたに　おさむ）
1950年生まれ。専攻・フランス文学・思想。東京都立大学フランス文学科修士課程修了。現在・東京外国語大学大学院総合国際学研究院先端研究部門教授。
著書：『不死のワンダーランド』（青土社、1996、増補新版、2002）、『戦争論』（岩波書店、のち講談社学術文庫、1998）、『夜の鼓動にふれる――戦争論講義』（東京大学出版会、1995）、『離脱と移動――バタイユ・ブランショ・デュラス』（せりか書房、1997）、『世界史の臨界』（岩波書店、2000）、『「テロとの戦争」とは何か――9.11以後の世界』（以文社、のち増補新版『〈テロ〉との戦争』、2006）、『理性の探求』（岩波書店、2009）他。

“経済”を審問する――人間社会は“経済的”なのか？

2011年5月30日　第1刷発行

編著者　西谷 修
発行者　船橋純一郎
発行所　株式会社せりか書房
101-0064　東京都千代田区猿楽町1-3-11　大津ビル1F
電話 03-3291-4676　振替 00150-6-143601
http://www.serica.co.jp
装　幀　間村俊一
印　刷　信毎書籍印刷株式会社

ISBN978-4-7967-0304-8